ISBN 978-0-259-60184-5
PIBN 10638242

AD FIDEM CODICUM VARIORUM.

VOL. I.

LONDINI:
IMPENSIS SOCIETATIS.
M.DCCC.XLVIII.

LONDON :
Printed by S and J. Bentley, Wilson, and Fley,
Bangor House, Shoe Lane.

PREFACE.

THE whole work known as the LIBER ELIENSIS, of which the Translation of the Saints Etheldreda and her sisters, the Miracles, and Charters, form parts, appears to be the work of Thomas, a monk of Ely. Thus much we learn from lib. iii. 57, where the following passage is found:—" Ne igitur hujusmodi offense ab æmulis accuser crimine, quoddam quod contigit in instanti tempore, in me ipso Thoma nomine, beatæ Etheldredæ meritis et intercessione, pro capacitate mea ad ejus laudem et gloriam dignum duxi omnibus exponere."

That he was indebted to the works of Richard, also a monk of Ely, who seems to have been dead when Thomas wrote, we may assert on the authority of the three following extracts, lib. iii. 40 :—" Prætermitto plurima quæ in opusculis fratris nostri Ricardi historiarum studiosissimi, diserti, et eloquentissimi viri referuntur." Lib. iii. 41 :— "Hæc quidem latius scriberem, sed quoniam in venerabilis jam dicti fratris Ricardi opusculis plene inveniuntur, ad alia festinamus." Lib. ii. 107 :—" In libro autem de ipsius gestis Herewardi dudum a venerabili viro et doctissimo fratre nostro beatæ memoriæ Ricardo edito plenius descripta inveniuntur."

It would appear that he was not Prior, from iii. 98, where we read of " dominus prior et monachus Ricardus;" and that he was living about the year 1153, we may conclude from iii. 93 :—" Latoris presentium Ricardus monachus, honestatem et religionem vestræ paternitati commendantes, pro eo supplicamus ut super causa ecclesiæ suæ secundum quod sanctitati vestræ beneplacitum fuerit exaudiatis, quia apud nos et in ecclesia sua boni testimonii a longo tempore extitit, et cujus verbis fidem adibere non dubitamus."

There are, however, two passages which may be considered as at variance with these statements, iii. 91, and iii. 114. But the first, " ad hoc monachus Ricardus auctor hujus operis," &c. is probably an oversight, and means nothing more than that the chapter is extracted from Richard's work; and the second, in which reference is made to the "liber terrarum," is so obscure that it can hardly be admitted to throw any doubt on the authorship of the Chronicle.

Wharton says (Anglia Sacra, vol. i. pref. xxix.), that the first and the second book, the Translation and the Miracles, were written by Thomas ; the third book by Richard, who was prior from 1177 to 1195. It is pretty clear that Mr. Wharton had never read the whole of the work he was writing about, for it is in the third book (c. 57) that Thomas expressly states himself to be the author.

Papebrock (Acta Sanctorum, 23 Junii, 489) attributes the three books, Translation and Miracles, to Thomas. We can account for an unqualified assertion of this kind, only by presuming that he had never seen that passage in the latter part of the second book which we have already quoted, ii. 107.

Hervé, the first Bishop of Ely, caused an account of Bishop Ethelwold's benefactions to Ely to be compiled by Richard (?), a monk of Ely, between 1108 and 1131 (Proemium libri secundi). Thomas inserted this, with some additions and omissions, in his second book, of which it forms the first forty-nine chapters in the Ely copy. Richard's compilation, therefore, is given entire, with the variations of Thomas, and when the work of Richard ends, the text of Thomas is followed.

The MS. copy of this account of Ethelwold's gifts, now in the library of Trinity College Cambridge, appears to have been examined by Mr. Petrie; the collations from it are marked L. E. in the present volume. The previous remarks on the Ely Chronicle are drawn up from some MS. notes left by that gentleman, and intended apparently to form an introduction to his work.

The Society proposed originally to print the Liber Eliensis "from a transcript of the late Mr. Petrie:" this announcement, however, was almost premature. His transcript was found to contain only the second and third book, and it appears to have been made from the MS. (once the property of Mr. Gale) preserved in the library of Trinity College, Cambridge. In the index to the third book we find this entry:—"Descriptio terrarum ecclesiæ Sanctæ Ætheldredæ in volumen protensum;" and this rubric is followed by six others of the lives of Sexburga, Ermenilda, Ærchengota, Werburga, Æthelburga, and Withburga. The transcript contains no part of the text of these portions of the Chronicle, but we may perhaps assume that Mr. Petrie intended to incorporate all into his text, or he would not have included them in his index.

It must be observed, that neither the Lives nor the "Descriptio" occur in the Ely copy, but a loose memorandum was found, from which it would appear that Mr. Petrie considered that MS. of the highest authority; and, from a marginal note in pencil, it is clear that some portion of the second book had been collated by him.

Another loose slip of paper contains the following note: —"De operib. B. Ædelwoldi. Coll. cū MS. Cott. Vespas. A. xix. Its variations from MS. Gale are scarcely any, except a few spellings of proper names."

I am not aware of any other record of the MSS. examined by Mr. Petrie in the formation of this transcript.

These circumstances have led to much delay in the publication of this volume, for which the Society cannot be held responsible. They have adopted the text of Mr.

Petrie as far as his transcript extends, but the first book is printed from the Ely MS., with the variations of the Gale MS., and of the Acta Sanctorum of the Bollandists and Mabillon.   These Collations are marked respectively, G., A. S., and M., while those marked E. are from the Ely MS.   The marginal dates are printed from the transcript, and several of the notes are selected from loose sheets of memoranda, apparently intended to accompany the text.   The initial C is a fac-simile of the initial in the MS. G.

It is the intention of the Society to complete the Liber Eliensis, and to print the Lives of the Bishops from the MSS. at Lambeth, Corpus Christi College, Cambridge, and the British Museum, which carry the history of the monastery down to the time of Prior Stewart.   Their attention has been also directed to the valuable collection of Rolls which are yet in existence amongst the Ely muniments, and they hope to be able to publish a tolerably complete series of Sacrist Rolls, containing entries relating to the building of the lantern at Ely Cathedral, and those of the other convent officers which are still complete.

D. J. STEWART.

THE COLLEGE, ELY,
     August, 1848.

HISTORIA ELIENSIS.

PROLOGUS

AD TOTAM HISTORIAM MONASTERII ELYENSIS; DE PARTI-
TIONE OPERIS, ET SITU, NATURA, AC FORTUNA IN-
SULÆ ELY.[1]

Incipit Prologus de Historia Eliensis Insulæ.[2]

UM animadverterem excellentiam Ely- The author's motive in composing this work.
ensis Insulæ, et animo versarem quæ,
ob merita sanctarum virginum in ea
quiescentium, collata et conscripta sunt
admiranda opera, et eventus insulæ,
ac gesta magnorum; animum contuli
ad ea, quæ minus per seriem anno-
rum, et temporum; et regum atque dominorum insulæ
inclita gesta, quæve disperse vel confuse Anglico
stilo inserta sunt, et bona facta atque miracula sanctorum sanctarumque ibidem Deo militantium, secundum ordinem in historiam[3] explicare temptavi. Apud
nos enim hujusmodi congesta per ordinem et insimul
hystorialiter scripta adhuc minime habentur, nisi vitæ
et miracula sanctarum illic quiescentium, de hystoriis, de
cronicis, de scriptis Anglicis et Latinis, de testamentis,
de relatione collecta fidelium. Unde exarare cœpi aliquæ,
ne quæ digne prædicanda sunt, inscripta remanerent, quasi
incognita, seu vetustate consumpta atque abolita. Nam
diu expectatus philosophus, aut bonus hystoriographus,
dum stilum advertere temptaverit, in multis materiam non
inveniet. Et si forte quis opusculum istud exprobrare

---

[1] *A. S.*   [2] *G.*   [3] in hac historia; *A. S.*

B

temptaverit; oramus ut manus myrram distillantium adponat, et opus poetæ suscipiat, ut in memoriam posteris, si explicaverit, relinquatur.

De cætero parvitatem[1] scribendi et prolixitatem tractandi ne causetur quæso; sciens in brevi velut repente facta plurimorum et tempora comprehendi non posse, nisi lectorem magis fastidiret et ingrueret. Nam et regio Anglorum cum[2] una terra sit, plures in ea per provincias vario sub eventu principabantur; et contigit ut ad regnandi emolumentum primum ducibus deinde regibus sufficeret[3] una eademque Britannia.

Division of the work.

Sed nisi flexibilem seriem lector sedulo intendat, nunc de uno, nunc de altero regno, ac regum nomina varie differentem, ordinem non facile advertet. Iccirco hystoriam in tres[4] libros distincte per capitula partiri aggressus sum, ac singula in suis locis et quorum temporibus contigerunt enarrare. Liber vero primus constat de situ insulæ, et de gloriosa regina Etheldretha, et de succedentibus ei sanctis virginibus, quibusve infortuniis insula subjacuit, usque ad ingressionem monachorum in Ely. Secundus autem de temporibus monachorum in Ely, et de libertate loci, et quomodo ecclesia renovata fuit, et de obsidione Normannorum usque ad tempora episcoporum. Tertius vero de temporibus episcoporum[5] quod nunc est. Et quoniam ad hujusmodi narrationem devertere[6] fratrum sollicitudo et gratia provocaverunt me, necessarium reor opus memorabile caritatis et quæsumus experti volumini commendare, quo puritas caritatis, operi inserta, propensius enitescat, pulchra varietate distincta; et sic initium experiar, cooperatorem omnium invocans Deum.

Explicit prologus. Incipit de situ Eliensis Insulæ.[7]

---

[1] pravitatem; *A. S.*
[2] cum et; *A. S.* [3] subesset; *A.S.*
[4] duos. "Scriptum erat *tres*, contra expressam hic assertionem auctoris; sed ita faciendum videbatur librario, inter utrumque librum posituro librum miraculorum, licet auctoris manifesto diversi." *A. S. Annotata D. P.*
[5] Tertius . . . episcoporum . desunt; *A. S.*
[6] divertere; *A. S.*
[7] Explicit . . . . insulæ, desunt; *A. S.*

LIBER PRIMUS.

De situ Eliensis insulæ.

OMNES præclari et[1] nobiles suum penitus oppidum deco- Origin of the name Ely.
rari et magnificare contendunt, et statum provinciæ, atque
suorum facta majorum memoriæ digna, litteris commendare
nonnulli intendunt.

Quod recte fit. Nos autem majorum facta sequentes,
priusquam interius progrediatur hystoria, videtur congrui
ordinis de loci nomine narrationem incipere: quia Ely stag-
nensium[2] maxima insularum[3] quam omnino[4] dignam titulo
prædicare incipimus, opibus et oppidis magnificam, silvis,
vineis, et aquis enim[5] æque laudabilem, omni fructu, fœtu
ac germine uberrimam. Dicimus autem[6] Ely,[7] Anglice id
est,[8] a copia anguillarum quæ in eisdem capiuntur palludi-
bus, nomen sumpsit; sicut Beda[9] Anglorum disertissimus
docet; quæ mutato nomine meliorando Ely nuncupatur
modo, scilicet digna Dei[10] domus cui nomen convenit ejus.

Inter civitates regionis[11] Angliæ decentissima atque no- Natural advantages.
minatissima, miraculis famosa, reliquiis gloriosa, utile et
quietum videtur præferre habitaculum. Et ut vere fatear
valida virorum præmunita manu atque bellicosa animis et
armis hostibus[12] resistendum parata. Sed ne auditorem

---

[1] deest; *A. S.*

[2] stagnantium; *A. S.*

[3] insularum dicitur; *A. S.*

[4] omni; *A. S.*

[5] deest; *A. S.*

[6] autem quod; *A. S.*

[7] " Y sive Ey, Anglis Insula est ; a forma scilicet ovi, undique præcisa, quæ Belgis composite Ey-lant, quasi terra ovalis : iisdem etiam anguilla dicitur Ael, Anglis Eel. Dicitur etiam et scribitur Elige, et contractim Elge, quasi Elgey, vel Elig-ey, id est Anguil-losa insula." — *A. S. Annotata, D. P.* The islands on the Thames are still called Eyots or Eyts.

[8] id est insula anguillarum, a co-pia earum quæ . . . . ; *A.S.*

[9] Bede, iv. 19.

[10] " Quia Eli in Evangelio Matt. 27, interpretatum legitur 'Deus meus;'" *A. S. Annotata, D. P.*

[11] et regiones ; *A. S.*

[12] hostibus, ad; *A. S.*

nimis fastidiret[1] de domesticis animantibus, de feris silvarum, de volucribus, de piscibus multis et magnis, qui per
circuitum, sæpe capiuntur in aquis, quæ maria vocantur,
quanta ibi copia sit diceremus,[2] in libro autem hujus
operis secundo, juxta seriem, ubi legitur a Normannis insula fuisse subacta, singula memorantur.[3] Et quid amplius? Interius ubere glebæ satis admodum læta,[4] orto-
rum nemorumque amenitate gratissima, ferarum venatione
insignis, pascuis pecorum et jumentorum non mediocriter
fertilis, et piscosis fluminibus maximis undiquę circumdata.

Geographical boundaries. Non enim insula maris est, sed stagnorum refusionibus
et paludibus inaccessa. Navigio adiri poterat sed quoniam
volentibus illuc ire quondam periculosum navibus, nunc
facta via per palustre arundinetum pedibus transitur.
Restat autem insula in longitudine miliaribus vii, a Cotingelade usque ad Litleporte, vel ad Abbotesdelf, nunc
vero Biscopesdelf vocitatum; et in latitudine iiii[m], hoc est a
Cherchewere usque ad mare de Straham, cum adjacentibus
insulis, per gyrum, præter Dudintone, quæ ex[5] insula est, in
qua villulæ sunt et nemora cum insulanis pertinentiis, cum
aliis non sine semine incolis, cum pascuis uberrimis. Nominatur etiam ad predictam insulam Chateriz ubi abbatia
est sanctimonialium, et pagus Withleseia, atque abbatia
monachorum de Torneia. Dicitur autem insula nunc esse
in comitatu Cantebrigiæ duorum centuriatuum, sed unum
est cum appenditiis quæ deforis sunt. Atque his metis[6]
juxta[7] antiquitus infra se constare perhibetur, atque dinoscitur. Hoc est a medietate pontis de Tid[8] usque ad Upwere et a Biscopesdelf usque ad flumen juxta Burch quod
vocatur Nien in provincia Girviorum. Girvii[9] sunt omnes
australes Angli in magna palude habitantes in qua est In-

---

[1] sed ... fastidiret . desunt;
A. S.
[2] diceremus nisi in libro, &c.;
A. S.
[3] memorarentur; A. S.
[4] læta est; A. S.

[5] etiam; A. S.
[6] metis continetur; A. S.
[7] juxta quod; A. S.
[8] pontis Detro; A. S.
[9] Girvii autem; A. S.

sula de Ely.[1] Sed verius secundum Bedæ[2] attestationem,
de provincia est Orientalium Anglorum, in ejusdem ingressu
provinciæ sita. Antiquitus autem, ut fertur, villa apud
Cratendune,[3] id est vallis crati, sita fuit; ab urbe quæ nunc
est, miliario distans, ubi ferramentorum utensilia et regum
numisma multoties reperiuntur antiquorum: et quod illic
hominum diu fuerit habitatio, nonnullis designatur indiciis. At[4] Deo amabilis Etheldretha, accepta jure dotis insula a Tonberto primo sponso suo, postquam[5] illic mansionem elegit, prope fluentis alveum in loco eminentiore
habitacula posuit; illuc[6] deinceps constructa urbe potius ac
decentius, habitatur. In primitiva etenim ecclesia nascentis fidei et Christianitatis, in honore[7] semper virginis Mariæ
monasterium ibi fuerat fabricatum, per beatum Augus-
tinum Anglorum apostolum; cujus operis rex Edelbrihtus[8]
primus fundator extitit; in quo ministros Dei officium
complentes instituit, quos Pendæ regis exercitus, patriam[9]
devastans, inde postea fugavit, locumque in solitudinem
commutavit. Talibus itaque fundatoribus Elge monasterium primitus fundatum est, ut in antiquis legimus scriptis.
Quamquam beata Etheldretha, post longam desolationem,
suum hinc[10] mereatur primatum, ubi Christo servante usque

---

[1] Orlii; *A. S.*

[2] " Est autem Elge ín provincia
Orientalium Anglorum regio fami-
liarum circiter sexcentarum in similitudinem insulæ, vel paludibus,
ut diximus, circumdata, vel aquis:
unde et a copia anguillarum quæ
in iisdem paludibus capiuntur nomen accepit; ubi monasterium habere desideravit memorata Christi
famula, quoniam de provincia eo-
rumdem Orientalium Anglorum ipsa, ut præfati sumus, carnis originem duxit." *Bede*, iv. 19.

[3] A field on the south side of the
city of Ely was called " Cratendon
Field," when Bentham's History
was published. See Bentham's
Ely, 54, 2nd ed. 1812.

[4] At postquam; *A. S.*

[5] deest; *A. S.*

[6] illic; *A. S.*

[7] honorem; *A. S.*

[8] Anno Domini DCVII. Bts. Au-
gustinus XI. anno adventus sui in
Angliam ecclesiam construxit in
Ely in honorem Btæ. Mariæ Virginis in loco qui Cradundene dicitur, *i. e.* vallis crati, milliario ab
urbe quæ nunc est distans: cujus
operis rex Ethelbritus fundator
extitit; in quo ministros officium
Dei complentes instituit; quos
Pendæ regis exercitus inde postea fugavit, locumque in solitudinem commutavit. Non erat in
tota insula nisi tantum una ecclesia a B. Augustino facta." *Anglia
Sacra*, i. 594.

[9] patriam atque viciniam; *A. S.*

[10] hic; *A. S.*

in præsentiarum habetur ecclesia, quam sedem episcopalem postea factam novimus, et ipsius metropolim fore próvinciæ. Ab omnium namque judicio et potestate insula admodum libera est, quo[1] neque episcopus neque alicujus exactionis minister, sine advocatione fratrum, se intromittat, vel rem Sanctæ inquietare presumat; quod per privilegia et munimenta suis locis plenius inseremus, dignum ducentes prius hystoriam tractare famosæ insulæ, quæ floruit ac floret Christo patrocinante, presentia, beneficiis, atque miraculis sanctarum feminarum Etheldrethæ videlicet, Wihtburgæ, Sexburgæ, Ermenildæ, quarum suffragiis feliciter gratulatur. Continentur illic etiam sanctorum sanctarumque plurimarum reliquiæ quæ post ipsas Christo famulantes in ecclesia successerant, usque ad tempora Danorum, videlicet Inguaræ pagani regis ac sociorum ejus,

A. D. 870.   qui habitatricibus partim peremptis, partim fugatis, locum penitus subverterunt. Sunt autem in gremio insulæ ecclesiæ duodecim cum villis campestribus et modicis insulis,[2] quæ ab antiquo ad cœnobium, tanquam capellæ ad matricem ecclesiam pertinent, nec extra cœnobium nisi sero ad ecclesias facta sunt cimiteria; sed apud Ely ex tota insula defunctorum sepeliebantur corpora.[3]

Explicit de Situ Elyensis Insulæ. Incipit Prologus in vitam sanctæ virginis Etheldredæ.[4]

NONNULLOS[5] apud veteres floruisse, diversis artibus deditos, ex historiarum antiquitate vulgatum accepimus, qui adhuc usque, vivacis ingenii subtilitate, viguerunt, ut famam immortalem operis pretio compararent. Unde et quamplures emerserunt variis scientiis præpollentes, quorum quidam, fucatis sermonibus quorundam, præconia ad cœlos usque

---

[1] quod ; *A. S.*

[2] insulanis ; *A. S.*

[3] In margine, *G.,* " Corpora omnium mortuorum infra insulam solebant sepeliri apud Ely."

[4] *Explicit de Situ Insulæ. Premium in vitam sanctæ virginis reginæ Ædeldredæ. G.*

[5] This chapter does not occur in the "Acta Sanctorum" of Mabillon or Papebroch.

sustulerunt; cum illorum mores tantis indigni inveniantur laudibus. Sed, eorum laudem et mentionem declinantes, qui cum transeunte seculo transierunt, sanctæ virginis Etheldrethæ, cujus laus in benedictione est et memoria non recedet, meritorum præconia intendimus stilo prosequi, quatenus nostro studio ut dignum est cedis commendetur, ne, vicissitudine rerum interveniente lapsa, ad memoriam facile non recurrant. At de ipsa, quæ in nostræ gentis hystoria Beda disseruit, non omnibus æque sufficiunt quædam ejus insignia quæ gesserat in vita sua non simul in uno, sed in diversis sparsa auctoribus, esse probantur. Ipsius sanctissimæ matris compulsi devotione, quæ Anglice seu veridicorum attestatione, actenus memorantur, non absque studio in unum comprehendere potuimus, ut luce veritatis insignita posteris innotescant; et quicunque vel audire vel legere desiderat, nichil quod eorum auctoritate roborari non possit inveniet, nichil quod contrarium sit dicturum me fore confido, sed verbum ad verbum sicut Beda edidit; de ortu ejus, de patre, et quæ de matre ejus, alicujus scripti testimonio conjicere possumus; de vita atque de obitu, licet aliqua his conserenda admisi. Majores etenim nostri ex hac dulciflua matre innumera referre consueverant; sed totiens incommoda expertus, nunc cædes et incendia, nunc irruptiones barbarorum, potuit locus deperire quassatus; et quæ de vita ipsius scripta erant, aut combusta aut ablata, vix aliqua inveniuntur; tamen hæc breviter attigisse suffecerit. Verum si forte libellum de vita illius conscriptum[1] Anglice quis ostenderit, in eo plura existunt quæ hic minime reperiuntur. Assit nobis Spiritus Sanctus, meritis sanctæ suæ virginis, qui unicuique prout vult et quantum vult spirat et instruit, ut quod ad illius gloriam suscepimus, ipso annuente, veraci stilo expleamus. Ergo invidorum nullus hoc parvitatis nostræ opusculum attractet, obturata enim aure cilleos canes transisse nos recolat.

Siquidem ut inveni, et legi, et a veridicis comperi, ita

The author's intention of following Bede.

---

[1] scriptum; *G.*

edidi. Non enim me appetitus laudis humanæ armavit, ut
opere digesto venustari videar, honoris nomine. Etheldretha vero, cujus ethunologia præclara et simplex sonat,
ipsa inquam regina laudabilis domina et advocatrix mea,
cujus apud Deum majus est meritum quam queat aliqua
declarari facundia, ipsius amor et memoria crebris id suscipi monent. Animam meam lætitia devotionis involvunt
et quotiens menti meæ luctus desolationis occurrit nubes,
discussa caligine auram repperit animo clariorem. Verum
sensu tenuis, et pauper eloquio, tamen quocunque scribendi ausu: et si verborum decore non splendeo, ipsa patrocinante explere confido. Et licet verba per os nostrum
proferantur minus idonea, caritate qua præminet, linguam
nostram suo suppeditare dignetur obsequio, quæ elinguem
adolescentem linguæ reddidit, plectro modulante sub pa-
lato. Igitur quæ sequuntur præclara sunt virginis opera,
quibus possumus auditis proficere, et ex relatis aliis prodesse.

Incipiunt Capitula.

---

[1] In the Gale MSS. the name of
the foundress is written Edeldreda
throughout this table. We find
also Ærmenilda instead of Eorme-
nilda. This table of the contents
of the first book of the Historia
is given in the " Acta Sanctorum"
somewhat differently. In that work
the text is not arranged according
to the headings of the chapters.

[2] deest; *G.*

Cap. VII. *De interitu Annæ regis et quod fratres sui post eum regnaverunt.*

Cap. VIII. *Quomodo Etheldretha iterum datur viro, videlicet regi Northamhimbrorum, et qui cum illa venerunt, et quam sancte vixerit.*

Cap. IX. *Quomodo rex non potuit uti virginis conubio. Per sanctum Wilfridum ejus animum sibi allicere temptabat, sed ipse monita castitatis reginæ prætendit.*

Cap. X. *Quod regina Etheldretha monitis beati præsulis edocta, divortium a rege diu postulaverat, sed vix optitens, monasterium subiit, et[1] velamen sanctitatis ab eo suscepit.*

Cap. XI. *Quod rex Egfridus de monasterio eam eripere laboravit, sed Dei miseratione salvatur.*

Cap. XII. *Insigne testimonium virginitatis ejus.*

Cap. XIII. *Quomodo Etheldretha tetendit ad Ely; et quid in itinere ei contigit.*

Cap. XIV. *Quod ecclesia Coludi post illius decessum igne consumpta[2] est.*

Cap. XV. *Quod beata Etheldretha in Ely ad possessionem propriam rediit cœtumque ibi utriusque sexus sub monachili habitu congregavit, et quorum auxiliis illic fundavit ecclesiam.*

Cap. XVI. *Quomodo in Ely a sancto Wilfrido facta est abbatissa.*

Cap. XVII. *Quod virgo Domini Werburga habitum religionis in Ely sub ipsa suscepit.*

Cap. XVIII. *De adventu beatæ Sexburgæ in Ely.*

Cap. XIX. *Quod sancta Etheldretha prophetiæ spiritum habuit, et quod Wulfridus[3] Romam perrexit, sed rediens illam obisse cognovit.*

Cap. XX. *Quod infirmata palam cunctis pœnituit.*

Cap. XXI. *Qualiter majoribus aggravata doloribus, spiritum cœlo reddidit die tertio.*

Cap. XXII. *De sancto Huna sacerdote.*

---

[1] deest; *G.*   [2] assumpta; *G.*   [3] Wilfridus; *G.*

¹ Sæpeie; *G.*

1. *Expliciuntur*[1] *capitula.*[2]   *Incipit textus sequentis libelli in vita sanctæ Ethrelthrethæ virginis, et de quibus carnis originem duxit, et quomodo pater ejus Anna Estanglorum suscepit regnum.*[3]

Egitur[4] Angli secundum veteres historias, tempore Martiani principis, annos centum quinquaginta sex ante beatorum Augustini sociorumque ejus adventum in Britanniam, quæ nunc Anglia dicitur, sunt advecti; qui de tribus Germaniæ fortissimis populis, id est Saxonibus, Anglis, et Jutis advenerant. De Jutarum[5] origine sunt Cantuarii; de Saxonibus, Orientales Saxones; de Anglis vero, hoc est de ista patria quæ Angulus appellatur, Orientales Angli sunt exorti et orientalem ipsius insulæ partem quæ usque hodie lingua Anglorum, Estangle[6] dicitur, sortito nomine sunt adepti, et funiculo hæreditatis potiuntur. Ex quorum stirpe multarum provinciarum regium genus originem duxit; a quibus præcelsa virgo Etheldretha carne propaganda extitit, quæ tam eximia sanctitate mirabilis, quam regia dignitate spectabilis, feliciter emicuit. Quod celsius apparet, cum singula ex

A. D. 499.

Kings of East Anglia.

---

[1] Expliciuntur ..... regnum; desunt; *M.* Caput I. Estanglorum Regum Series; *M.*

[2] desunt; *G.*

[3] The account of S. Etheldretha in the "Acta Sanctorum" of Mabillon begins with this chapter, "Angli secundum," &c.

[4] deest; *G.* and *M.* Bede v. 24.

[5] "De Jutarum origine sunt Cantuarii et Victuarii, hoc est, ea gens quæ Vectam tenet insulam, et ea quæ usque hodie in provincia Occidentalium Saxonum Jutarum natio nominatur, posita contra ipsam insulam Vectam. De Saxon-ibus, id est, ea regione quæ nunc antiquorum Saxonum cognominatur, venere Orientales Saxones, Meridiani Saxones, Occidui Saxones. Porro de Anglis, hoc est, de illa patria quæ Angulus dicitur et ab eo tempore usque hodie manere desertus inter provincias Jutarum et Saxonum perhibetur, Orientales Angli, Mediterranei Angli, Merci, tota Nordanhymbrorum progenies, id est, illarum gentium quæ ad Boream Humbri fluminis inhabitant cæterique Anglorum populi sunt orti." *Bede*, i. 15.

[6] East Angle; *A. S.* and *M.*

Beda vel historiis comprobantes, reges annumerando
provintiæ, ortum beatæ virginis ita retexendum aggre-
dimur.   Fuit autem rex Estangliæ Redwaldus nomine
dudum in Cantia fidei sacramentis imbutus, sed frustra;
nam ab uxore sua seductus,[1] habuit posteriora pejora
prioribus; et[2] licet actu ignobilis, tamen natu erat nobilis,
filius videlicet Titili cujus pater fuit Wuffa,[3] a quo reges A. D. 599.
Orientalium Anglorum Wulfinges[4] appellant.

   Jam dicto vero Rediwaldo successit Ærthwaldus,[5] filius A. D. 624.
ejus, qui persuadente rege Northamhimbrorum[6] Ædwino
fidem Christi et sacramenta primum suscepit cum eadem
provincia, sed non post multum temporis occisus est.   Cujus
frater Sigisbertus,[7] vir per omnia Christianissimus atque
doctissimus, cum regno potitus est, provinciam tribus annis
in errore versatam, ad rectam fidem et opera justitiæ per
sanctum Felicem[8] episcopum perduxit.   Is, illi in Gallia Felix, the
exulanti familiaris effectus, Angliam cum eo post mortem Burgundian,
first Bishop
Ærthwaldi[9] venit, et Estanglorum episcopus efficitur, of East Anglia.
accepta sede in civitate Dummoc, quam sua prædicatione a
longa iniquitate atque infelicitate, juxta nominis sui sacra-
mentum, liberavit.   Interea idem rex, relictis regni negotiis et cognato Egerico commendatis, qui et antea
partem ejusdem regni tenebat, monasterium quod in

---

[1] deductus; *A. S.*

[2] sed; *A. S.*

[3] Uffa, Wuffa, or Wlfa, assumed
the title of King of East Anglia
about the year 575. On his death,
about A D. 578, his son, Titilus,
succeeded, who reigned about
twenty years, and left his kingdom
to Redwald his son, in the year
599.   *Matt. Westm. ad ann.* 571;
Malmesb., lib. i.; *Bede*, ii. 15.

[4] Wlfinges; *A. S.* and *M.*

[5] Artawaldus; *A. S.*   Arthwal-
dus; *M.*

[6] Northanhumbrorum;   *A. S.*
Northunhambrorum; *M.*

[7] Sigebertus; *A. S.* Sigilbertus;
M.

[8] Sigisbert brought from France
the Burgundian, Felix, who was
consecrated first Bishop of East
Anglia by Honorius, Archbishop
of Canterbury, about A.D. 631.
Dunwich was the episcopal see
until A.D. 669, when Bisus divided
the diocese, and North Elmham
became a second see.   In A.D. 955
Athulfus suppressed the see of
Dunwich, and included it in that of
Elmham.   Herfastus, A.D. 1070,
chaplain to William I., made Thet-
ford the episcopal residence, which
was again changed to Norwich by
Herbert Losing, A.D. 1091. *Godwin,* 423. 456.

[9] Artwaldi; *A. S.*   Arthwaldi;
M.

Betricheswrde[1] sibi fecerat intravit, acceptaque tonsura,
æterno Regi multo tempore devote servivit. Quod dum faceret, contigit gentem Mertiorum duce rege, Penda nomine,
adversus Orientales Anglos in bellum procedere. Qui dum
inferiores se esse in bello prospicerent, rogaverunt Segisber-
tum[2] ad confirmandum militem secum venire in prœlium.
Illo vero nolente ac contradicente, invitum monasterio eru-
entes, duxerunt in certamen, sperantes minus militum animos trepidare, minus presente duce quondam strenuissimo,
posse fugam meditare. Sed professionis suæ vir sanctus
non immemor, dum opimo esset vallatus exercitu, non

Death of
Sigisbert. nisi virgam tantum in manu voluit habere, occisusque
est una cum rege Ægerico et cunctus eorum exercitus
insistentibus paganis cæsus sive dispersus. Acta sunt

A D. 637. hæc anno ab Incarnatione Domini[3] sexcentesimo trice-
Anna comes
to the Crown. simo septimo. Successor autem regni illorum factus est
præfatus[4] Anna filius Eni, de regio genere, vir optimus
atque optimæ sobolis genitor Etheldrethæ jam dictæ atque
sororum ejus, sicut sequentia declarant. Qui regnum

Furseus. adeptus, monasterium quod vir Domini Furseus,[5] de quo
mirabilia leguntur, a præfato rege Sigisberto[6] acceperat in
castro[7] quod lingua Anglorum Cnob-heresburch dicitur,
rex provinciæ illius Anna edificiis ac[8] donariis pluribus
adornavit.

2. *Quod pater et mater sanctæ virginis Etheldrethæ sanctam genuerunt sobolem.*

REX igitur Anna uxorem tanto condignam sponso sorti-
tus est gloriose, non disparem natalibus, admodumque

---

[1] Betrichesrwde is the present
Bury St. Edmunds ; Dummoc, the
present Dunwich.

[2] Sigebertum ; *A. S.* Sigilber-
tum ; *M.*

[3] Verbi Dei ? *A. S.*

[4] deest ; *A. S.* and *M.*

[5] Furseus came from Ireland,
according to Bede, iii. 19, and "Asserii Annales," and converted to
Christianity many of the East Angles. He had a vision, directing
him to institute a monastery, which
he did at "Cnobheresburg," now
Burgh Castle.

[6] Sigeberto ; *A. S.* Sigilberto,
M.

[7] castro et lingua, &c.; *M.*

[8] et; *A. S.* and *M.*

moribus egregiam, pluribus antequam regnum adeptus est
annis. Horum vitam et mores tam copiosa Deus benedictione locupletavit, ut per virtutum incrementa semper
animos elevarent ad supera, pauperibus Christi officium
sedulo impendentes, eorum ministeriis inhærebant, et talibus dediti operum exercitiis, ingenua carnalis genituræ
successione ditantur. Nati sunt eis liberi quos vita laudabilis et mors nichilominus preciosa commendat.

Filii autem duo Aldulfus et sanctus Jurminus; ac filiæ *The family of King Anna.*
quatuor, primogenita videlicet Sexburga, femina incom-
parabilis, Ædelberga, Ætheldretha, atque Wihtburga,[1] quæ
propter Dominum carnis illecebras respuentes, inter pru-
dentes virgines oleum in vasis suis habere meruerunt.
Aldulfus vero, quod fuerit[2] Annæ regis filius, ut in præsenti contexitur opere, nonnullis designatur[3] inditiis; etiam
juxta Bedam atque historias, si attendimus, comprobatur.
Jurminus autem, quem sanctitas vitæ, et justitiæ, meritum
beatum commendant, sicut in gestis pontificum Angliæ
legitur, frater fuisse virginis Etheldrethæ perhibetur.
Sed jam qualia prædictarum fuerint primordia feminarum, qualis progressus, quis finis, diligenter inspicien-
dum. Hæc namque mater, de qua progenies tanta prodiit, *Genealogy of Hereswitha.*
filia fuit Hererici nepotis regis Ædwini Northanhimbro-
rum,[4] et nomen ejus Hereswitha. Etenim in vita sanctæ
virginis Milburgæ legitur; Sexburga major Annæ regis
filia Ærcomberto[5] regi Cantuariorum datur in conjugium,
soror sanctæ virginis Etheldrethæ, cujus mater Hereswitha[6] dicebatur. Neque alia tunc temporis in tota
Anglorum historia, sed neque in cronicis Anglicis vel Latinis repperitur quæ tali nomine censeretur, præter hanc
sanctarum genitricem feminarum, quam Beda proculdubio
matrem Aldulfi regis asserit, de qua in analibus scriptum
legimus. Rege Estanglorum Ædelwaldo defuncto suc-

---

[1] Witburga; *G.* Withburga, *M.*
[2] fuerat; *A. S.* and *M.*
[3] designatus; *A. S.*
[4] Northamhumbrorum; *M.*
[5] Arcomberto; *M.* Erconberto; *A. S.*
[6] Hereswita; *M.*

cessit Aldulſus, cujus mater Hereswitha soror sanctæ
Hildæ abbatissæ quarum pater Herericus, cujus pater
Ædfridus, cujus pater Ædwinus. Ipsa namque, sicut Beda
testatur,[1] de viro altero filiam habuit nomine Sedridam,[2]
quæ virgo sancta permansit. Sexburga vero, ut præmissum est, nupsit viro anno quinto regni patris ejus, Ercom-
berto[3] regi Cantuariorum. Altera autem filia Edelberga
Deo dilectam perpetuæ virginitatis gloriam in magna continentia servavit. Nam eo tempore nec dum multis in
regione Anglorum monasteriis constructis, multi de Britannia, monasticæ conversationis gratia, Francorum monasteria
adire solebant, sed et filias suas erudiendas ac sponso
cœlesti copulandas eisdem mittebant, maxime in Brige
et in Cale, et in Andilegum[4] monasterio. Inter quas erat
prædicta Sedrida filia uxoris Annæ regis Orientalium Anglorum de alio genita viro, et filia naturalis ejusdem regis
Edelberga, serviens Domino in loco qui dicitur Brige :[5]
Wihtburga[6] vero adolescentior filiarum regum natos et
parentum honores contempnens humilem locum in paterna
provincia post interfectionem patris apud Dyrham[7] solitarie volens vivere elegit. Hæc, prout series competit,
licet breviter attexentes de singulis lector per[8] propria
volumina sufficienter inveniet.

A nunnery
was founded
at East Dere-
ham by
Withburga.

3. Quod Ætheldretha in infantia sancte vivere cœpit.

Etheldreda's
infancy. BEATA[9] et gloriosa virgo Ætheldretha apud Orientales
Anglos in loco famoso Exninge[10] nuncupato nobilissimis parentibus orta[11] ut venerabilis doctor et veracissimus historio-
graphus testatur Beda, Annæ regis Orientalium Anglorum

---

[1] Bede, iii. 8.

[2] Sederida; G. Sederridam, M.
and A. S.

[3] Erconberto; G., A.S., and M.

[4] Andigalam; A.S.   Andige-
lam; M.

[5] Brigge; G.

[6] Witburga; G.   Withburga;
M.

[7] Dyracham; A. S. and M.

[8] deest; A. S. and M.

[9] Beata ergo; A. S.

[10] Æxeninge; G.   Æreninge;
A. S. and M.

[11] deest; A. S.

extitit filia de matre vocabulo Hereswida,[1] sicut supradictum est, genita. Generis itaque prosapia nobiliter sublimata, nobilitatem mentis[2] gloria sanctitatis decoravit. Nam in ipsa infantia vivens bona, in oculis omnium crevit semper in melius, prætendens aliquid in se Dei dono futurum. Crescebat Ætheldretha a Deo præelecta, bonæ indolis, domi adulta, ut assolet ætas illa, cum parentum copiis nulli unquam molesta, verum suavis, dulcis omnibus ac mitis. Sed hoc mirabile valde est[3] atque laudabile quod ab ipsis infantiæ rudimentis sobrietati et pudicitiæ indulgens, nunc parentum vestigia comitata, nunc sola ecclesiæ frequentabat[4] limina, neglectis puellarum otiis, Deum sedulo exorare gaudebat. Mirantur parentes filiam suam talibus delectari studiis, eam potius intelligentes gratia Dei ampliore virtutum munere donandam. Non enim lasciviam amplexa[5] est mundi, immo cursum vitæ præsentis in virginitate consummare, pie, sancte, religioseque vivendo elegit atque contendit, ut de ea in ævo jam imbecilliore dictum sapientis apparet[6] " ætas senectutis vita immaculata." Lib. Sap. iv. 9.

4. Quomodo Ætheldretha primum data est viro, qui parvo tempore vixit.

CUMQUE beata virgo laudabilis vitæ processu pueriles annos transegisset, et ipsa jam adulta nubilis appareret;[7] Etheldreda's first marriage. fama divulgante, sanctitudo animi ac pulchritudo corporis illius longe lateque celebris existeret; accedunt plurimi, atque formæ virginis excellentiam admirantes virgineæ puritatis titulos egregia laude prosequuntur. Innumeris etenim ejus pulchritudo principibus complacebat et venusta facies ejus ad puellares promovebat amplexus. Illa solius Dei suspirabat ad thalamum cui virgineum sollempniter

---

[1] Hereswitha; A. S. Hereswita; M.
[2] meiitis et; A. S. and M.
[3] est et laudabile; A. S. and M.
[4] frequentans; A. S.

[5] complexa; G. complexa mundi; A. S. and M.
[6] appareret; A. S. and M.
[7] appareret atque; A. S. and M.

epithalamium concinebat.[1] Jugis in cantico et suæ carnis
jugi ante Deum insudabat holocausto. Interea superno
judice providente, ad festinum[2] virgo disponitur Etheldretha conjugium, et ad thalamum diversis organis sollempniter et[3] festivum. Nec hoc agebatur ut ejus pu-
dicitia læderetur, sed quo major[4] in hoc certamine proba-
retur patientia, eo ampliore atque preciosiore martyrii
coronaretur victoria. Tandem postulatur in conjugium a
Tonberto Principe Australium Girviorum, qui in amorem
virginis totum[5] animum informandum instituit, suoque
eam matrimonio copulari a patre rege donari exposcit.
Assentit votivo petentis juvenis desiderio, et ei satisfacere
rex fidelis intendit. Quod illa audiens, multum perhorret,
diu recusat, diu denegat, utpote quæ omni desiderio vitam
in virginitate optabat implere. Sed vincit parentum auctoritas, immo animi ejus sententiam divina immutat providentia, quæ eam presciebat ex matrimonii sarcina glorio-
siore coronandam castitatis laurea. Desponsatur itaque
apparatissime biennio ante interfectionem patris sui: alli-
gatur licet invita conjugali copulæ, et[6] sicut scriptum repperitur, Insulam Elge ab eodem sponso ejus accepit in
dotem. Quo facto, perpetuo manet virgo. Ecce quod
insolitum mundo miratur omnis homo, ut quævis virgo
desponsata viro maneat immaculata: sed nulli fiat ambi-
gium in cogitatu hominum, apud Deum fieri facillimum,
quicquid ejus aspectus elegerit potissimum. Desponsata
igitur matrem Domini meruit imitari, ut ex concupiscentia
carnis invicta esset, sancta corpore ac spiritu. Etenim
cum inter dotales tabulas incorrupta virgo corruptibilis
vitæ premeretur angustiis, per cœlestia cotidie desideria
ineffabili coronabatur martirio. Et licet donaretur a patre
sponsa marito, si tamen maritus dicendus est qui pudicitiæ
dampna non intulit, crebris autem precibus et elemosinarum fructibus intenti, in omni justitia et sanctificatione,

---

[1] concinebat et jugis, &c.; *A. S.*
[2] festivum; *A. S.* and *M.*
[3] deest; *A. S.*
[4] majore; *A. S.* and *M.*
[5] deest; *A. S.* and *M.*
[6] deest; *A. S.* and *M.*

non inpudicitiis[1] aut superbia hujus[2] vitæ ducebant dies suos; uterque enim noverat juxta legum condicta ex pari voto sanctiora fore conjugia. Sed illo, post modicum temporis, sicut Beda[3] testatur, ex quo eam accepit, defuncto, et[4] pro merito castitatis coronam vitæ percepit a Domino, tamen in virginis contubernio, ut a veridicis vulgatum est,[5] sub jugo maritali ferme triennio vixit; in quorum copula non commixione carnis unum corpus, sed, ut creditur, in Christo unus erat animus, dum uterque apostoli consilium tenuit, nec tamen discidium aut discordia aliquando intercessit. Et quamvis virgo pie excidium defleverit sociale, gaudebat potins solutam se esse in Christi libertate de jugo conjugii, sperans sic evasisse impedimenta mundi. Hinc precibus et elemosinis se Deo thurificat, lacrimas et aromata flagrat,[6] Christum cœlosque reboat, et cum vix aut nunquam potest quælibet repperiri quæ concupiscentiæ non subjiciatur illecebris, hæc ad nuptias speciose pervenit, sed ignara maritalis negotii, indefessis precibus apud Deum obtinuit, ut illam custodiret immaculatam. Sed non diffidendum est, nostra ætate fieri potuisse, quod ævo præcedente aliquoties factum fideles narrant historiæ.

5. *Quod Beda exemplum posuit de beata Etheldretha et sponso ejus Tonberto.*

QUÆRUNT nonnulli in qua pagina sive historia repperitur, quod Beda in testimonium Tonberti ac sponsæ[7] illius[8] Etheldrethæ factum aliquoties asseruit, sicut fideles narrant historiæ; videlicet quonam[9] vir et mulier in conjugio degentes immaculati ab alterutro perseverassent. Quibus præ omnibus et super omnes benedictam[10] mulieres

A parallel to Etheldreda and her husband Tonbert.

---

[1] in, impudicitiis; *A. S.* and *M.*
[2] deest; *A. S.* ejus; *M.*
[3] Bede, iv. 19.
[4] et si; *A. S.*
[5] est, homo ille justus et ad testimonium conjugale. semper mansuræ virginitatis electus, atque con-stitutus, sub jugo, &c.; *A. S.* and *M.*
[6] fragrat; *A. S.* and *M.*
[7] sponsi; *A. S.*
[8] illius et; *A. S.* and *M.*
[9] quinam; *A. S.* and *M.*
[10] benedictas; *A. S.* and *M.*

Domini nostri genitricem cum suo marito castum conjugium servasse, (sicut sacra nobis Evangelia præbent indi-
tia,) singularem virginem præsignamus Mariam, et alias
quarum commemorationem sancta veneratur ecclesia.

Verum nonnulli propter hujus rei assertionem, aliunde
probationem[1] magnifice contendunt audire.   Unde sedulo
librorum volumina inquirentes exemplum illorum advertere cupientes, sed potius more solito in libro, quem Colla-
tiones[2] patrum nominant, studium adhibentes, optatum ac
diu quæsitum præ manibus invenisse contigit, quod ad
narrationis seriem convenienter adducimus.   Duo quidam
Patrum rogaverunt Deum, ut ostenderet eis in quam pervenissent mensuram.   Et venit illis vox dicens, " Quia in
villa illa quæ est in Egipto est illic sæcularis quidam,
Eucaristus[3] nomine, et uxor ejus vocatur Maria; nondum[4]
pervenistis ad mensuram ipsorum."   Exsurgentes[5] illi duo
senes venerunt in vicum illum, et percunctantes invenerunt
cellam ipsius.   Et videns illos senes[5] paravit mensam,
misitque aquam in pelvim ut lavaret pedes eorum.   Et
dixerunt ei, " Non gustabimus quicquam nisi indicaveris
nobis operationem tuam."   Tunc ille cum humilitate dixit
eis,—" Ego sum pastor ovium, et hæc uxor mea est."   Cum
vero perseverassent illi seniores rogantes eum ut omnia
denuntiaret eis, et ipse nolebat dicere, dixerunt ei, " Deus
nos misit ad te."   Audiens autem hoc verbum timuit, dixitque, " Ecce oves istas habemus a parentibus nostris, et
quicquid ex ipsis donaverit nobis Deus, facimus illud in
tres partes; partem unam pauperum, aliam in suscep-
tionem peregrinorum, tertiam vero ad usum nostrum.   Ex
quo autem accepi eam uxorem, neque ego pollutus sum,
neque ipsa; sed virgo est.   Singuli autem a nobis remoti
dormimus.   Et quidem in nocte induimus saccos, in die
vero vestimenta nostra; et usque huc nemo hominum hæc

---

[1] probatione; *A. S.*
[2] Apud Cassianum collat. xiv.
cap. 7.
[3] Eucharistus; *A. S.* and *M.*

[4] nondum enim; *G.*
[5] exurgentes autem; *G.*
[6] senex; *A. S.* and *M.*

cognovit." Cumque hæc audissent illi patres, admirati sunt,[1] et recedentes glorificaverunt Deum. Exemplum autem hoc ex librorum auctoritate propter antiquitatem non inutiliter ponitur, ut qui Tonbertum et ejus sponsam Etheldretham in conjugium et post, docente Beda, stolam legunt servasse castitatis, et in istis, sicut dictum est, aliquoties factum non diffidant. Et quoniam non est personarum acceptor Deus, sed in omni gente, in omni ordine, in omni gradu, in omni dignitate novit Dominus qui sunt ejus, et quos prædestinavit illos justificat,[2] ut nec paupertas, nec divitiæ adimant sanctitatem, nec perfectum obscuritas, nec reprobum claritas[3] faciat.

6. *De transitu Felicis episcopi, et ubi sepultus jacuit.*

FELIX etenim Orientalium Anglorum episcopus, de quo præmissum est, dum decem et octo annis eidem provinciæ pontificali regimine præfuisset, ibidem apud Dummoc in pace vitam finivit, anno duodecimo regni Annæ regis. Inde translatus apud Seham,[4] quæ est villa juxta stagnum, sepultus est.[5] Hic locus autem ad introitum insulæ de Ely dicitur esse, ubi monasterium magnum et famosum fuit, in quo non minima congregatio monachorum, a quodam venerabili Clitone Luttingo[6] nomine constructa,[7] ordinem sanctæ regulæ sub abbate Wereferdo[8] observavit.

A.D. 647. 8th March. Godwin de Præsulibus. Account of Bishop Felix, and of his religious foundations.

In Anglico quippe legitur quod sanctus Felix vetus monasterium apud Seham et ecclesiam in Redham primitus condidit: sed paganorum gens crudelis et impia veniens de Danemarchia,[9] desæviens in omnes fines Angliæ, locum prædictum ac quæque per circuitum ferro ac fiamma de-

A.D. 870.

---

[1] sunt. Recesserunt glorificantes Deum; *G.*

[2] justificavit; *A. S.* and *M.*

[3] caritas; *A. S.* and *M.*

[4] Seham, now Soham, where Felix is said to have founded a monastery, was also an episcopal see, under the same bishop, for some time. *Anglia Sacra*, i. 403.

[5] " Inde translatus . . . sepultus est." desunt *A. S.* and *M.*

[6] Ditone Lugtingo; *A. S.* and *M.*

[7] constituta; *G.*

[8] Wereferdcio; *G.*

[9] Denemarchia; *G.*

populans, in solitudinem postea commutavit. Unde[1] locus a divino cultu diutius evacuatus, tempore regis Canuti reliquiæ sanctissimi Felicis confessoris in Ramesiense[2] cœnobio[3] sunt translatæ, et digno cum honore reconditæ. Scribere autem de hoc confessore Domini ipsa series narrationis poposcerat, qui regem Annam, et domum ejus totam, cum eadem provincia, sicut tradunt historiæ, unda baptismatis abluit, et salutaris[4] documenta impertivit.

7. *De interitu Annæ regis, et quod fratres sui post eum regnaverunt.*

King Anna's piety. SUCCEDENTE autem tempore, præfatus rex Anna, nomine quidem ac dignitate in Anglia[5] præeminens, in gloriam tamen non est elatus humanam, sed Dei in se bonitatem altius recognoscens, sedulo meditabatur non sullime sapere; et cum esset rex solio sullimis, domesticis se præbebat æqualem, sacerdotibus humilem, plebi gratum. Mira illi circa Dei cultum devotio, mira in ecclesiis construendis sollicitudo. Fuerat enim pater orphanorum, et judex viduarum, ac patriæ defensor validus, ad cujus præsidium quilibet insidias et hostium non ferentes incursus confugerunt. Quod ad ostendendam tanti regis magnificentiam scribere proposui, ut venire possim ad historiam latiorem.

Chenwalla, King of the WestSaxons, is attacked by Penda. Accidit autem cum Chenwalla,[6] qui patri Kinegilso successit in regnum, fidem et sacramenta regni cœlestis accipere rennuit, unde[7] postmodum etiam regni terrestris potentiam perdidit. Repudiata[8] sorore Pendæ regis Mertiorum quam duxerat, aliam accepit uxorem : ideoque bello petitus, ac regno privatus est ab illo.[9] Cum præsidium in aliquo non invenisset, secessit ad regem Orientalium Anglorum cui nomen Anna, apud quem triennio exulans, fidem cognovit, ac suscepit veritatem. Nam et ipse, apud

---

[1] Unde cum esset; *A. S.*
[2] Ramesciensc; *A. S.* and *M.*
[3] cœnobium; *A. S.* and *M.*
[4] salutaria; *A. S.* and *M.*
[5] Angliam; *G.*

[6] Cenwalla; *G.*
[7] verum; *A S.* and *M.*
[8] repudiatæ Pendæ; *M.*
[9] "illo, cumque præsidium;" *A. S.*

quem exulabat, rex erat bonus, et bona ac sancta sobole
felix, pater videlicet beatarum feminarum, de quibus maxime hoc constat opus.

Baptizatus est rex Chenwalla in eadem provincia a Felice Bishop Felix
baptises him.
episcopo, quem de fonte sacro rex Anna suscepit, cujus
postmodum auxiliis rediit in West-Saxoniam, paternum-
que potenter ab hostibus optinuit regnum. Quod[1] celebri sermone universo Anglorum orbi vulgatum patuit, aliis
regis Annæ studium et affectum in Deum admirantibus,
aliis sanctitatem laudantibus, cum eo fœdus undique pepigerunt: sola tantum Mertia adhuc spirans et anelans
cedem[2] Estanglorum, interitum minabatur. Et[3] suffultus
copiis bellatorum illos aggressus est expugnare. Cui rex Death of
Anna,
Anna obviare festinans, ab eodem Penda rege Mertiorum A.D 654
occiditur, anno regni ejus nonodecimo, ab incarnatione vero
Domini sexcentesimo quinquagesimo quarto: cui frater
Edelherus successit in regnum. Hic Pendæ regi amicus
factus, sub eo regnaturus, deinde suscepit imperium. Est
in eadem provincia locus, vulgo Blideburch[4] vocitatus, in Anna's burial-place.
quo corpus venerandi regis Annæ sepultum est, et usque
ad hanc diem pia fidelium devotione veneratur. Illic
etiam sepultus est filius ejus Deo acceptus Jurminus, sed
apud Betricheswrde,[5] quod nunc Sanctum Ædmundum appellant, postea translatus est et honorifice collocatus. Tur-
batis hujuscemodi rebus Orientis Angliæ, regina, post sui Hereswitha
retires to a
regis interitum, despiciens mundum, apud Gallias peregrina monastery.
in monasterium Cale secessit. Illic regularibus subdita
disciplinis coronam expectabat æternam. Ad quam veniens[6]
postea sancta[7] Hilda soror ipsius, relicta patria, ejus æmulata
exemplum, in eodem monasterio peregrinam pro Domino

---

[1] Quod cum ; *A. S.*

[2] sedem; *A. S.* and *M.*

[3] Et ejus rex ; *A. S.*

[4] Blideburch, Bliburgh, Blyth-
burgh, a parish in the hundred of
Blything, county of Suffolk. There
was a priory of Black canons there,
founded, according to some, as a
cell to the Abbey of S. Osith, in
Essex.

[5] Betricheswrthe, *G.*; Betrithes-
worde, *A. S.* and *M.*

[6] veniens et; *A. S.* and *M.*

[7] deest, *A. S.* and *M.*

vitam ducere volens; sed ab Aidano episcopo post annum[1]
patriam revocata, vitam monachicam in magna vitæ duxit
abstinentia. Posthæc, anno sequenti,[2] perfidus rex Mertiorum Penda, Sigisberti, Egerici, Annæ regum Estanglorum,
necnon Edwini atque Oswaldi regum Northamhimbrorum[3]
occisor, triginta legionibus totidemque nobilissimis ducibus
instructus, in Bernitiam ad debellandum regem Oswium
ascendit. Cui ille, cum Ælfrido filio, unam tantum legionem
habens, sed Christo duce confisus, occurrit. Nam alius
filius ejus, Ægfridus, tempore illo in provincia Mertiorum
apud reginam ejusdem regis Kineswidam[4] obses tenebatur,
qui accepturus erat in conjugem sanctam virginem Etheldretham, de cujus vita et virtutibus convenienter hic texi-
tur liber. Sed et filius Oswaldi regis Oderiwaldus[5] qui eis
auxilio tunc esse debuerat in parte erat adversariorum,
eisdem[6] contra patriam et patruum suum pugnaturus ductor
extiterat, quamvis ipso tempore sese subtraxerat,[7] eventum
discriminis tuto in loco expectabat. Initoque certamine
fugati sunt et cæsi pagani, duces regis triginta, et qui ad
auxilium ejus venerant, pene omnes interfecti, in quibus
Edelherus,[8] frater Annæ regis Estanglorum, qui post eum
regnavit, auctor ipse belli, interemptus est. Tunc rex
Oswins, pro collata sibi victoria, duodecim possessiones
ad monasteria construenda, et filiam suam Ælfledam[9] Deo
optulit perpetua virginitate consecrandam. Hoc bellum
rex Oswius tertiodecimo regni sui anno, cum magna utriusque populi utilitate confecit;[10] nam suam gentem ab
hostili paganorum depopulatione liberavit, et ipsam gen-

King Oswius
founds a
monastery.

---

[1] annum, ad; *A. S.* and *M.*

[2] Bede, iii. 24.

[3] Northanthimbrorum; *G.*

[4] Chineswitham; *G.*

[5] Odiwaldus; *A. S.* and *M.*

[6] ejusdemque, *A. S.*; ejusdem,
M.

[7] subtraxerat et; *A. S.*

[8] Edelrerius, *M.*; Æthelherus,
G.

[9] Edelfledam; *A. S.* and *M.*

[10] S. Hilda, Hereswitha's sister,
founded the monastery of Whitby,
on a site granted by King Oswius,
in fulfilment of his vow. Elfleda,
his daughter, became a nun, and
was buried there. S. Hilda founded a monastery at Hackness also
shortly before her death. *Tanner*,
634; *Monasticon*, i. 71; *Bede*, iii.
24.

tem Mertiorum finitimarumque provinciarum, defecto capite perfido, ad fidei Christianæ gratiam convertit.   Sed quarto post anno, duces gentis illius adversus illum rebellavere, levato in regem Wlfero filio Pendæ, quem occulte servavere : sicque cum suo rege, Christo gaudenter serviere.   Qui uxorem accipiens filiam Ærcomberti regis et Sexburgæ sororis venerandæ virginis Etheldrethæ nomine Æormenildam,[1] de qua sanctam virginem genuit Werburgam, regnavitque decem et septem annis, sicut in Beda[2] legimus.   Occiso autem rege Estanglorum Ædelhero, ut præmissum est, tertius frater, vocabulo Ædelwoldus,[3] regnum suscepit; homo bonus ac verus Dei cultor, juxta quod Anna frater ipsius, in fide et operibus sanctis incedens. Ad quem cum rex Orientalium Saxonum Swithelmus frequenter ratione consortii ascenderet, eum amicali[4] et quasi fraterno hortatus est consilio, ut relicta idolorum vanitate crederet in Dominum Jesum Christum.   Qui faventibus amicis credidit, et baptizatus est a Cedda Mertiorum episcopo, qui tunc in provincia Orientalium Anglorum advenerat : quem suscepit ex unda baptismatis idem rex ipsius gentis Estanglorum, frater Annæ regis eorundem, regnavitque annis quinque.[5]   Post quem Annæ regis filius, frater videlicet virginis Etheldrethæ, de quo jam diximus, regnum suscepit Aldulphus, cujus filia Ædberga,[6] in

[1] Ærmenildam; _G._
[2] Bede, iii. 24.
[3] Ædelraldus; _M._
[4] amicabili; _A. S._ and _M._
[5] After King Oswius persuaded Sigebertus to embrace the Christian faith, he sent him Ceadda, and some others, to assist in the propagation of the Gospel amongst his subjects. Sigisbertus appointed him to succeed Mellitus in the see of London.   He founded a monastery at Telabery or Tilbury, and at Laestingaen or Lastingham, where he died, A.D. 664, and was buried. His brother, Ceadda, who was afterwards Bishop of Lyccid-

felth or Lichfield, succeeded him in the monastery of Lastingham, and admitted Owinus (i. 8.) to his company of monks.   The monastery was nearly destroyed by the Danes, but an Abbot Stephen, in the time of William I., was about to restore it, and was engaged in the work until he received an invitation to York, where he and his brethren settled, at S. Mary's. _Bede_, iii. 22 ; iv. 3; _Tanner_, 117, 632 ; _Godwin_, 172, 309 ; _Monasticon_, i. 62, 384.

[6] Ætburga, _G._; Redburga, _A.S._ and _M._

Rependuna[1] abbatissa famulo Dei Guthlaco sarcofagúm plumbeum lintheumque transmisit, quo idem vir Dei post obitum locaretur et circumdaretur.

8. *Quomodo Etheldretha iterum datur viro, videlicet regi Nordthanhimbrorum, et qui cum illa venerunt, et quam sancte vixerit.*

Tonbert's death.

Etheldreda's return to Ely.

Dux vero præfatus Girviorum Tonbertus, cum[2] non post multum temporis ex quo ,Etheldretham acceperat conjugem, ex hac instabili discessit vita; moxque illa, velut post naufragium recepto littore, ad propriam in Ely descendit domum.[3] In ipsa magis insula occursantium remota conventibus Christo Domino famulari decertat; in reliquum, vanos mundi fugiens honores, silentium semper et vitam prorsus ignobilem affectans, ut post apparuit. Locus autem ille difficultate adeundi et arboribus hinc inde circumdatus, habens aquas collis de supercilio tenues, sed irriguas, quasi in heremo secum habitare cœpit, et quos præcipue religionis esse noverat, admodum sibi in amicitiam copulavit. Corpus namque attenuabat vigiliis, ciborum abstinentia, jugi psalmodia, et intentione tota hanelabat ad cœlestia. Talibus Etheldretha officiis exercitata, intendit nichil dulcius, nichil delectabilius quam exultare in Domino, ut ei placeat cui se probavit. Crescebat cotidie ipsius veneranda devotio, et magis ac magis ejus sanctum desiderium igne Sancti Spiritus accendebatur. Sic in ea naturam instituerat consuetudo, ut quibusdam parsimoniæ retinaculis carnales choiberet cupiditates. Quid plura? Jam Dei juditio

[1] Rependuna, Repingdon, Repton, a parish in the hundred of Repton and Gresley, county of Derby. Under the present church, a Norman one, is an old crypt, traditionally considered as part of the old conventual church, destroyed by the Danes in 1172. The monastery under Edburga was very extensive, and became the burial-place of several kings: Ethelbald and Marewald, kings of Mercia, and Kynechardus, brother of Sigesbertus, king of the West Saxons. *Rudborne's Chron. Ang. Sac.* 196; *Tanner,* 78.   [2] deest; *A. S.*

[3] domum; et in ipsa insula ab hoc magis occursantium, &c., *A.S.*; domum, in ipsa magis insula ab occursantium, *M.*

primo labore determinato,[1] iterum beatæ virginis priore
gravius demandatur certamen, ut palma virginitatis ejus
mundo excellentius appareret.

Eodem vero[2] tempore, Ægfridus in finibus aquilonis inter Egfridus.
Anglos tenens imperium, cujus Eboraca civitas regni optinet principatum, hic rex præclarus et nobilis inflammatur
in amorem virginis, hic opes confert innumeras, dotesque
spondet multiplices, dumque honores incertos commendare
disponeret, principis petitio vehementius[3] illi facta est,
oneri potius quam honori: deinde parentes ejus pulsat
petitionibus obnixis. Unde[4] quam voluntati eorum diutius
reluctari non suffecerat, licet invita, ad ultimum votis pe-
tentium adquievit. Igitur, quod non speravit, anno post
interitum patris sui sexto, unanimi voluntate parentum,
tempore Edelwoldi patrui sui, qui post beatum Annam et
alterum fratrem ejus nomine Edelherum regnavit, iterum
datur in conjugium[5] viro alteri, regi videlicet Ægfrido filio Etheldreda's
Oswi regis Northamhimbrorum, cujus pater Ædelfridus, marriage.
cujus pater Ædelricus. Hic regnum obtinuit post Ælle,[6]
qui Deirorum regnum triginta annis strenuissime rexit:
ad cujus nomen beatus Gregorius, cum Angligenas pueros
in foro Romano inveniret positos, alludens ait: "Alleluia,
laudem Dei Creatoris illis in partibus oportet cantari."
Habuit autem isdem[7] rex Oswius fratrem sanctum Dei
martirem Oswaldum, qui ante illum novem annis regnum tenuit, et ceteros quos cronicum enumerat, et sororem
unam nomine Ebbe sub cujus magisterio regina Deo
grata Etheldretha, deposito regni diademate, habitum
sacræ religionis postea induit, et quæ monasticæ institutionis sunt et observavit et didicit. Genuit autem rex
prædictus filios et filias, sicut Anglorum narrat historia,
constituitque filium suum Ælfridum, regem super Deirorum et Bernitiorum provincias;[8] Ægfridum vero juni-

---

[1] terminato; *A. S.*
[2] enim; *A. S.*
[3] vehementior: *A. S.*
[4] Nam, quæ voluntati, *A. S.*;
Nunquam voluntati, *M.*

[5] conjugem; *A. S.* and *M.*
[6] Alle; *A. S.* and *M.*
[7] idem; *A. S.*
[8] Super Deiorum provinciam;
G., A. S., and *M.*

orem[1] quem intimo dilexerat affectu, sibi consortem regni
super provintiam Eboracam[2] adhibuit, quoniam corporis
gravitate depressus regni jura difficile protegebat. Erat
enim[3] Ægfridus juvenis circiter triginta annorum, sermone
jocundus, moribus civilis, vir in armis strenuus, et beati[4]
Wilfridi amicitiis valde astrictus. Et sicut in quarto historiarum Angliæ libro legitur,[5] accepit rex Ægfridus conjugem nomine Etheldretham filiam Annæ regis Orientalium Anglorum, viri bene religiosi, ac per omnia mente et
opere egregii, quam et alter ante illum vir habuit[6] uxorem,
princeps videlicet Australium Girviorum, cujus mentionem
superius fecimus. Illa tamen obstaret, si posset reniti
contra. Ducta est igitur virgo filia Syon ad cives Babilonis, sed fornacis ejus incendio minime est adusta. Dies
indicitur nuptialibus consecrando[7] sollempniis, quo rex·
filiam regis sibi despondeat. Nubit itaque Etheldretha,
cum multimodo decore ac diverso lætantium tripudio, vene-
rando regi, magis suspirans ad nuptias cœlestis Sponsi;
etenim illius sanctum propositum amor cœlestis a carnis
desiderio servavit; et si quid ei[8] regalis gloria non inglo-
rium contulit, unde ut[9] regis filia gloriosior appareret,
magis pro conditione bissus[10] et purpura, quam luxu et
fastu, per quos decideret, complacebat. Siquidem in aula

---

[1] minorem; *A. S.* and *M.*

[2] Eboracam, hoc est Berni-
tiorem ; *A. S., M.,* and *G.*
The Coritani, Coriniaidd, a Teu-
tonic race, entering the Humber, planted themselves, at a very
early period, in the east of England,
dividing the country of the Loegri
into two portions. Though established for centuries on the south
of the Humber, they remained dis-
tinct from the Britons, yet volun-
tarily allied themselves with the
Romans, and, at a later period,
with the Angles. When the Ger-
mans became possessors of the
eastern part of England, in con-
junction with these Coranians, they
apparently used the old divisions
of land, to distinguish their colo-
nies. The men north of the Humber, Northan-hymbra-menn, men
of Deïfr, men of Brynick, were
thus named in opposition to those
south of the Humber as far as the
Thames, which was the country of
Merk, Mercia, Myrcna ricc. The
Angles gave their own name to
only a very small district : East
Angla-land; East Englas. *Thierry,
Conquêtes des Angles.*

[3] autem; *A. S* and *M.*

[4] desunt, "et beati;" *A. S.* and
M.   [5] Beda, iv. 19.

[6] habuerat; *A. S., M.,* and *G.*

[7] consecranda; *A. S.* and *M.*

[8] eis; *A. S.* and *M.*

[9] ubi, *M.*   [10] bisso ; *A. S*.

ubi ceteræ virgines commorantes desideriis solent æs-
tuare carnalibus, hæc illins cremabatur incendio, in quem
desiderant angeli prospicere. Itaque regiis nuptiis[1] multis
annis addicta,[2] obumbratione[3] divina, semper mansit intacta.
In id vero temporis, Ægfridus rex[4] operibus sanctis deditus, cum sua regina Etheldretha simul episcopo Wilfrido in omnibus obedientes facti; pax et gaudium in
populis[5] et anni frugiferi victoriæque in hostes, Deo adju-
vante, subsecutæ sunt: sicut in vita ejusdem confessoris
Domini legitur. Sed et anima reginæ mox ad sanctum
Dei in Christi amore colligata est, atque ex his quæ sibi
fœdere conjugii competebant, cum illo participare curavit.

Nam Augustaldense[6] adepta ab[7] ipsa regina Deo dilecta
Etheldretha, domum Domino in honorem beati Andreæ
apostoli fabricavit, columpnis variis et porticibus multis
suffultam, quæ[8] plenius visu quam[9] auditu intelligitur.
Sed cum latins ad singula vagamus,[10] propositum operis
tardius reformamus tamen comperta, ut res probat, cog-
nitionis causa, intimamus.

Venerant cum ea nonnulli nobiles[11] viri ac feminæ de
provincia Orientalium Anglorum, inter quos præcipuæ auc-

Account of Owinus.[12]

---

[1] desunt "regiis nuptiis;" *A. S.*
and *M.*　　[2] addicta conjugi; *A. S.*
[3] obumbratione tamen; *G.*
[4] Egfrido rege . . . dedito . . .
obediente facto; *A.S.*
[5] populum ; *A. S.* and *M.*
[6] Augustaldensem; *A. S.* "Ha-
gustald, Hextildesham, or Hexham.
S. Wilfrid, having obtained a grant
of this town from S. Etheldreda,
Queen to Ecgfrid, King of North-
umberland, herein, about A.D. 674,
founded a church and monastery to
the honour of S. Andrew. Some
few years after, upon the division
of the diocese of the Northumbers,
the see of a new bishop was placed
here, where it continued till the
year 821, when it was reunited to
Lindisfarn. This abbey was destroyed by the Danes.' Tanner,
389. Vita S. Wilfridi auctore,
Eddio Stephano, c. xxii. Anglia
Sacra, i. 694.
[7] deest ; *M.* and *A. S.*
[8] quod ; *A. S.*
[9] vel; *A. S.*
[10] vagamur; *A.S.* and *M.*
[11] fideles; *A.S.* and *M.*
[12] A stone, brought from Had-
denham, and now standing in the
nave of Ely Cathedral, bears the
following inscription: "LVCЄM.
TVAM . OVINO . DA . DЄVS .
ЄT . RЄQTЄ . AMЄN." Dr.
Stukely states, in a letter written to
the late Rev. J. Bentham, that he
copied this inscription at Hadden-
ham, when a lad at Cambridge;
and that "the stone was the foot of
a cross."

toritatis vir magnificus erat Oswinus[1] nomine, monachus magni meriti, et pura intentione, supernæ retributionis mundum derelinquens, dignus cui Dominus specialiter sua revelaret archana, dignus cui fidem narranti aures accommodarent. Nam et ipse venerat cum eadem regina Etheldretha de provincia Orientalium Anglorum, eratque primus ministrorum et princeps domus ejus. Talem itaque ac tantum decebat eam habere custodem et suorum provisorem, cujus vita apud homines, miræ sanctitatis; et apud internum testem, magni meriti fuit: qui etiam inter vacillantes mundi honores noverat esse, sed nec aliquando secretis cœlestibus per animum deesse. Nam post dominæ[2] suæ hujus insignis reginæ conversionem, adeo mundi rebus, post quas hærere putabatur, se exuit, ut tantum habitu indutus, cum securi et ascia in manu ad monasterium reverentissimi Ceddæ Mertiorum episcopi veniret, et non ad otium, ut quidam, se monasterium intrare signabat.[3] Ubi pro suæ reverentia devotionis inter fratres est habitus, et sancto episcopo valde factus amicus, audivit super eum cœlestes, ante ipsius obitum, invenire cœtus. Prætermitto plurima, ne videar in narratione singulorum materiam excedere.

Etheldreda's behaviour towards her husband.
Hoc quoque dicam, ad propositum rediens, quod rex in matrimonio reginæ sit[4] lætatus; assiduis eam mulcet eloquiis, sed desideriis non emollit. Cujus piam conversationem ac devotionem intendens, admiratur quod solio regni sublimata, morum gravitatem, quam consueverat, nequaquam mutavit. Noctem etenim[5] sæpe duxit insompnem, diem absque ciborum alimento; et, ut vere[6] fatear, dies ac noctes continuabat in oratione, et cum more conjugatorum regio thoro accubuisset, vix compresso sompno, ad consuetas fugiit precum orationes, nec ad lectum ultra redire solita fuerat, sicut ex Bedæ verbis postea docetur. Spiritus enim Sanctus, cujus cor suum

---

[1] Owinus; _M._ and _G._
[2] almæ ; _A. S._ and _M._
[3] signaret ; _A.S._

[4] sic; _A. S._
[5] enim; _A. S._ and _M._
[6] nunc ; _A. S._ and _M._

habitaculum præparaverat suæ inhabitationis domicilium, ab omni corruptione liberabat, unde virgo fortis inter adversa et prospera, fixa stetit et inperterrita, ut nec illam violentia frangeret, nec amor principum a summi Regis obsequiis inhiberet, pro cujus dilectione regina Etheldretha proposuit in voto virginitatis potius hanc vitam transigere, quam aliena libidine violari. Tamen juncta erat ei[1] lege conjugali, non conjunctione carnali: sed dolet improbus prædo, et ingemiscit in priore certamine se esse prostratum; unde contra eam denuo insurgit acrius ad conflictum.[2] Iccirco acriores Ægfrido stimulos adicit et ad copulam virginis præparandam feroces illins animos vehementer incendit, et callida jam conatur astutia seducere, quam publica conversatione thalami non poterat violare: ut[3] quæ ad conjugalem copulam usu communi nesciebat inflecti, per integumenta disciplinæ ad carnales illecebras sperabatur inclinari. Sed Deus benigne disponit ad gloriam quod[4] hostis antiquus vertere nititur ad ruinam: et quemadmodum primam ex illo virgo optinuerat victoriam, ita de virgineo corpore existimat optinere et secundam.

9. *Quomodo rex non potuit uti virginis conubio.[5] Per sanctum Wilfridum animum[6] ejus allicere[7] temptabat, sed ipse monita castitatis reginæ[8] prætendit.*

Et ne quis de reginæ continentia dubitans tantæ virtuti deroget; sciat temporibus illis hoc per totam Angliam divulgatum et creditum, ut de facto certi plurimi asserebant. Rex inquam, virtute cœlitus, ut credi fas est, aliqua correptus in se territus stupuit; reginam beatissimam impudice non tetigit, neque contristavit, nec quicquam mo-

Popular belief in Etheldreda's chastity.

---

[1] regi; *A. S.*
[2] desunt "ad conflictum;" *A. S.* and *M.*   [3] et; *A. S.* and *M.*
[4] quæ; *A. S.* and *M.*
[5] connubio et; *M.*

[6] ejus animum sibi alicere temptabat; *G.*
[7] animum sibi illicite; *M.*
[8] deest, *M.*

Respect felt
towards her
by the King.

lestiæ intulit; quoniam non ut reginam aut parem, verum
tanquam dominam per omnia venerabatur. Fit ille maritus, mente non carne, nomine non opere: fit illa con-
junx, non mente, nec[1] carne, solo nomine non opere.
Tamen optat ille debitum a conjuge, sed nec precibus, nec
promissis animum illius suæ voluntati potuit inclinare.
Denique sanctum Wilfridum tam per se quam per amicos
adiit, sæpiusque convenit, orans et obsecrans, ac[2] maxima-
rum rerum pollicitatione allicere temptans, quo reginæ
persuaderet, ut, omisso virginitatis proposito, ei assensum
præberet, quod etiam verbis Bedæ postea explicandum imminet. Vidit ejus assiduam cum beato præsule familiaritatem, ipsius informabatur hortamentis, ipsum æmulabatur
in Christi caritate : hinc Dei præconem rex frustra fati-
gat præmiis, nunquam enim hic virgini nuptias suadere,
nec illa regi voluit adquiescere.

Her perpetu-
al virginity.

Cujus consortio cum duodecim annis uteretur, sicut
scriptum est in libro sermonum Bedæ[3] presbiteri, perpetua
tamen mansit virginitatis integritate gloriosa.   Mira res!
Mira Dei gratia! virgo manet in thalamis; solius Dei secreto pervia est hujus rei mirabilis cognitio, quomodo regina Etheldretha prioris mariti virile robur effeminave-
rat: et qua Sancti Spiritus arte alterius concupiscentias
evaserit infestantes.   Sanctificatum vero sibi templum
Deus in virgineo corpore nuptiali lege violari non permisit, nec dedita justitiæ innocentia contagio victa consen-
sit. Quapropter[4] hic adneximus quod multos publicare
novimus. Contigit aliquando ipsam beatissimam reginam
thalami cubiculum introire noctis quieto tempore, quum
se celeriter subsequuturum rex nuntiavit, et hoc comperto,
supra quam dici potest, cœpit illa contristari et mœsta esse,
timens fraudari a desiderio sui propositi.   Et expandens

Etheldreda's
prayer.

se in oratione cum gemitu ad Deum dixit :—" O bone Jesu,

---

[1] non ; G.
[2] ac maximorum donorum pollicitatione, A. S.; ac maximorum
pollicitatione, M.

[3] Bede, iv. 19.

[4] " Quapropter . . . adjutor fortis," desunt ; A. S. und M.

dominator et domine, reminiscere miserationum tuarum
atque dulcedinis genetricis tuæ dilectæ, et per ipsius pia
suffragia salva me ex hac hora." Nec mora, rex concitus
advenit ad hostium, introspexit, et ecce domus illa quasi
infiammata intrinsecus tota reluxit. Unde nimio terrore The miracle.
correptus pedem pro stupore retraxit, atque ad eam cla-
mando recessit, dicens :—" Noli, bona mulier, noli æstimare
me tibi ulterius velle illudere, Dominus Deus protector
tuus est et adjutor fortis." Sicque regia virgo Domini
emicat Etheldreda clara in Deo et sæculo regina.

Wilfridus etenim voti virginei fautor existens, vigilantis Wilfrid's dis-
                                                            simulation.
animi sagacitate procurabat, ne qua femineæ mentis incon-
stantia[1] ab intentione virgo mutaret, et terrenis illecebris
animum aliquando devicta supponeret. Dissimulavit autem
provide atque prudenter, tanquam regi favens et desiderii
sui efficaciam reginæ persuadendum pollicens; veritus ne,
sicut contigit, ob rem hujuscemodi offensum illum haberet. Et dum circa talia, ut æstimabatur, sanctus pontifex reginam alloqui intenderet, de cœlestis vitæ dulcedine
tractare studuit : sicque Dei virtute prædita, per consilium
sancti præsulis nullatenus regi assensum præbuit : egitque
vir beatus sua industria, ut potius divortium quæreret, He recom-
                                                          mends a
quatenus libertate potita seculum relinquere et thalamis divorce.
æterni Regis feliciter inhærere posset. Cujus monitis obtemperans et suggestionibus virgo Christi dilectissima,
quippe quem merito religionis vera sibi nexuerat caritas,
ut ejus desiderio satisfaceret in proximo apparuit. Dispositione autem divina ad multorum illuc venerat sub-
sidium,[2] pie ac misericorditer auxilium cunctis studebat impendere. Ubi dum consisteret, sanctæ religionis A religious
                                                        company is
ministros in fœdus amicitiæ viros ac mulieres sibi admit- assembled
                                                           around
tebat, quorum consilio atque consortio in omnem sanc- Etheldreda.
timoniam provehi, et suorum præsidio meritorum confoveri
arbitrabatur : præsertim ad tale negotium idoneos pro vitæ

---

[1] inconstantia votum; *A. S.* and | [2] subsidium et; *A. S.*
M.

munditia[1] et honesta conversatione in familiaritatem colli-
gendum[2] fore ex cœtu et gradu monastico asserebat : inter
quos sanctissimum præsulem Wilfridum, de quo in præsenti agitur; alium vero vitæ sanctitatis decore insignitum,
beatissimum Cuthbertum anachoretam, necdum vero episcopum, in gratiam ac dilectionem exhibuit, et ei de
suorum facultate bonorum plurima devote ministravit. In-
She works a stole and maniple for St. Cuthbert. super opus[3] eximium atque præclarum, stolam videlicet et
manipulum similis materiæ ex auro et lapidibus preciosis,
propriis, ut fertur, manibus, docta auritexturæ ingenio,
fecit, eique ob internæ dilectionis intuitum pro benedictione offerendum destinavit, quæ in signum utriusque venerationis apud ecclesiam Dunhelmi servantur :[4] quibusdam
petentibus pro magna adhuc ostenduntur dignitate, et[5] de
nostris quidam sæpius aspexerunt.

Juste enim et pie virgo virginem, dilecta dilectum, tali
decebat opignerari[6] obsequio, unde[7] solum in conspectu
regis domini assistens uteretur, et[8] illius memoriam inter
sancta sanctorum missæ sollempnia facilius repræsentare
posset, et pro ea Dominum majestatis pia postulatione pla-
caret.   Hoc in Beda nequaquam invenimus, sed pro cunctorum usque nunc[9] testimonio scribendum existimavimus.
Non solum autem hi, quos diximus, verum innumeri longe
lateque, beatitudinem sanctæ reginæ minorem esse quam
fama disperserat, cognoscentes, illins notitia simul et colloquio potiri desiderabant, ac diversa exeniorum largitate
decorabant.   Erat omnibus amabilis, alloquio dulcis, as-
pectu decora, eximii pudoris, summæque pudicitiæ, ornata
The purity of her life. virtute, diligens rectum, nulla curans suavia præter cœlestia.
Ecclesiam Dei frequenter adiit, orationi jugiter vacavit;
unde vita illius compluribus facta est disciplina, quia ad hoc
eam natura peperit, et voluntas exercuit et gratia servavit.

---

[1] munditie; *A. S.* and *M.*
[2] colligendos; *A. S.*
[3] munus; *A. S.*
[4] servantur et; *A. S.*
[5] ut; *A. S.*

[6] oppignerare; *A. S.* and *M.*
[7] ut iis; *A. S.* and *M.*
[8] deest, *G.*
[9] deest; *A. S.*

10. *Quod[1] regina Etheldretha, monitis beati præsulis edocta, divortium a rege postulaverat, sed vix optinens monasterium subiit,[2] et velamen sanctitatis ab eo suscepit.*

QUIS enim digne memoret in quanta bonorum executione virgo sub jugo maritali vixerit, temptationibus carnis et æstibus satis examinata[3] nec tamen superata? Grave nimis tulit vinculum conjugii, cupiens dissolvi et esse cum Christo. Perpendit itaque omne decus lubricum; vitam solum cœlestem spiritu intelligentiæ perhennem cognoscens: appetiit desiderantissime vivere solitarie. Noverat enim sibi constare raro quempiam posse, qui inter mundi divitias animi quærit libertatem: atque[4] animus ad superiora difficile pervenit, qui in[5] inferioribus exoneratus non incedit. Unde cum innumeris suspiriis excutere se temptabat de jugo regni, ardens ad Christum evolare et in Christo requiescere.

Et cum per tot annos matrimonii lege teneretur, nolens differre ulterius, quod jam diu mente conceperat; sed notato diligenter die et hora, non occulte sed manifeste, non raro sed crebro, regem maritum postulat, ut sæculi curas relinquere, atque in monasterio, tantum vero regi Christo servire, permitteretur. Resistit princeps cum audit, nec facile adquiescit, graviterque dolendum se[6] asserit, si aliquando contingat a conjuge dilecta ferre divortium, licet ei nunquam conjunctus esset more conjugatorum. Postulat iterum regina quod petierat; fletibus et diutinis postulationibus tanto importunius insistit, quanto difficilius optinendum credidit quod petebat. Transtulit autem totum ad superos desiderium: in amorem cœlestis sponsi flagrantissima, ipsius oportune præsidium flagitabat; et quo gravius est[7] de quo eripi desiderat,[8] eo artius ferventiusque eum, per quem eripiendam se novit, exorare inten-

Etheldreda asks for a divorce.

Her husband declines to grant it.

[1] quomodo; *M.*
[2] subiit velamenque sanctitatis suscepit; *G.* [3] exanimata; *A.S.*
[4] et quod ; *A. S.* and *M.*

[5] deest, *A. S.* and *M.*
[6] sibi ; *A. S.*
[7] deest, *A. S.* and *M.*
[8] desiderabat; *A.S.* and *M.*

dit. Non eam blanda[1] servorum obsequia, non sollempnes apparatus, non rerum opulentia grandis poterant eam a proposito revocare. Rex vero tandem victus ipsius importunis precibus, licet invitus, tamen eam dimisit invincibilem.

He yields at length.

Illa nimirum gavisa valde de regis concessu atque licentia, quamvis difficulter et sero impetrata, sumptibus secum pluribus paratis, nobilis virgo et potens regina intravit monasterium sanctæ Ebbæ abbatissæ, quæ erat amita regis Egfridi et sancti Oswaldi marturis et[2] Oswi regum germana, positum in loco quem Coludi[3] nominant urbem; accepto velamine sanctimonialis habitus a præfato antistite Wilfrido. Quam de regno multi prosequentes viri ac feminæ ecclesiis pro Domino se subdiderunt; sicut Owinus major familiæ ejus, merito Deo carus, secretorum cœlestium auditor, dominæ suæ vestigia secutus, non oblitus qualis fuerit, vitam monachicam repetiit, ut supra retulimus.[4] Sed et tantæ virginis et reginæ conversionem longe cognoscentes, plures seculo renuntiarent, vel in bonis operibus habundantius se exercerent.[5] Ingressa igitur monasterium Etheldretha hostiam vivam se Deo optulit, cuncta quæ mundi sunt deseruit, sprevit, atque a corde suo procul abjecit. Insuper pro regali diademate, humili obumbratur velamine, pro bisso et purpura, ambitur[6]

Etheldreda enters the monastery of Coldingham.

[1] blanda quotidie suorum obsequia, *A. S.* and *M.*; blanda cotidie, servorum, *G.*

[2] deest, *M.*

[3] Colitur 25 Augusti S. Ebba Abbatissa Coldingamensis : quod monasterium tunc erat sub regibus Nordhumbrorum in provincia Mercia, nunc Scotiæ annexa; a Birwico Anglicano sex leucis distans : cui propinquum promontorium etiam nunc vulgo Ebberhead, id est Caput Ebbæ navigantibus satis celebre, appellatur. G. H. *Annotata, Acta Sanctorum.*

[4] recolimus ; *A. S.* and *M.*

[5] exercuerunt; *A. S.* and *M.*

[6] ambitur nigra veste et aspera; *A. S.* and *M.* Non ergo vigebant in cœnobio Coludensi instituta Scottorum, qui veste candida ute-

bantur : nec proinde in Eliensi monasterio a S. Ethildrita postea constructo. Certe Edgislus monachus Coludensis, post incendium Coludense, de quo infra, cap. 14, se recepit, teste Beda in Hist. iv. 25, in Giroviense Bedæ monasterium : quod sane non permississent Girovienses monachi, Benedictinæ regulæ et Romanorum rituum servantissimi, si Edgislus Scottorum regulas ac mores tenuisset. Denique Wilfridus episcopus Ethildritæ præceptor, per Britanniam insulam Romanos usus in ecclesiis, in monasteriis vero regulam Benedictinam insevit, uti Willelmus Malmesburiæ monachus aliique diserte tradunt : nosque sæculo insequenti in S. Wilfridi Vita observabimus, *M.*

eam[1] nigra vestis et aspera. Tunc vero primum se regnare
inclita regina credidit, cum ad servitutem Christi de regno
libera exivit, ita ut non solum regalia ornamenta depo-
nens Deo suam substantiam contulit, sed pro illius amore
monasticæ religionis normam suscipiens, voluntatem propriam et carnem sanctæ obedientiæ subdidit, ubi quo
advenerat[2] dum temptatur infirma, inventa est perfecta.
Merito felix, merito gloriosa, probata obedientiæ glorifi-
catur passione, et[3] sanctæ constituta disciplinæ, tantum
divinitatis cultus exercens, ob suavitatem divinæ contem-
plationis, ab humanis cœtibus delectabatur abjungi, ut[4]
sub specie Marthæ resideret, quiete[5] summopere vacaret
Mariæ. Augmentabatur in ea fama bonitatis, æque[6]
crescebat in eadem devotio religionis super omnes socias
illius congregationis; ubi per anni spatium didicit, quia
jugum Domini suave est et onus ejus leve. In quo etiam
loco tam sanctæ conversationis culmen arripuit, tam per-
fectæ humilitatis exemplum ostendit, ut in ejus vita
expressum intelligeret magisterium, si quis sanctæ institutionis requireret documentum.

Et vere, inquam, nunc felix geminis ornatur virgo trium-
phis. Nam duobus maritis desponsata, prius videlicet
duci, ac denuo regi, sed, Dei virtute, amborum frustrata
est conubio. Et ecce contigit, ut quia in virginitatis proposito semper animum gessit invictum, nunquam corrumpi
potuit duorum violentia maritorum. Ipse Etheldretham
protexit a fiamma corruptionis, qui tres pueros eruit a
camino ignis Babilonis.

11. *Quod rex Egfridus de monasterio eam eripere laboravit,*
sed Dei miseratione salvatur.

REGINA vero Etheldretha, ut præfinitum est, monaste- The King
rialibus jam subdita disciplinis;[7] sed rex Ægfridus, qui ejus seeks to
withdraw

---

[1] deest, *G.*
[2] ubi quoad viveret; *A.S.* and *M.*
[3] sub sanctâ constitutâ disci-
plinâ tantum; *A. S.*

[4] ut dum ; *A. S.*
[5] quieti ; *A. S.* and *M.*
[6] atque ; *A. S.*
[7] disciplinis lætabatur; *A. S.*

Etheldreda from her monastery. illibatæ copulationi diu fuerat deditus, non leviter ferens divortium sponsæ dilectæ, supra modum mox de illius abscessu cœpit contristari et mœstus esse. Unde suorum suggestione atque instinctu, de monasterio illam, licet jam sanctitatis velamine obtectam, eripere conabatur. Nec mora, ad monasterium ubi virgo sancta degebat, cum furore et fremitu festinanter ascendit. Quo audito, mater congre- Ebba's advice. gationis Ebba ex sola fuga præsidium fore suggerit.[1] Et Spiritu citata Divino, quo cunctetur virgo in reliquum actitare studuit: nec quiescendum donec in domum suam perveniat in Ely, illic Dei virtute incontinentiæ Caribdim posse vitare decernit.[2] Porro quæ fuerat regni domina nudius tertius,[3] imperium terrenum contempnens monasterium subiit, facta est nunc ancillarum Christi famula, occupans ultima ministeriorum servitia. In talibus namque delectabatur virgo Deo devota, habens illud semper ante Eccles. iii. 20. oculos: "quanto magnus es humilia te in omnibus." Sed prosperis optatæ quietis Divino munere concessis, non defuere insidiæ inimici: unde probatur in ea verissime apo- 1 Tim. iii. 12. stoli testimonium, quod "omnes qui volunt pie vivere in Christo persecutionem patiuntur."[4] Instat enim rex in matrimonio cupiens eam resumere, non omittens persequi, si forte valeat comprehendere; sed sanctimonialis femina gemens et anxia nunc geminato timore dulces latebras coacta Etheldreda's flight. fugit et exiit, Dominoque suam intentius pudicitiam commendavit. Et digressa clam ambitum loci cum duabus Dei ancillis Sewenna et Sewara collem eminentem prope qui Colde-burchesbevet, quod Latine Caput Coldeburci dicitur, adiit et ascendit. Sed Deus, qui ventis et mari imperat, et obediunt ei, non derelinquit sperantes in se; illius jussu credimus fieri, quod mare suum alveum egrediens A miracle. nunc aquas multipliciter effundens, locum, in quem sacræ virgines ascenderant, circumdedit, et, sicut ab incolis loci

---

[1] suggerit, eremumque suadebat ad fugæ præsidium petendam. Ibi Dei virtute munita, donec persecutio cessaret exegit; *A. S.* and *M.*

[2] decrevit; *A. S.* and *M.*

[3] nudius tertius et; *A. S.* and *M.*

[4] patientur; *A. S.*

accepimus, per septem continuos dies sine cibo et potu in
oratione consistentes eas occuluit, et, quod mirabile dictu
est, solitos recursus obliviscens, quamdiu rex illic aut
penes locum morabatur. Stetit itaque aqua ad ostenden-
dum cunctis, virginis meritum: et aqua erat ad adjutorium
et ad tuendum, et quasi aqua non erat ad nocendum sive
disperdendum. Taliter ancilla Christi munita præsidio,
evasit minas regis, nec sensit quandoque[1] læsionem ab eo.
Nam tulit auxilium Dominus miserator egentium, atque
suam sponsam clementis dextræ clipeo protexit inermem.
In momento enim locus secretus ac subito præmunitus
gratia Dei factus est, ut ex uno latere montis de medio
præcisa excelsa rupes haberetur, et æquam planitiem maris
fluctus reducto paullulum sinu ostenderent;[2] ut nec ad
evadendum hostem vasta heremi solitudo peteretur. Per-
crebuit fama undique hujus rei ac tanti miraculi, et timuerunt qui viderant[3] vel audierant, cognoscentes Deum
jugiter esse protectorem ejus.

Cumque diutius essent in supremo rupis acumine et
aquarum multitudine undique circumdatæ, sed qua parte
eas posset rex aggredi nequaquam invenisset; tandem
nichilominus factum admirans, in stuporem versus de
loco recessit, Eboracum rediit; nec deinceps confessorem The King
Domini[4] Wilfridum a secretis[5] seu affectu ut antea coluit, York.
returns to
sed iram diu tacito contra illum sub pectore gessit; et
expectata hora, ob istiusmodi causam, eum de sede sui
episcopatus expulit. Denique cum omni fiducia ad copulam sanctæ reginæ reverti posse destitueretur, Ærmen- He marries
burgam sibi matrimonio copulavit. Ærmen-
burga.

Sanctimoniales autem in rupis vertice degentes, cum
sitis ariditate nimium æstuantes gravarentur, Ebba venerabilis abbatissa Etheldretham commonet Dominum
Christum exorare, ut gustum aquæ illis præstet in hac

---

[1] quamque; *A. S.* and *M.*
[2] ostenderet; *G.*
[3] viderunt vel audierunt; *A. S.* and *M.*

[4] Dominicum; *A. S.* and *M.*
[5] secretis habuit; *A. S.*

sitis necessitate, qui de petra potavit populum suum in
deserto.　Et fusa intentius ad Dominum oratione cum
A miracle. summa mentis devotione, fons aquæ juxta eam confestim erupit lucidissime,[1] atque ad preces ejus quod[2] per
naturam non habuit, per gratiam Dei arida rupes aquas
perfudit,[3] quæ in usum ipsarum sufficeret[4] nec necessitati deesset[5] et usque in ævum manare non cessat.　Unde
potum sumentes Deo gratias egerunt, et infirmis adhuc
saluberrima præstat.[6]　Insuper memoriale et præ ceteris
mirabile est, quod vestigia pedum illius ascendentis et
descendentis in latere montis, infusa tanquam in calida
cera, nunc usque ostenduntur ad laudem Domini nostri
Jesu Christi.　In hoc etenim facto, si diligenter attendimus, quatuor memoranda[7] satis admiratione digna perpen-
dere possumus.　Unum quod misericorditer Deus illas ab
oppressione regis protexit; aliud quod mare suas aquas ad
earum munimentum tanquam pro muro effudit; tertium
quod rupis aspera in siti earum aquas donavit; quartum
quod duritia petræ, velut suæ oblita naturæ, more mutato
ad tactum plantæ illius mollescere potuit.　Hoc de scriptis
Bedæ non cepimus, sed quicunque locum Coludi norunt,
cum assertione hujus rei testes existunt.　Non enim vir
beatus suffecerat singillatim cuncta meminisse vel audire,
vel cedis imprimere, quæ de omnibus per Angliam suo
tempore sanctis fiebant, sed nisi quæ[8] diu et plurimum a
religiosis a[9] veredicis fuerant[10] vulgata, litteris commendare
disposuerat.　His ita gestis, ad proposita revertimur.
Verum quantum inde laboribus seu fatigationibus beata
virgo exacta fuerit, donec in Ely, quo tendebat, perve-
nisset, ex sequentibus comprobatur.

---

[1] lucidissimus; *A. S.* and *M.*
[2] quæ; *A. S.* and *M.*
[3] profudit; *A. S.* and *M.*
[4] sufficerent; *A. S.* and *M.*
[5] deessent; *A. S.* and *M.*

[6] præstant remedia; *A. S.*
[7] admiranda; *A. S.* and *M.*
[8] quod; *M.*
[9] et; *A. S.* and *M.*
[10] fuerunt; *A. S.*

12. *Insigne testimonium virginitatis ejus.*

D<small>E</small> hac igitur Deo[1] dicata femina Etheldretha nemo Proof of
dissidat, nemo vereatur quod post regificos virgo servata Etheldreda's virginity.
maritos illibata perstiterit.[2] A Domino factum est istud.
Sed quoniam his diebus aut nullatenus aut vix probatur in
conjugatis, hinc stupescimus, et est mirabile in oculis nostris. Sanctissimi Wilfridi quoque Eboracensis archiepiscopi assertione ac medici[3] Kinefridi, aliorumque veredico-
rum, sed et communis attestatione vulgi, sicut Beda[4] sanctus didiscerat, scripsit, cujus etiam insigne virginitatis testimonium perhibens ita commendabat, dicens:—"Quoniam
cum quibusdam venisset in dubium de ista Christi sponsa
et virgine, imminet sciscitanti an hoc ita esset, idem beatæ
memoriæ Wilfridus pontifex referebat, dicens, se testem
integritatis ejus esse certissimum, adeo ut Egfridus promiserat se ei terras ac pecunias multas esse donaturum, si
reginæ posset persuadere ejus uti conubio, quia sciebat
illam nullum virorum plus illo diligere."
Istius tam sacræ virginis pudicitiam prædicare dignum
est, quæ ei et in adversis socia, et in prosperis comes individua extitit. Ut libet quique accipiant: ego quod
claudos curaverit in vita sua, quod cæcos etiam illumina-
verit, et quod in nomine Jesu innumeros sanaverit, ex
piorum attestatione comperi, atque scriptura teste nosse
contigit. Ipsa enim est virgo sacratissima et una de numero
prudentium quæ nescivit thorum in delicto, nec digressa
est cum Dina filia Jacob, ut videret mulieres alienæ regionis; nec oppressa a Sichen filio Emor, quandoque corruptioni concessit, quia fundata erat supra firmam petram.
Nil ei prorsus de terrenæ rei placebat specie, sed regnum
mundi et ornatum seculi[5] contempsit propter amorem Do-

---

[1] Deo dicta dicata; *M.*
[2] Perstiterit. Nam desponsata quidem virgo manet, ut dictum pridem. A Domino &c.; *A. S.*

[3] inclyti; *A. S.* and *M.*
[4] Beda, lib. 4, c. 19.
[5] similiter; *M.*

mini Jesu Christi, quem mente et puro corde super omnia dilexit; a quo nunc illi reddita est corona justitiæ.

Et licet martirium quietis tempore haut pertulit, tamen gloria decoratur martirii, cum vitiis et concupiscentiis confligens. Crucem Domini jugiter in sua carne portavit.

Spero certissime atque confido eam acceptissimam esse illis qui stolas suas laverunt in sanguine Agni, et canticum novum dulcissime ante thronum Dei cantitant. Quod si sub Nerone vel Diocletiano dimicare tunc licuisset; procul dubio eculeum sponte ascendisset, ignibus se ultro intulisset, nunquam ferris vel laminis desecari membra timuisset. Jam vero adversum omnes pœnas atque supplicia, quibus plerumque cessit humana infirmitas, ita a confessione Domini non recedens immobilis obstetisset, ut lætus[1] ulceribus, gaudens cruciatibus, quælibet inter tormenta risisset. Sed quamquam ista non tulerit, implevit tamen[2] sine cruore martirium. Quas vero pro spe æternitatis humanorum dolorum non pertulit passiones,[3] fame, vigiliis, nuditate, cura pro infirmantibus, sollicitudine pro periclitantibus, quia solum cœlestis vitæ dulcedinem in terris amaverat, ut in comparatione ejus quæcunque adversa mundi et prospera vilescerent.

13. *Quomodo Etheldretha tetendit ad Hely, et quid ei in itinere contigit.*

Etheldreda journeys to Ely with two attendants.

Res est valde opinata et seniorum nostrorum relatione nobis tradita, quam omnis provincia in qua acciderat velut hesternum[4] recitare solet et meminit. Sponsam igitur Domini Etheldretham locum ubi pro Christo se supposuit, mutare et mansionem alias petere, Ægfridi regis quondam sponsi sui infestatio compellebat. Et assumptis secum præfatis Dei ancillis Sewenna et Seware a loco atque provincia recessit, Domini tenens præceptum, "si

Matt. x. 15.

persecuti vos fuerint homines in una civitate, fugite in

She reaches the Humber.

aliam," ad flumen quod dicitur Humbre perveniens,

[1] læta; *M.*
[2] deest, *M.*
[3] passiones, famem, vigilias, nu-

ditatem, curam pro infirmantibus, sollicitudinem; *M.* and *A. S.*
[4] hesternam ; *A. S.* and *M.*

cujus alveo levis auræ impulsu transito, in portum Win-
tringeham[1] prospere est advecta, sed inde quasi stadiis decem ad viculum divertens, in modum insulæ paludibus fere
circumdatum, Alftham nominatum, cum jam dictis puellis
hospicium petiit et accepit: ibique paucis diebus mansitans,[2] ob meritorum insignia non poterat abscondi, Do- She builds
mino ecclesiam construxit: quo in loco per ipsius suffragia a church.
crebra incolis præstantur beneficia. Inde beata virgo iter
arripuit, tanquam una de Christi peregrinis, in veste humili,
ut non solum mente, sed et[3] habitu propter Dominum se
humilians[4] non recto calle quo tendebat, immo præter viam
gradiebatur, et, ne ab insidiatoribus prosecuta, posset comprehendi, latitando incessit, nulli volens suum revelare mis-
terium, aut cuiquam digressionis suæ exponere causam.
Cumque ambularet, calore solis urente, et ex labore insolito nimium fatigata, vix subsistere valuit: locum umbra-
culi et amœnitatis, quo sinus sudore diffluos refrigerare, et
in[5] novis membra posset tabescentia viribus reficere, diligenter appetiit; nec diu frustratur voto, sed celeris effi-
catia[6] mancipavit optatum. Et lento pede progrediens, disponente Dei gratia, cominus locum suis necessariis aptum
ostendit, virenti amictum decore, ad repausandum transe-
untibus congruum, miranda planicie consitum, ut potius
ex industria putares adæquatum, undique aspersum floribus variorum colorum. Intendit valde optatum, videt delectabilem, juvat[7] pausabilem, miros alitus ex herbarum
odoribus dulciter spirare. Cujus amœnitate sancta via-
trix[8] delectata, modicum repausare, modicum se relevare
exoptat,[9] ut reparato membrorum tabescentium vigore, reliquum itineris suppleret. Denique se collocavit, atque
dormivit, ibique tantummodo quiescebat, ubi eam quiescere lassitudo coegisset. Est[10] mirandum valde quod The miracle

---

[1] Winteringham, a parish in the
northern division of the wapentake
of Mauley, in the county of Lincoln, seven miles and a half west
from Barton.
[2] mansitans quia; *A. S.*
[3] etiam; *A. S.* and *M.*

[4] humiliaret; *M.* and *A. S.*
[5] deest, *A. S.* and *M.*
[6] celeri efficaciæ; *A. S.*
[7] judicat; *A. S.*
[8] mater; *A. S* and *M.*
[9] exoptabat; *A. S.* and *M.*
[10] et; *A. S.* and *M.*

narro, cujus rei vobis impertire cupio notitiam, quam veram esse nullus ambigat audientium. Cumque de sompno
evigilata post paululum surrexisset, invenit baculum
itineris sui, quem[1] ad caput antea fixerat aridum et diu
inveteratum, jam viridi amictum cortice fronduisse, ac
folia prodisse : quod illa intuens admirando stupuit, et pro
tali facto Deum ex intimo corde cum consortibus suis
laudans benedixit. Sed nequaquam hoc velut commenti-
cium æstimetis : cuncti quidem novere provinciales, atque
verissimum asserunt. Hoc quippe de historiis non invenimus, sed tali compulsi necessitate, incompositum non re-
linquimus. Et cuncta quæ fecit Jesus cum scripta non
sunt in libris Evangeliorum, si postea ab aliquo memoren-
tur, nunquid ideo non vera esse probari possunt ? Crevit
ergo[2] lignum illud, et facta est fraxinus maxima cunctarum
arborum illius provinciæ, quam ex nostris adhuc plures
viderunt. Appellatus est locus ille usque in hodiernum
diem Ædeldrethestowe,[3] quod Latine sonat, repausatio
Etheldrethæ ; facta est etiam illic ecclesia in honore beatæ
virginis, ad laudem Domini nostri Jesu Christi, qui mirabilis[4] est in sanctis suis.

14. *Quod ecclesia Coludi post illius decessum igne consump-*
mata[5] est.

Nec diu post discessum venerandæ[6] Etheldrethæ monasterium virginum quod Coludi situm fuerat, in quo habitum
religionis accepit, per culpam incuriæ flammis absumptum
est. Quod tamen a malitia inhabitantium in eo, et præcipue illorum qui majores esse videbantur contigisse, omnes
qui noverunt facile potuerunt advertere, quod hic minime
præterimus. Sed non defuit puniendis ammonitio divinæ
pietatis, qua correpti per jejunia, fletus, et preces iram a
se, ad instar Ninivitarum, justi Judicis averterent. Erat
namque in eodem monasterio vir de genere Scottorum,

---

[1] quod ; *A. S.* and *M.*
[2] ergo quidem ; *A. S.* and *M.*
[3] Edeldredestonne ; *A. S.* and *M.*
[4] venerabilis ; *A.S.* and *M*
[5] assumpta ; *G.*
[6] venerandum ; *A. S.* and *M.*

Adamnanus[1] nomine, ducens vitam in continentia et oratio-
nibus multum Deo devotam. Hic, occupatus noctu vigiliis The vision of
Adamnanus.
et psalmis, vidit subito astare sibi, quendam incogniti vultus,
cujus præsentia cum esset exterritus, dixit illi ne timeret,
et quasi familiari eum voce alloquens: " Bene facis," inquit, " tempore nocturnæ quietis non sompno indulgere, sed
vigiliis et orationibus insistere, et sedulo Deum deprecari.
Totum hoc monasterium ex ordine perlustrans, modo singulorum lectos inspexi, et neminem præter te solum erga
sanitatem animæ suæ occupatum repperi, sed prorsus omnes
viri ac feminæ aut sompno torpent inerti, aut ad peccata
vigilant. Virgines quoque,[2] Deo dicatæ, contempta reverentia suæ professionis, ad vicem sponsarum in periculum
sui status[3] adornant, aut externorum virorum sibi amicitiam comparant: unde merito loco huic et habitatoribus
ejus de cœlo vindicta flammis sævientibus præparata est."
Quod mox congregationis matri, vocabulo Ebbæ;[4] quæ, ut
diximus, Deo dignam Etheldretham in religionem susceperat, et in filiam adoptivam[5] nutrierat atque docuerat,
curavit indicare. At illa, de tali præsagio merito turbata,
dixit: "Quare non citius hoc compertum mihi revelare no-
luisti?"[6] qui respondit: " Timui propter reverentiam tuam,
ne forte nimium conturbareris: sed tamen hanc consola-

---

[1] De isto Adamnano et historia
hoc capite descripta agit venerabilis Beda in lib. iv. Hist. c. 25.
Adamnanus iste distinguendus videtur ab alio Adamnano abbate
Hiiensi cujus operâ plurimi Scottorum Pascha et ritus Romanos
receperunt, testibus Beda in lib. v.
c. 17, et Ceolfrido abbate in Epist.
ad Naitonum Pictonum Regem
apud eumdem Bedam, lib. v. c. 22.
M.

[2] deest, *A. S.* and *M.*

[3] status se ; *A. S.* and *M.*

[4] Ebba abbatissa familiaris fuit
S. Cuthberto Episcopo, uti ex vita
S. Cuthberti per Bedam, c.10, in-
telligitur. De ea supra, c. 10, et

Beda in lib. iv. Hist. c. 25. In
Fastis Benedictinis celebratur iv.
kal. Sept.; aliis, iv. Non. April.
obiit ann. 4 ante obitum S. Cuthberti, id est anno DCLXXXIV. Dis-
tinguenda est ab alia cognomine
Ebba, itidem abbatissa, Coludensi,
quæ anno DCCCLXX. egregium tuen-
dæ virginitatis consilium cum suis
adversus Danorum insultus exco-
gitavit, uti commemorat eo anno
Mattheus Westmonasteriensis monachus. Ebba senior habuit et
aliud cœnobium virginum ad Dor-
wentionem fluvium "Ebchester"
appellatum. *M.*

[5] adoptatam; *G.*

[6] voluisti; *G., A. S.,* and *M.*

tionem habebis, quod in diebus tuis hæc plaga non superveniet." Qua visione vulgata, loci accolæ aliquantulum paucis diebus timere, et seipsos intermissis facinoribus castigare cœperunt: verum post obitum illius[1] abbatissæ redierunt ad pristinas sordes, immo sceleratiora fecerunt. Et cum dicerent, pax et securitas, extimplo præfatæ ultionis sunt pœna multati. Proth dolor! concitæ nimirum illis extiterat inditium eversionis, quod non merebantur gratissimæ virginis suffragari consortio, cujus præsentia frustrati, impie et perverse agentes, incorrigibiles permanserant,[2] ut nec divino conversi ammonitu, nec venerabilis Etheldrethæ conpuncti devotione, ob scelerum enormitatem et se et locum perdidisse, sicut Beda meminit, agnoscimus. Sed mementote qui legitis vel auditis, non sine dolore nimio et timore hoc me scripsisse: semper enim separatio[3] bonorum detrimentum est pessimorum.

15. *Quod sancta*[4] *Etheldretha in Hely ad possessionem propriam rediit, cœtumque*[5] *utriusque sexus sub monachili habitu congregavit, et quorum auxiliis illic fundavit ecclesiam.*

INTEREA virgo Domini Etheldretha, post annum ex quo velamentum sanctitatis susceperat, per innumera itinerum discrimina et labores diversos, ad sua rediit in Ely, in possessionem[6] propriam, quam a Tonberto primo sponso ejus, jure dotis, immo divinitus illi prædestinatam et perpetuo possidendam acceperat, devenit; et cum ea memoratæ ancillæ Dei jugiter sibi adhærentes, quæ sudoribus illius participes, dum esset in regno, et dum diversa peragraret latibula, multipharia cum ea sustinuerunt pericula.

Itaque loci ejusdem habitatio Etheldrethæ Jesu Christi famulæ in sortem cecidit: illicque, debito cum honore suscepta, insulam possedit, et ut jus proprium libere dis-

---

[1] ipsius; *G.*
[2] permanserunt; *A.S.* and *M.*
[3] speratio; *A. S.* and *M.*
[4] beata; *G.* and *M.*
[5] cœtumque ibi; *G.*
[6] possessionem videlicet; *G.*

posuit, quam in æternum sub Christo præsule gratiarum
munere illustrat et continet. Secutus[1] eam vir laudabilis,
Huna nomine, sanctus sacerdos, qui monita salutis illi The priest Huna.
dabat, et sanctorum instituta actusque disseruit, de quo
in sequentibus dicendum est. Nunc autem loci dignitatem et nomen præsignare oportunum est, ut qualiter vel
a quibus reparandus esset lector facilius advertat. Nec
quidem, juxta quorundam estimationem[2] Elge de provincia
est Cantebrige;[3] sed revera, sicut Beda docet, Orientalium
Anglorum, dignitate et magnitudine regio[4] vocata familia-
rum circiter sexcentarum, in similitudinem[5] insulæ, vel
paludibus circumdata, vel aquis quæ maria vocantur.
Unde et a copia anguillarum,[6] quæ in iisdem paludibus
capiuntur, nomen accepit, quæ mutato nomine meliorando Of the name "Ely."
"Ely" nuncupatur, modo scilicet digna Dei domus, cui
nomen convenit ejus; vel sicut quidam ex duobus verbis
Ebraicis disserunt, "Elge:" quoniam dicitur "el" Deus,
"ge" terra, quod simul dei terra sonat. Digne enim Praise of the island.
insula tali signatur onomate, quæ ab initio christianitatis et fidei in Anglia Dominum Jesum mox credere
cœpit et colere: ubi monasterium habere desideravit
memorata Christi famula, quoniam[7] de provincia eorundem Orientalium Anglorum ipsa, ut præfati sumus, carnis
originem duxit. Ibi etiam,[8] prophetiæ spiritu, magnisque
miraculis, cunctis longe lateque habitantibus, vita ejus in-
claruit. Et quia sol justitiæ Dominus eam splendore suæ
claritatis illustraverat, et ut cunctis luceret super montem
virtutum illius perfectionem collocaverat, felicibus proden-

---

[1] secutus est; *A.S.* and *M.*

[2] obstinationem; *A. S.* and *M.*

[3] Chanthebrichye; *G.*

[4] regia; *A. S.* and *M.*

[5] similitudine; *A.S.* and *M.*

[6] Polydorus Virgilius a Græco Ἕλος, quod paludem denotat, de-
ducit; alii, ab "Helig" Britannico, quod salices significat, quibus
præcipue abundat, cum aliarum arborum sit impatiens; aspiratio
tamen, qua nomen "Ely" caret, tertiam excusationem ab "anguil-
lis" vero similiorem facit. Jam enim prima derivatio ex Græco
quam ultima ex Hebraico ut con-grue excogitatæ ad litteram, ita
ineptæ sunt ad onomatopœiæ veri-tatem. *A. S. Annotata G. H.*

[7] quæ; *A. S.* and *M.*

[8] namque; *G.*

Etheldreda becomes the head of a community.

tibus meritis sub ipsa nonnulli vivere decertabant, sed et filias suas ab ea informandas tradebant. Ad quam dum multi pergunt, exemplo illius æternæ vitæ accendi desiderio cœperunt, atque[1] sub illius magisterio in omnipotentis Dei[2] se[3] servitium subdiderunt: inter quas virgo Domini Werburga filia Eormenildæ germanæ suæ, sanctæ Sexburgæ[3] filiæ, advenit, atque ab ea normam religionis accepit et didicit. Cernens itaque beata mater plebes ad se certatim currere, laudavit Dominum, et ad profectum animæ singulos coortabatur, dicens præterire figuram bujus mundi, et illam esse veram vitam quæ præsentis vitæ emeretur in-

The church of St. Augustin is restored by her, and a monastery built.

commodo. Non enim adhuc in insula tunc temporis nisi una fuerat ecclesia, a beato Augustino Anglorum apostolo facta, sed a perfidi regis Pendæ postea exercitu ad solum destructa; quam dilectrix Dei Etheldretha post longam desolationem renovare atque reformare summopere laboravit. Et dum reædificata, ut primitus, in honorem sanctæ Dei genitricis Mariæ fuit, innumerabilibus signis et virtutibus, Deo cotidie operante, refulsit. Deinde[4] loci situm monasterialibus ædificiis decentissime adornavit.

Solutis vero prioris fundamenti reliquiis, nova omnia præparantur. Verum locus tanta jugiter libertate atque libera dignitate potitur, ut a nullo regum Angliæ seu gentis vicinæ adversaretur, vel pro quolibet juris debito calumpniaretur, sed tanquam regio libera haberetur atque consisteret.

Solus autem Wilfridus pontifex, quem virgo regina præ omnibus in regno dilectum et electum habuerat, suis tunc necessitatibus provisorem adhibuit, jura illic administravit episcopalia, a quo ipsa, sicut in Beda[5] legitur, facta est abbatissa. Decretum igitur decenti ratione a cunctis tunc Angliæ primoribus tam secularibus quam ecclesiasticis fuit, ut insulam Elge quam eadem sanctimonialis

---

[1] seque; *A. S.*
[2] Domini; *G.*
[3] Sexburgæ sanctæ; *A.S.* and *M.*

[4] Demum; *A. S.* and *M.*
[5] Bede, iv. 19.

femina pro dote possederat, nunc vero in divinum manci-
paverat officium, non de rege, non de episcopo libertas
loci diminueretur vel in posterum[1] confringeretur; quod
plurimorum auctoritate apostolicorum fuisse confirmatum
ex PapæVictoris privilegio comprobatur,[2] ut suis locis plene
inseremus, necessarie primum, attendentes operis incepti
historiam explere. Ipsa siquidem Deo[3] devotissima Etheldretha post modicum fratris sui memorati regis Aldulfi
auxiliis majori inibi constructo monasterio, virginum Deo
devotarum perplurium mater virgo et[4] exemplis vitæ cœpit
esse et monitis, quarum usibus ex integro insulam constituit,[5] et per dilectum suum Wilfridum, Romæ nutu apostolico corroborandum destinavit, ut absque ulla penuria in
Domini[6] servitio degentes, seu[7] inquietudine cujuslibet exactionis ministri regulariter permanerent. Quam recta
Dei conditoris sunt disposita: virgo virginibus est præpo-
sita, juxta quod in cruce passionis Christi virgo fuit commissa virgini; ut viventes voto[8] virgini conregnent Domino, cumulato[9] fructu centeno. Nec sane ibi minorem
putetis conversantium in multitudine esse virtutem quæ
sexum et sæculum propter Deum vicerunt, quam eorum
esse cognoscitis, qui se antiquitus ab humanis cœtibus
removerunt.[10] Omnibus ibi una eadem regula est, præcipua
virtus, et prima eis obedientia amor divini cultus, et decorem domus Dei tota observantia custodire. In Cronicis
vero Anglicis et Latinis habetur, quod anno ab incarnatione
Domini sexcentesimo septuagesimo tertio Etheldretha in A.D 673.
Eli fabricas inceperit, atque in brevi cœtum utriusque
sexus Deum timentium sub tramite vitæ regularis collegit,
sicut Beda scripsit; dicens in ejusdem Deo dicatæ virginis
translatione, omnem congregationem hinc fratrum illine

---

[1] vel imposterum; A.S. and M.

[2] comprobratur, M.

[3] siquidem et devotissima, M;
siquidem devotissima, A.S.

    deest, A.S. and M.

[5] et perconstituit, M.; et primo
constituit, A.S.
[6] Domino; M.
[7] sine; A.S.
[8] deest, A.S. and M.
[9] cumulatæ; A S. and M.
[10] eademque; A.S.

E

sororum psallentem circumstetisse sepulchrum ejus. Unde
intelligitur viros et mulieres in eodem simul monasterio
cœlibem actitare vitam, atque in ecclesia diutius servatum,
ut ipsa statuerat, donec locum et patriam Dani subverterunt, agnoscimus: quod etiam apud Coludi et in pluribus
tunc Anglorum fuisse ecclesiis Anglorum testatur historia.

16. Quomodo[1] Etheldretha in Hely a Sancto Wilfrido facta est abbatissa.

Etheldreda
is conse-
cratedAbbess
by Wilfrid.

SANCTUS vero domini Wilfridus, beatæ virginis non immemor, nec se a vicissitudine dilectionis illius excludens, ut
eam in Ely descendisse cognoverat, festinus advolat. De
animæ commodis, de statu[2] mentis, de qualitate conversationis tractatur ; deinde in abbatissæ officio, eam gregemque illic adunatum consecravit, locum sua dispositione
constituit, seque in omnibus sollicitum exhibuit: ubi
vitam non solum sibi, sed et[3] cunctis ibidem existentibus
utilem aliquanto tempore duxit; a quo ipsa plurimum re-
gendi consilium et vitæ solatium habuit.[4] Debriabatur
beata virgo meditatu cœlorum, efferens largam manum
elemosinarum, continuationem diligens orationum, fre-
quentiam exercitans vigiliarum : quod ex Bedæ verbis
plenius exponi videtur.[5] Verumptamen[6] ex quo[7] monas-

Her austere
habit of liv-
ing.

terium petiit, nunquam lineis sed solum laneis vestibus uti
voluerit, raroque in calidis balneis, præter imminentibus
majoribus sollempnitatibus, verbi gratia Paschæ, Pente-
costes, Epiphaniæ, lavari voluerit,[8] et tunc novissima omnium, lotis prius, suo[9] suarumque ministrarum obsequio,
ceteris quæ ibi essent famulabus Christi.   Quæ enim lota
erat corde, non necesse erat ut lavaretur corpore.   Com-
missumque sibi gregem et orationibus protegebat assiduis,
et monitionibus saluberrimis ad cœlestia provocabat : et

---

[1] Quomodo sancta ; *M.*
[2] salute; *G.*
[3] etiam ; *A.S.* and *M.*|
[4] reperiit; *G.*
[5] Bede, iv. 19.

[6] deest ; *A. S.*
[7] ex quo inquit ille ; *A. S.*
[8] voluit, item novissima, *A.S*;
voluerit.   Item novissima, *M.*
[9] suorum, *A. S.* and *M.*

quod magis est, quæ agenda docebat, ipsa prius operando
præmonstrabat. Itaque mater pia allactabat dulces soboles
Christi dulcedine, in perpetua caritate trahens secum
omnes flagrantissime ad coronam gloriæ, quibus humilitatis
et mansuetudinis formam se exhibuit, atque abstinentiæ
virtutem[1] exercere vita ejus ministra præmonuit. Namque Her fasting.
raro, præter majora sollempnia vel artiorem necessitatem,
plusquam semel per diem manducaverit, fugiens, velut immanem pestem, intemperatam ventris satietatem. Et
si non infirmitas gravior prohibuisset, ex[2] tempore synaxeos Her vigils.
usque ad ortum diei in ecclesia post matutinos precibus intenta perstiterit. Quot tunc genuum flexiones,[3] quot in-
timi cordis emiserit contritiones, precum ejus novit sus-
ceptor, virginitatis integræ compos et adjutor.

17. *Quod*[4] *virgo Domini Werburga habitum religionis in*
Hely sub ipsa[5] *suscepit.*

REX autem Wlferus Merciorum, filius Pendæ, tunc
temporis[6] vita decesserat,[7] qui primus in eodem regno fidem
et lavacrum sanctæ regenerationis accepit, atque in tota
gente sua dæmoniorum culturam destruxit, Christique
nomen ubique locorum regni sui prædicare jussit, et in
multis locis ecclesias ædificavit. Insuper famosum illud Wulferus
                                                        completes
monasterium Medeshamstede,[8] nunc Burc vocitatum,[9] pos- the monas-
                                                        tery at Peter-
sessionibus et ornamentis multum ditavit,[10] per Sexulfum, borough.
qui primus abbas et fundator loci ejusdem ac postea episcopus Merciorum, sub eodem rege, extitit. Cujus regina
Æormenilda, Cantuariorum regis Ærcomberti et Sexburgæ
reginæ filia, peperit ei magnarum virginem virtutum
sanctam Werburgam; quæ, patre defuncto, sæculo renunti-
avit, et habitum sanctæ conversationis suscepta, geni-

---

[1] virtutum ; *A. S.* and *M.*
[2] in ; *A. S* and *M.*
[3] flexionem ; *M.*
[4] Quomodo ; *M.*
[5] Etheldreda ; *M.*

[6] deest ; *G.*
[7] decessit ; *G.*
[8] Wedeshamstede ; *A. S.* and *M.*
[9] vocatum ; *A. S.* and *M.*
[10] dilavit ; *M.*

tricis suæ materteræ, beatæ videlicet Etheldrethæ, monasterium intravit, ubi, Deo operante, multa patravit miracula.
Fuerunt autem germani regis Wlferi Ædelredus,[1] qui post
eum sceptra regni gubernavit: alius Peda[2] qui Australium
Anglorum regnum tenuit, sed, suæ conjugis proditione, in
ipso Paschalis festi tempore peremptus est multum nefarie; tertius Merewaldus, qui in occidentali plaga[3] Mertiorum regnum tenuit. Cui regina sua sancta Ermen-
berga, regis Ærmenredi filia, peperit[4] tres filias, sanctam
videlicet[5] Milburgam, sanctam Milgideram,[6] et sanctam
Mildrideram,[7] unumque filium Merevinum nomine, eximiæ sanctitatis puerum.

18. De adventu beatæ Sexburgæ in Hely.

The arrival
of Sexburga
in Ely.

IN eodem quippe monasterio ad venerandam abbatissam
Etheldretham diversæ dignitatis et ætatis plurimi convenerant, sub illius regimine vivere cupientes. Et cum quidam magnifici viri et nobiles matronæ, sive quilibet minoris
ætatis, sæculi actibus abdicatis se suscipi rogarent, licet
difficiliora ecclesiæ constituta eis proponerentur, gravesque
esse monasticæ disciplinæ labores agnoscerent, quippe ubi
maxime severior efferbuit disciplina; non his terroribus
permoti facilioribus legibus vivere poscerent, sed magis
illic viri ac feminæ suscepti omnem obedientiam præripiunt,
ut nullum aliquando quamlibet arduum ac difficile consti-

Huna.

tutum recusando diffugerent. Ex quibus sanctus Huna,
illius presbiter, magnæ humilitatis vir, loco professionem
fecit, atque in brevi tempore virtutum exercitatione perfectus emicuit, potens jejuniis, humilitate conspicuus, fide
firmus, facile se antiquis monachis studio religionis æqua-
verat: unde a nonnullis, etiam ab ipsa matre congregationis, maximi honoris et amoris dignus habebatur. Sed et

---

[1] Etheldredus; A. S. and M.   [5] deest; A. S. and M.
[2] Penda; A. S.   [6] Milgidram; A. S. and M.
[3] paga; M.   [7] Mildridam; A. S. and G.
[4] peperit ei; G.

sanctorum genetrix Sexburga, soror ejusdem beatissimæ matris Etheldrethæ, considerans desolationem in regno futuram, sicut ab angelo Dei oraculum acceperat, concepit affectu[1] vitam pauperiorem arripere, et se redigere sub alterius potestate : incongruum arbitrata aliis præesse, cum ipsa subesse prius non didiscerat.[2] Accersit proiude[3] mater filias, abbatissa moniales sibi consortes in Christo, eisque suam prodit voluntatem ac votum, dicens : "Vobis, O filiæ, Jesum derelinquo tutorem, sanctosque angelos ejus paranimphos, filiam præterea meam Ermenildam vobis matrem constituo, ut illius corda vestra animentur monitis, et salutaribus ad cœlestia erudiantur disciplinis. Ego vero Orientalem Angliam, in cujus horis orta sum, invisere gloriosæ sororis meæ Etheldrethæ magisterio informanda, et regularibus ejusdem initianda[4] doctrinis, illins profecto communicare laboribus, illius participare intendens et premiis."[5] Deinde cum eis necessaria utiliter et honeste providisset, in Eli usque pervenit, et in occursum illius tota insula gratulatur; regina reginam excepit, soror sororem cum tripudio introducit, fundunt ubertim præ gaudio lacrimas, et[6] ex vera caritate inter eas lætitia geminatur. Cœlesti namque dulcedine delectatæ alterna invicem consolatione proficiunt. Venit dives illa de prælatione ad subjectionem, de magistratu ad discipulatum, quærens a beata sorore formam disciplinæ et humilitatis, tanquam Paulus[7] ad pedes Gamalielis. Fœderatæ invicem beatæ sorores in unitate fidei, per omnia viam mandatorum Dei sollicite exsequentes, cursum Deo placitum consummare intendunt, sanctisque virtutibus proficiebant atque crescebant usque ad extremum vitæ suæ.

Sexburga's address to the sisterhood.

---

[1] deest ; *A. S.*
[2] didicerat, *A. S.* and *M.*
[3] proinde filias suas consortes; *G.*
[4] minanda ; *A. S.* and *M.*
[5] previis ; *A. S.* and *M.*
[6] deest ; *A. S.* and *M.*
[7] Paulus doctrinam; *G.*

*19. Quod[1] Sancta Etheldretha prophetiæ spiritum habuit,
et quod[2] Wilfridus Romam perrexit, sed rediens illam
obisse cognovit.*

EXHINC crebrescunt miracula, multiplicantur signa, et
ad virginis Etheldrethæ merita sullimius declaranda manus
Omnipotentis extenditur. Interea dum se de die in diem
majoribus virtutum profectibus exerceret, fugandorum de
corporibus obsessis dæmonum incredibili prædita potestate,
inaudita per singulos dies signa faciebat. Non solum præsens, neque verbo tantum, sed absens quoque interdum,
ejus invocato nomine, multi a diversis mortibus cotidie
eripiebantur; et mirum in modum frequentatur[3] a populis, venerabatur ab omnibus, amabatur a cunctis. Per
spiritum vero prophetiæ, et pestilentiam qua ipsa esset
moritura prædixerat, et numerum quoque eorum qui de
suo monasterio ac de mundo essent rapiendi, palam cunctis
præsentibus intimaverit,[4] quorum animos ferventius terrena
spernere et cœlestia quærere admonuit. Nec tanquam
cassa improbata est sententia virginis, cum singulæ, quibus
in monasterio proprium præconata fuerat exitum, parvo
interjecto temporis spatio, in pacis sompno quieverunt.
Beatissimam vero Etheldretham, quæ[5] virginales manipulos
in domicilium præmiserat recondendos supernum, ut et
ipsa subsequeretur, inmortali in cœlis diademate coronanda, ultimam omnium dolor gravissimus illam[6] occupavit. Statuit autem Elge monasterium in quo, ut diximus, virgineos choros sub normali disciplina per VII. continuos annos honestissime rexit. Alma igitur virgo, pari-
tura Deo progeniem virginum, docta a Spiritu Sancto,
suscepit monasterium regendum, quod sua præsentia perpetuo stat consecratum. Et sicut tunc in corpore illustrabat[7] vitæ sanctitate, ita et nunc post mortem Divina

---

[1] Quomodo; *M.*
[2] deest, *M.*
[3] frequentabatur, *A. S.* and *M.*
[4] intimaverat; *A. S.* and *M.*

[5] qui; *A. S.*
[6] deest ; *A. S.*
[7] illustrabat illud; *A. S.*

virtute. Ipsius quidem plurima referuntur insignia, nec
potuerunt celari. Quædam enim[1] dum jactantiam vitat,
occultavit, neque in hominum notitiam passa est pervenire: quippe quæ humanam substantiam supergressa,
virtutis solum conscientia mundi gloriam calcans, cœlo
teste frueretur.[2] Quod verum esse, vel ex his quæ nobis
comperta sunt, nec latere potuerunt, possumus æstimare.
Per idem tempus Wilfridus archiepiscopus, qui[3] hoc ante
triennio exilium passus,[4] sicut Beda scribit.[5] Nam orta Bede, iv. 12.
inter ipsum et regem Ægfridum dissensione, pulsus est[6] ab
eo de sede sui episcopatus, apud Ely cum beatissima
Etheldretha morabatur, ubi tunc et quotiens necessitas poposcerat, quoad vixit, officii jura episcopalis administravit.
Inde, paratis itineris adminiculis, Romam adiit, ubi Bene- Wilfrid goes
dicti[7] papæ ac plurimorum juditio episcopatu inventus est to Rome.
dignus esse.   Britthanniam rediit, provintiam Suthsax-
oniam Christo credere fecit.   Attulit autem de Roma ad Wilfrid ob-
munimentum quorundam cœnobiorum, privilegia, quæ ac- tains from
the pope cer-
tenus diligenter et cum sollicitudine servata, magnam locis tain privileges for the
firmitatem conferre noscuntur. Accepit etiam ab eodem monastery
at Ely.
papa[8] privilegium super Elge monasterium, ut optaverat
et eum rogaverat mater insignis Etheldretha, quatenus
auctoritate Sancti Petri contra improborum irruptiones
securius staret.   Factum est autem dum ibi maneret,
eodem anno, sicut in cronicis legitur, Etheldretha,[9] quæ
diu suum præcinuerat finem, de sæculo migrasse nuntia-
tur;[10] nam post paucos dies, veniente nuntio, illius dormi-
tionem audivit.

---

[1] tamen; *A. S.*

[2] foveretur; *A. S.* and *M.*

[3] quo hic; *A. S.*

[4] passus est; *A. S.* and *M.*

[5] scripsit; *A. S.* and *M.*

[6] deest, *A. S.* and *M.*

[7] Hic aliquod σφάλμα est, et loco Benedicti constituendus S. Agatho Papa, uti Vita S. Wilfridi habet, num. 37, and sub eo anno, 680, subscripsit Concilio Romæ habito, ac post obitum S. Agathonis, sedit S. Leo II. ac dein Benedictus II. *Annotata, G. H.* Cf. *Vita S. Wilfridi*, auctore Eddio Stephano. *G., Scriptores XV.*

[8] deest, *A. S.* and *M.*

[9] Etheldredam; *G.*

[10] denuntiatur; *A. S.* and *M.*

20. *Quòd infirmata palam cunctis pœnituit.*

INSTANTE igitur tempore quo Dominus sponsam sibi dilectam, ab hujus ærumpnosæ vitæ nexibus exemptam, ad ineffabile cœlestis patriæ gaudium sustolleret; pressa est quodam maxillæ tumore ac colli dolore, ita quod infirmata habuerit tumorem maximum sub maxilla. Et gravescente languoris incommoditate, mollioribus nutrimentis corpus alleviandum lecto prosternitur; nam tumor ille plurimum addebat acrioris incitamenta doloris; sed nichilominus consuetæ orationi intenta, gratias agit Deo, qui omnem quem[1] diligit flagellebat[2] ut corrigat. Dolet familia; genitus quiqe[3] populus timet amittere dominam, virginalis caterva matrem egregiam, pauperes elemosinarum largitricem, clerus fœcundam virtutum operatricem. Et cum præfato tumore premeretur, fertur quod[4] multum delectata sit[5] hoc infirmitatis genere, tota amplectens alacritate quasi delitias et ornamenta gloriæ, ac solita dicere: "Scio certissime quia merito in collo pondus languoris porto, in quo juvenculam me[6] memini supervacua monilium[7] pondera portare. Illud enim mihi ætas juvenilis ingessit, quod collum monilibus perornare consuevi: unde divinæ pietati laudes et gratias refero, quod illic[8] dolor prodeat, ubi eram solita delectabilem ministrare fulgorem. Et credo quod ideo me superna pietas dolore colli voluit gravari, ut sic absolvar a reatu supervacuæ levitatis: dum mihi nunc, pro auro et margaritis de collo, rubor tumoris ardorque promineat."[9]

Margin notes: Etheldreda's bodily suffering. Her patience under her sufferings. Bede, iv. 19,

---

[1] omnes quos; *A. S.* and *M.*
[2] flagellat; *A. S., M.,* and *G.*
[3] quippe; *A. S.* and *M.*
[4] fertur quod interlined in *E.* and *G.*
[5] est; *A. S.* and *M.*
[6] deest, *A. S.* and *M.*
[7] moniliorum; *G.*
[8] illinc; *G.*
[9] prominet; *A. S.*

21. Qualiter majoribus aggravata doloribus, spiritum cœlo reddidit. die tertio.[1]

CUM itaque preciosissima virgo inter splendissimos[2] pretiosæ vitæ triumphos Deo referret gloriam, et ad videndam serenissimam Auctoris sui faciem æstuaret, nec obsequium ejus præmio, nec longa expectatio cœlesti mercede defraudatur. Sed jam ingruente magis ac magis membrorum incommoditate, auxilium medici inquirere student, vel, si possent, mitigantes doloris importunitatem auferre. Quidam vero a circumstantibus accersitur medicus, Kinefridus nomine, ut per eum virginalis molestia temperetur: jubeturque[3] tumorem illum incidere, ut efflueret noxius humor qui inerat. Quod dum faceret, videbatur illa per biduum aliquanto levius habere, ita ut multi putarent, quia sanari posset a languore, mortemque[4] tali remedio jam posse declinare. Tumor[5] etenim effluxit; ardor per biduum aliquantulum recessit: gratulantur universi, sed eorum gaudia subita ex improviso Dei terminavit providentia. Sed quia[6] plerumque dies tertia gravior esse vulneratis, et prolixiorem molestiam generare solet afflictis;[7] Dominus volens suam virginem secum conregnare in cœlestibus, tertio die, prioribus aggravata doloribus, mortem temporalem sibi sentiens imminere, cunctam ad se congregationem venire præcepit, tempus et horam suæ vocationis nunc designans, sicut ante certum prædixerat diem. Sed et quantum asperitas ægritudinis admittebat, dulcedinem doctrinæ cœlestis qua influebat[8] et verba vitæ æternæ transffundebat; monens eas ut animum de supernis nunquam deponerent, et suavem cibum cœlestis jocunditatis in Christi amore suspirando gustarent, quem adhuc in carne degentes perfecte apprehendisse non

Kinefridus, the surgeon, is summoned to attend Etheldreda.

Etheldreda bids farewell to her companions.

---

[1] diem tertium; M.
[2] splendidissimos ; G., A.S. and M.
[3] jubetque; A. S. and M.
[4] ac mortem; G.

[5] Humor; A. S.
[6] sed quod plerumque, M. Cum enim plerumque, A. S.
[7] affectis ; G.
[8] affluebat ; A. S., G. and M.

poterant. Talia quippe dans monita salutis, non patiebatur
jam audire vel loqui, nisi quæ Christi sit caritas. Tota
enim anima atque virtute, Christi dilecti sui sponsi faciem
præveniens, ymnis flagitabat et psalmis, ut spiritum ejus a
sanctis angelis suscipi jubeat: deinde corpore et sanguine
Domini exitum suum munivit: illum[1] deprecabatur attentius propitium fore jugiter super loci habitatores et custodem perpetuum. Dum hæc fierent rapta est confestim
de mundo, spiritum in manus Creatoris commendans; et,
sicut scriptum est in libro hystoriarum Bedæ presbiteri,
dolorem omnem ac mortem perpetua salute ac vita mutavit.
Factum est dum de sæculo migraret, ut Elyense monasterium in tristitiam verteretur haut modicam desolationis et
luctus. Ingens enim dolor et fletus fratrum atque sororum
exortus est, qui dominam suam atque patronam non inmerito amarissime diu plangere[2] potuerunt: sed virgo
sancta atque gloriosa, carnis ergastulo educta, ad æterni
Regis amplexus in cœleste cubiculum est introducta, Agni
sequens vestigia inter virginum agmina. Victis jam carnis
incendiis, lætatur cum angelis,[3] et beata anima cui patebant
æthera, quæ præscire et prænuntiare meruit adeunda gaudia. De deserto namque præsentis sæculi, commitantibus
hinc inde angelorum choris, tota pulcra, tota immaculata
ascendit: quam filiæ Syon videntes beatissimam prædica-
verunt et reginæ laudaverunt eam.

A. D. 679.
Her death.
Bede, iv. 19. Rapta est ad Dominum virgo Etheldretha in medio
suorum, nono kalendas Julii, post annos VII. ex quo
abbatissæ gradum susceperat: et æque, ut ipsa jusserat,
non alibi quam in medio suorum, juxta ordinem quo
transierat, ligneo in locello est sepulta. Transivit autem,
anno ab incarnatione Domini sexcentesimo septuagesimo
nono, a cœnolenta voragine hujus mundi, ad cœlestis
gaudia regni, sub regibus Anglorum, fratre ejusdem
videlicet Aldulfo Orientalium, et Lothero, sanctæ[4] Sex-

---

[1] illum quoque; *A. S.*

[2] perplangere; *A. S.* and *M.*

[3] angelis ejus beata; *A. S.* and *M.*

[4] deest, *A. S.*

burgæ filio, Cantuariorum: atque ad[1] dextris Christi
sponsi ejus feliciter collocata, pro omnibus nobis in conspectu summi Patris interventrix assistit assidua. Quam
felix,[2] beata virgo, quæ vivens incorrupta corrumpi nescis,
etiam tumulata! jam in te[3] decus quoddam splendet resur-
rectionis, inmutata partem habes Christi resurgentis. Nam
etiam signum divini miraculi, quo ejusdem feminæ sepulta
caro, sicut Beda testatur, corrumpi non potuit, juditio[4] est Bede, iv. 19.
quia a contactu virili incorrupta perduraverit.[5] Denique The incor-
post ipsius obitum, dum in tumba pausarent ossa sepulcri, ruptibility of
her body.
signorum non vacat expers, verum miraculorum frequen-
tia mox undique celebris refulsit. Nam adversa corporis
valetudine diversi laborantes, cum opem fideliter ad tumbam illius exposcerent, sospitate sibi reddita, Christi certatim laudabant magnalia. Nonnulli vero morbo detenti
acerbiore in sompnis admonentur ejus festinanter adire
mausoleum; quo citius cum pervenissent, cœlestis[6] medelæ
beneficia adipisci merebantur. Hinc fugantur variæ passiones et dæmonia, et[7] exaudiuntur supplices per Dominum nostrum Jesum Christum, qui, cum Deo Patre et
Spiritu Sancto, vivit et regnat in sæcula sæculorum.
Amen.

22. De Sancto Huna sacerdote.

CIRCA hoc tempus sanctus Huna, sacerdos extitit, qui Huna the
priest.
de ordine monachorum, et presbiter[8] almæ Etheldrethæ
fuisse perhibetur. Hic, ut fertur, cum illa venerabili
congregatione, in lacrimis et maximo gemitu, sed et multitudo plebis diversæ conditionis et ætatis convenerat,
quæ in vita ejus beneficia plurima fuerat[9] experta, ejusdem sanetæ matris celebravit exequias, et eam non in
lapide celato aut arcubus auro circumtectis,[10] sed, sicut ab

---

[1] a; *A. S.* and *M.*
[2] felix es ; *M.* and *A. S.* "es"
is inserted by another hand in *P*.
[3] jam vitæ decus; *A. S.* and *M.*
[4] inditio ; *G.*, *A. S.* and *M.*
[5] perduravit ; *A. S.* and *M.*

[6] cœlestis ibi ; *A. S.* and *M.*
[7] deest, *A. S.* and *M.*
[8] presbyterorum; *A. S.*
[9] fuerant ; *M.*
[10] circumactis ; *A. S.* and *M.*

ipsa mandatum acceperat, in[1] cimiterio ecclesiæ juxta suos
sepelivit.   Et post venerandum illius obitum, non in ecclesia constitit, sed in eadem palude prope Ely, ad quandam modicam insulam, quæ ejus nomine vocatur Huneia,
secessit; solitariam eligens vitam, ut tantum quieti va-
cans Domino militaret; ubi quamdiu vixit gloriosam vitam
duxit, quod[2] omnibus late claruit.   Ad cujus tumbam
multos recuperandæ sanitatis gratia accedentes, sospita-
tem ipsius recuperasse meritis plerique testantur.   Quod
quidam cognoscentes secrete ejusdem reliquias, sarcophago
postea fracto, apud Torneiam transportantes reposuerunt,
sperantes a Domino ejus patrociniis gratiam et misericordiam.

23.   *Quod quidam minister beatæ virginis per sacrificium
salutare non potuit vinculis teneri.*

In anno quo Dominus venerabilem virginem suam Etheldretham ad perhennem cœlestis vitæ gloriam ab hac vita
corruptibili provexit, mirum et admirandum accidit de
quodam illius ministro, quod Beda saluti multorum intellexit enarrandum.   Inter Ægfridum vero[3] regem Northanimbrorum, jam dudum sponsum ejusdem virginis, et Ethel-
redum regem Merciorum conserto gravi prœlio juxta flumen Trenta, ubi occisus est Alwinus frater Ægfridi
regis, cujus sororem Ostridam[4] prædictus rex Ethelredus
habuerat uxorem; inter alios de militia ejus, juvenis
nomine Ymma, occisus est, qui die et nocte sequente
similis mortuo jacebat: tandem recepto spiritu revixit;
prout potuit vulnera sua alligavit; deinde levavit se, et
cœpit ire: sed cito captus est[5] a viris hostilis exercitus, et
ad dominum suum comitem videlicet Etheldredi regis adductus est.   At ille suscipiens eum, curam vulneribus ejus
egit, et ubi sanescere cœpit, ne fugeret, vinciri præcepit;

---

[1] deest, *A. S.*
[2] quæ; *A. S.* and *M.*
[3] ergo; *A. S.* and *M.*

[4] Estridam; *A. S.* and *M.*
[5] deest, *A. S.* and *M.*

sed vinciri non potuit. Mox vero ut abire cœperant qui
eum vinxerant[1] ejus vincula sunt soluta. Interea comes
cœpit mirari et interrogare quare ligari non posset. Ille
respondit; "Habeo fratrem, nomine Tunna, presbiterem[2]
et abbatem monasterii in civitate quæ ab ejus nomine Tun-
nacester vocatur, et quia[3] me interfectum putans, pro me
missas crebras facit; etsi nunc in alia essem vita, ibi
anima mea per intercessionem ejus solveretur a pœnis."
Dum vero vinculis[4] teneri non posset, vendidit eum Lun-
doniis Freso cuidam; sed nec ab illo, cum illuc[5] duceretur,
ullatenus potuit alligari, sed hora quando missæ fiebant,
solvebantur.[6] Et cum vidisset qui eum emerat vinculis
non posse cohiberi, donavit ei facultatem sese redimendi
si posset. At ille jure jurando ut rediret, vel pecuniam
illi pro se mitteret, venit Cantiam ad Lotherum regem,
qui erat filius sororis sanctæ Etheldrethæ reginæ, qui[7]
et ipse quondam ejusdem reginæ minister, id est pincerna
fuerat; petiitque et accepit ab eo pretium redemptionis
suæ, ac suo domino ut promiserat pro se misit. Qui post
ad fratrem reversus, cuncta quæ illi solatia in adversis pro-
venissent[9] ex ordine replicavit. Cognovitque, eo referente,
illis maxime temporibus sua fuisse vincula soluta, quibus pro se missarum fuerant solempnia celebrata, sed
et alia periclitanti illi commoda contigissent[8] et prospera
per intercessionem fraternam et oblationem hostiæ salutaris cœlitus sibi fuisse donata intellexit. Multi hæc
audientes a præfato viro, accensi sunt fide ac devotione
pietatis, et ad orandum vel elemosinas faciendas vel ad
offerendas Deo victimas pro ereptione[10] qui fide sæculo
migraverunt. Intellexit enim quod sacrificium salutare
ad redemptionem valeret animæ et corporis sempiternam.
Sed nequaquam hoc admirandum putabimus quod de Bedæ

[1] vinxerunt; *M.*
[2] presbiterum; *G.*, *A. S.* and *M.*
[3] vocatur, qui me ; *M.* and *A.S.*
[4] vinculo; *G.*
[5] illic, *A. S* and *M.*
[6] solvebatur; *A. S.* and *M.*
[7] quia ; *A. S.* and *M.*
[8] pervenissent; *A. S.* and *M.*
[9] contigisse; *A. S.* and *M.*
[10] ereptione eorum qui in fide de sæculo; *A. S.* and *M.*

opusculis huic operi duximus inserendum, si gratiam Dei
in sancta regina multipliciter collatam attendamus;[1] cujus
devotionem ˙iste ministerium[2] exibens, contemplatus quid
cavendum quidve agendum novit, ut Deo devotior existeret æmulabatur. Et non solum iste de quo præsens
sermo est, verum innumeri viri ac feminæ in illius contubernio degentes, cum essent in regni solio sive in religione posita,[3] exemplo illius et monitis, spretis mundi
delitiis atque illecebris, morum executione Domino com-
placebant: sicut ex præcedente capitulo ejus presbiter et
monachus sanctus Huna vitæ[4] et sanctitate insignis, atque
alius quidam, Owinus nomine, monachus,[5] pædagogus, et
princeps domus illius, conscius et secretorum cœlestium
auditor, ut supra retulimus. Sed et vir merito sanctitatis egregiæ, custos agrorum ipsius erat, ut nuper divina
visione ostensum est, vocabulo sanctus Ælgetus[6] aput
Betritheswrde, quæ est ˙villa beati martyris Edmundi,
corpore requiescens: de quo in sequentibus minime est
reticendum.

24. Quod virgo Domini Werburga de Ely assumpta, quibus-dam ecclesiis præficitur.

JAMQUE[7] præcluis[8] virgo Christi Werburga in Ely sub
regimine Etheldrethæ abbatissæ,[9] ut supra memoravimus,
divinis mancipata officiis, omnes monasterii famulatus anti-
cipabat, omnibus se inferiorem præbebat, erga omnium

---

[1] attendemus; G.
[2] iste in mysterium exhibens; A. S. and M.
[3] positi ; A. S. and M.
[4] vita ; A. S.
[5] monachus sed ; A. S. and M.
[6] Ælgotus; A. S. and M. S. Ælgotus quis fuerit, quia sequentia hic citata desunt, nescimus divi-nare. Dixi cap. 2. litt. b. ex. Malmesburiensi, in ecclesia S. Ed-mundi jacere duos sanctos, Germa-num et Botulfum. Atque ibi Ger-

manus dicitur, est aliis Jurminus, an etiam qui Ælgotus sit Alnotus referendus ad 25 Novembris ? Di-citur hic, anachoreticam vitam in Eliensi insula degisse. Quomodo autem revelata sit ante annum 1138 ejus sanctitas una cum corpore, in-venietur in libro Mirac. num. 123, ubi dicitur fuisse S. Etheldredæ agricolanus. Annotata, G. H.
[7] Namque; A. S. and M.
[8] prudens ; A S. and M.
[9] abbatissæ rite ; A. S. and M.

necessitates vulneratæ caritatis viscera impendebat. Cujus Werburga is removed from Ely. sanctitatem cum prædictus rex Ethelredus patruus suus comperisset, eam inde cepit ac quibusdam virginum monasteriis abbatissæ jure præfecit, scilicet Heamburc atque Titringeham.[1]

25. *Post obitum sanctæ Etheldrethæ soror ejus Sexburga in Ely facta est abbatissa, et divinitus inspirata voluit[2] levare[3] ossa illius[4] de sepulcro.*

Igitur post gloriosum beatæ et gloriosæ Etheldrethæ transitum, quo de hac misera mortalium vita, cupiens dissolvi et esse cum Christo, migravit ad inmortalem Sponsum suum, in cujus conspectu semper suorum mors est pretiosa sanctorum: providentia divina hominum saluti salubriter providente substituta est in regimine animarum in Elyensi monasterio, sub vitæ regularis obser- Sexburga becomes Abbess of Ely. vantia, soror ejusdem Deo devota Sexburga, non tam soror carnis cognatione, quam boni operis imitatione: quam habuerat in conjugem Ærcombertus, rex Cantuariorum. Quæ divina dispositione post mortem sororis a sororibus electa et dilecta, meruit præesse in abbatissæ officio, sub tramite justiciæ sororis sequebatur exempla. Cumque gregi Dominico[5] suo et sororis suæ exemplo quæ carne mortua aput eum[6] vivebat, bonorum operum attestatione, ac magis prodesse satageret et studeret quam præesse;

---

[1] Tritingeham; *A. S.* and *M.*
Heamburck, sive Heanbrig in Cantabrigiensi provincia, Tritingeham seu Trinckingamia hodie Trenta in agro Staffordiensi, addatur et Weduna in agro Northamptoniensi. *Annotata, G. H.*
Hehanburge, Heamburc, Hamburg, Handbury. Here was an ancient nunnery, founded about the year 680 by Ethelred, king of Mercia, and by him put under the government of his sister, S. Werburgh, who was buried and enshrined here. After the Danes took Rependon, or Repton, A. D. 875, her body was moved to Chester.
Tricengham, now Trentham. This nunnery was founded by the same king.
Wedon on the Street, or Wedon Bec. S. Werburga, about the year 680, turned the royal palace here into a monastery or nunnery. *Tanner's Notitia,* 373.

[2] deest, *M.*
[3] levari, *M.*
[4] ejus; *M.*
[5] Dominico et; *G.*
[6] Deum; *A. S.*

zelo divino mota atque sollicita, secum diu pertractat atque disponit levare ossa gloriosæ virginis de loco quo prius fuerant[1] tumulata ; nam tumulatio ejus minus[2] celebris habebatur.   Unde cum suis, crebrescente miraculorum frequentia, et quasi[3] quodammodo exigente, diem constituit, quo tantum possent revisere thesaurum, et[4] in ecclesia beatæ Dei genetricis Mariæ honorabilius ac decentius collocare, atque in locello novo gloriosius reponendum transferre, cum jam sexdecim annis esset sepulta.   Landant cœlibes feminæ dictum quod audiunt, ac prope astantes gratulantur ex voto.

Sexburga proposes to prepare a shrine for the body of Etheldreda.

26. Sexburga de fratribus quosdam misit lapidem quærere sepulcralem.

PLACUIT itaque prædictæ abbatissæ, ut dictum est, sororis suæ reliquias reverenter de terra colligere, quam Christus multorum testimonio signorum gloria et reverentia mundo prædicandam innotuit: jussitque quosdam e fratribus quærere lapidem, de quo locellum facere possent, dirigitque eos ad quærendum exterius lapidem sepulcralem, tantæ virginis iteratæ humationi idoneum; quia interius insulam[5] tali necessitati nequaquam congruum habere poterat.   Ipsa enim regio Elge et[6] natura loci undique aquis et paludibus est circumdata, neque lapides majores in se habet nisi aliunde venerint.   Qui statim ascensa navi, applicantes[7] ad civitatulam quamdam tunc temporis desolatam, non procul inde sitam, quæ lingua Anglorum Grantecester vocatur.   Et dum nimium solliciti deambularent, mox invenerunt juxta muros illius civitatis, locellum de marmore albo pulcherrime tectum,[8] in loco qui usque hodie Ærmeswerch[9] dicitur, id est, opus miseri.[10]

The brethren are sent to seek for stone.

Bede, iv. 19.

---

[1] fuerat ; *A. S.* and *M.*
[2] deest, *A. S.* and *M.*
[3] deest, *A. S.* and *M.*
[4] deest; *A. S.* and *M.*
[5] insula ; *A. S.* and *M.*
[6] ex ; *A. S.*, *M.* and *G.*

[7] applicantes venerunt ; *A. S.*, *G.* and *M.*
[8] sectum ; *A. S.*
[9] Ermenswurche; *A. S.*   Mabilio ex MSS. *Ermenswithe*, id est *Opus Misi*: sed *Wurch* Saxonice,
[10] misi, *M.*

Mirantur singuli, negant vicini hujusmodi lapidem se habuisse illo in loco, vel aliquando vidisse, et accedentes
propius, non a quolibet illic positum asserebant, sed Dei
potius jussione ad ipsorum usus cœlitus fuisse collatum:[1]
non enim talis naturæ lapis aut quantitatis, illic repertus
est: poterat vero nominari sed non videri. Veruntamen
totius regio Angliæ, illis temporibus, aut penitus marmorei
expers lapidis adhuc fuisse videbatur; sed nostris nunc [2]
diebus et habere atque in ea posse habundanter inveniri,
insignium ædificia operum undique demonstrant. Oper- The descrip-
culum quoque similis materiei, coloris, et idoneæ quanti- they find.
tatis et qualitatis reperiunt,[3] absque ulla partium congru-
arum distantia sive dissonantia, sarcophago simillimum, in
quo etiam prædicti coloris decens candor decenter enituit.[4]
Illi autem de invento supra modum gavisi, unde et intelli-
gunt a Domino suum iter prosperatum et negotium accele-
ratum, gratias agentes Deo pro cunctis beneficiis ejus,
quantocius vento secundo retulerunt ad monasterium.
Sexburga vero magis divini muneris exilerata beneficio,
benedixit Deum qui facit mirabilia magna solus. Tandem
exonerant onere grato carinas, et mausoleum optatum nec
diu quæsitum ad locum devehitur. Notatur hora memoriæ
celebris, et exultatio, ut credimus, fit in supernis, cum
honor sanctis exhibetur in terris. Adcurrit populus, pars[5]
undique ægrotantium maxima confluxit;[6] febribus fatigati,
et quacumque incommoditate depressi, ad tumbam illius
leni[7] sopore intercepti, ejus subvenientibus meritis adepta
sibi sanitate gaudebant; aliorum diversis subveniebat in-
comodis, quorum vota fidei puritas comitabatur. Hoc
revera beatæ Sexburgæ animos maxime erexit,[8] ut eam de
veteri extraheret sepultura, et in ecclesia recondendam
collocaret, quam in terra diutius clausam salvat et servat
Christi bonitas contra naturam.

Belgice *Werk* opus dicitur; *Ermen*
sive *Ærmen*, pauper ac miser : unde correctio probatur. *A. S., Annotata, G. H.*

[1] collocatum, *A. S.* and *M.*

[2] deest, *A. S.* and *M.*

[3] reperiunt atque; *A. S.* and *M.*

[4] emicuit; *A. S.* and *M.*

[5] patriæ; *A. S.* and *M.*

[6] confluxit turba; *A. S.* and *M.*

[7] levi; *A. S.* and *M.*

[8] erexerit; *G.*

F

27. *Quod corpus sacratissimæ virginis[1] incorruptum invenit, et, quod mirabile est,[2] vulnus in carne mortua curatum.*

Preparations for the translation of Etheldreda's body.

CUMQUE statuto die post tot annos sacræ virginis corpus ac sponsæ Christi elevanda essent ossa de tumulo, et in basilica decentius tumulanda; pars plurima devotæ plebis confluxerat ad hujus translationis sancta solempnia. Et quoniam res talis confirmari debet testimonio plurimorum, præfatus antistes sanctæ memoriæ[3] Wilfridus, qui beatæ Etheldrethæ; quamdiu Egfrido, Northanimbrorum regi, solo nomine et non opere conjugali, licet in veri[4] sacramento conjugii desponsata fuit; familiarissimus et testis veracissimus ejus perpetuæ virginitatis exstitit, eique velamen sanctimonialis habitus sub Ebbæ abbatissæ magisterio, regis Ægfridi amitæ, aput urbem Coludi sacratum inposuit; atque cum in regimine fuerat statuta animarum, in Elyense monasterio, sicut Beda asserit, assidua familiaritate in omnem ejus necessitatem diligens et sollicitus adjutor astiterat; et huic tam spetioso et jure spectando spectaculo interfuit, et qui[5] eidem miraculo insolito sua presentia et auctoritate magnum credulitatis pondus contulit, atque innumeri qui novere et adfuere id ipsum testati sunt: sed et inter ceteros, ad ampliorem rei certitudinem et veritatis evidentiam, medicus Kinefridus, qui

Kinefrid's testimony.

sicut morienti illi, ita et elevatæ de tumulo præsentialis affuit, ut in[6] tam mirando et pro raritate pretioso miraculo testis existeret. Memor itaque[7] ille[8] incisuræ quam quondam fecerat in ejus corpore; qui referre erat solitus, quod illa infirmata habuerit tumorem maximum sub maxilla. Aptato igitur et desuper decenter composito papilionis umbraculo,[9] omnis congregatio, hine fratrum illine sororum, psallens sepulcrum ejus circumstaret. Aggere dejecto, fossa defoditur, et theca de pulvere elevatur. Ipsa autem

---

[1] virginis Etheldredæ; *M.*
[2] fuit; *M.*
[3] antistes S. Wilfridus; *A. S.* and *M.*
[4] licet sacramento; *A. S.* and *M.*

[5] deest; *A. S.*
[6] huic; *A. S.* and *M.*
[7] utique; *A. S.*
[8] deest, *A. S., M.* and *G.*
[9] umbraculo, cum; *A. S.* and *M.*

abbatissa sancta Sexburga, ab[1] aperto sepulturæ hostio,
cum paucis tanquam ossa elatura et dilutura[2] ingreditur:
et facto modico intervallo, repente de intus audivimus
ipsam magna voce proclamare: sit gloria nomini Domini
altissimo,[3] et ut ista patefierent sub probatione et præsentia
testium, etiam nec multo post clamaverunt me intus, re- Bede, iv. 19
serato papilionis hostio, vidique, elevatum de tumulo et
positum in lectulo corpus sacræ virginis quasi[4] dormienti
simile. Cumque corpus ejus ab[5] aperto sepulcro esset Incorruptibi-
prolatum in lucem: ita incorruptum inventum est, ac si remains of
eodem die fuisset defuncta sive humo[6] condita. Stupendum Etheldreda.
inusitatumque miraculum et cunctis sæculis prædicandum!
Sanctissima vero[7] Etheldretha irritam faciens, Deo imperante, naturam, quia carnem suam vivens servaverat im-
munem a libidine, immunis post mortem reperta est a corruptione: et cum per sexdecim annorum curricula in
terreno pulvere delituissit obtecta, quasi ex resurrectione
tota iterum rediviva effloruit, speciemque representat in
lecto suaviter quiescentis, in nullo obnoxia humanæ consuetudini corruptionis,[8] immo tota pulcra, tota formosa,
tota integra est reperta. Et discooperto vultus indu- Bede, iv. 19.
mento, monstraverunt etiam mihi vulnus incisuræ quod The words
fecerat,[9] curatum: ita ut mirum in modum, pro aperto et of Kinefrid.
hianti[10] vulnere cum quo sepulta erat, tenuissima tunc ci-
catricis vestigia apparerent. Quis audivit unquam tale?
aut quis vidit huic simile? Vulnus, quoad viveret quod
putruerat in maxilla, incorruptum et integrum diuturna
reddidit sepultura. Ceterorum caro defunctorum sepulta
dissolvitur, istius viventis tumore dissoluta post sepulturam reparatur: aliorum corpora exterminantur, istius
plaga post mortem redintegratur: aliorum natura putredine consumitur, istius vulneri in maxilla hianti medela

---

[1] adaperto; *A. S.* and *M.*
[2] delatura; *A. S.* and *M.*
[3] altissimi; *A. S.* and *M.*
[4] deest, *A. S.* and *M.*
[5] adaperto; *A. S.* and *M.*
[6] humi; *A. S.* and *M.*

[7] virgo; *A. S.* and *M.*
[8] consuetudinis corruptioni, *M.*
and *A. S.*; consuetudini coruptioni,
G.
[9] feceram; *A. S.* and *M.*
[10] hiante; *A. S.* and *M.*

cœlestis adhibetur.   Qui vero præsentes aderant, Dei mirabilia venerantur, nullam in cicatrice reperiunt turpitu-
dinem, sed fœderatam gratiæ novæ gloriæ portionem.[1]
Nam guttur illud gloriosum, quod evanuisse speraverant in
favillas, totum redintegraverat Dei virtus et potestas.   Sed
nec stupendum et admirandum videtur, si consideremus
omnipotentem Domini gratiam, qua omnia quæcunque
voluit, fecit in cœlo et in terra, et meritum virginis,[2] misericorditer donavit, ut non solum ab illicitis pro amore
ejus declinaret, verum etiam, quo uti licenter potuit, terreni scilicet ac carnalis sponsi consortium contempsit.
Præclara igitur et[3] prædicanda est virtus Dei et pietas in
omnibus, qui rubum ardentem a conbustione, qui Da-
nielem in lacu leonum ab eorum morsibus servavit illæ-
sum; ita[4] præter morem humanæ conditionis, quadam prærogativa, carnem corruptibilem glorificavit in virgine, jam
collata carni[5] incorruptione.

28. *Quod divinitus lapis sepulcralis virgineæ glebæ coap-
     tatur, et superposito[6] operculo, compago non apparet.*

TANDEM vero cum multa reverentia laverunt[7] illud et
novis diligenter indutum vestibus, tanto thesauro conser-
vando idoneis, intulerunt in ecclesiam cum magno et multimodo devote exultantium tripudio, atque in eo quod
allatum est sarcophago posuerunt.   In quo quiescens ex-
pectat reditum Domini sponsi sui, ut reformet corpus
humilitatis ejus, configuratum corpori claritatis illius.   Et
mirum in modum, hoc in loco, minime est reticendum,
sed sæpe solempniter et incessanter prædicandum, quod
tantam aptitudinem et congruam æquipollentiam eidem
mausoleo gratia divina contulit, atque ita aptatum corpori virginis sarcophagum inventum est, ac si ei specialiter
præparatum fuisset; ut nec quantitas lapidis in continentia

Bede, Hist.
iv. 19.
The sarco-
phagus mira-
culously
adapts itself
to the body
of Ethel-
dreda.

[1] portione; *M.*
[2] virgini; *A. S.*
[3] deest, *A. S.* and *M.*
[4] deest, *A. S.* and *M.*

[5] carnis, *M.*; deest, *A. S.*
[6] posito; *M.*
[7] levaverunt; *A. S.* and *M.*

quantitatem sacri corporis excederet, nec infra sese, tanquam minus continens, inutiliter cohiberet: et locus quoque capitis seorsum aptissime figuratus apparuit. Modus namque Deo disponente provisus, mensura non dissimiliter coæquata. Superpositus autem lapis ostendit quam pretiosa intrinsecus latitet margarita: ultra citraque non imminet, infra[1] vel supra non dissidet, unde læticia tanta vacillet. Juncturam nullam reperies, ubi lapis lapidi cæmento connectitur. Apparet nusquam vestigium, quo compagem aliquam investigare sufficias; sic operculum suo unitum est vasculo, ut nulla divisionis sit similitudo; lapis unus de duobus efficitur; sicque ad virginalis integritatis testimonium redintegratur. Naturale nonunquam est ex lapide uno duos incidere,[2] duos autem nullum audivimus artificem in unum naturaliter copulasse. Et præterea vere est artifex ille mirabilis, cujus omnis natura famulatur imperio, et ab ejus voluntate inusitata etiam non discordant. Qui enim in deserto filiis Israel aquas de petra produxit, ipse de duobus, ad obsequium virginis, unum fieri lapidem imperavit. Nullatenus prævalet aperiri nec qualibet potest arte dissolvi, quem cœlestis manus polivit artificis, et cæmento indissolubili teste materia solidavit: quoniam jocundum et insignem Deus in illo præparavit thalamum, ubi in carne florida incorrupta virgo diem cœlestium præstolatur nuptiarum. Hic est thesaurus ille incomparabilis sapientiæ Dei, quem creatrix omnipotentia clausum et[3] illibatum suo munivit signaculo, ne aspectui ulterius patefiat humano: nec inmerito. Quæ enim usquam femina cuilibet sponso maritali lege depacta, ignem ita corporeæ voluptatis evincit,[4] sicut beatissima virgo Etheldretha, sponsos sortita est[5] geminos, quæ pudorem castitatis integerrimum custodivit. Hæc et alia innumera pietatis beneficia fidelibus suis ejus præstat misericordia, qui quondam martiri suo Clementi in modum

A repetition of the miracle wrought in the case of Clement.

---

[1] intus; *A. S.* and *M.*
[2] dividere; *A. S.* and *M.*
[3] deest, *A. S.*

[4] evicit; *A. S.* and *M.*
[5] deest, *A. S.* and *M.*

templi marmorei habitaculum præparavit, cujus exequias angelico legimus celebratas esse obsequio. Forma corporis formæ sepulchri fit conformis. Eandem fere prærogativam[1] beatissimæ virginis Etheldrethæ cui sepulcrum est Christo donante præparatum, angelico, ut confidimus, patrocinio ex insperato inventum. Et cum ignotum habeatur quibus cæsoribus informatum, quibusve sit politum artificibus; salva opinari fide non officit, quod et ista

The translation of Etheldreda. cœlestium sint officia ministeriorum. Translatum est itaque egregium corpus pretiosissimæ virginis et reginæ insignis Etheldrethæ, anno videlicet ab incarnatione Domini sexcentesimo septuagesimo nono[2] sub die kalendarum Novembrium[3] sexto decimo, et in ecclesia beatæ semper virginis Mariæ, quam ipsa[4] a fundamentis construxerat, collocatum, ubi usque hodie in maxima veneratione habetur, ad laudem Domini nostri Jesu Christi, qui eam elegit et præelegit ut esset templum et habitaculum Spiritus Sancti.

29. *Quod de vestimentis virginis Etheldrethæ beneficia præstantur.*

Miracles are wrought with the clothes which had bound the body of Etheldreda. Bede, Hist. iv. 19. Plura quoque de ea tunc temporis divulgabantur gestorum insignia, quæ scriptura teste gloriose fiebant, nec est incongruum istinc adicere. Linteamina vero omnia, quibus involutum erat corpus venerabile, ita integra apparuerunt et ita nova, uti ipso die viderentur castis ejus membris esse circundata. Contigit autem a tactu indumentorum eorundem[5] et dæmonia ab obsessis effugata corporibus, et infirmitates aliquotiens esse curatas. Hydropici veniunt

---

[1] eadem fere prærogativa; *A. S.* and *M.*

[2] sexcentesimo nonagentesimo quinto; *G.*

Legendum anno DCXCV. Ethildrita quippe anno DCLXXIX mortua, post annos sexdecim, ex dictis, cap. 26, et ex dicendis, cap. 34, translata est. Sane anno sexto decimo ab ipsius obitu factam esse primam hanc translationem, testantur Bedæ Historiæ exemplaria cum edita tum manu exarata: quanquam in MSS. ipsius Bedæ, Usuardi et Adonis Martyrologiis non anni sexdecim, sed undecim tantum numerantur. *M.*

[3] Eodem die et alia facta translatio per Richardum Abbatem, anno MCVI. de qua suo loco. *M.*

[4] ipse; *A. S.*

[5] eorum; *A. S.* and *M.*

et sanantur, et diversis afflicti passionibus per ejus merita liberantur. Nec inmerito, quippe quæ spirituales in carne sua triumphaverat potestates, corporeas recte in ægrotis curat infirmitates.

30. De locello in quo sepulta fuit miracula narrantur.[1]

SED et[2] loculum ligneum, in quo pretiosa virgo sepulta fuerat, nonnulli oculos dolentibus saluti fuisse reditos perhibent: qui cum capud suum eidem loculo apponentes orassent, mox doloris sive caliginis incommodum ab oculis amoverunt.

Miraculous powers of the coffin of Etheldreda. Bede, Hist iv. 19.

31. Quod fons exoritur[3] de[4] loco sepulturæ ejus.

DE loco autem in quo hujus virginis corpus fuerat primo sepultum, fons aquæ oritur lucidissimæ,[5] et usque in ævum manare non desinit; unde in potum si ægroti quilibet sumpserint, sive de illo conspersi fuerint, in pristinum convalescere vigorem memorantur. Verum quæ ipsi perspicere meruimus loco congruo describentur.[6]

A healing fountain bursts forth from the spot where her body had lain.

32. Oratio auctoris ad dominam suam beatissimam Etheldredam.

NUNC igitur quoniam in extendendo materiam aliquantulum moras inneximus[7] et labor studii maxime inbecillibus gravis est; opus finem debitum postulat, stilum figere licet, cum Dei opitulante gratia opus exaravimus promissum. Inculta autem scriptoris oratio veniam mereatur, etsi non meruit sperare mercedem. Et si elegantia verborum non sonuit, desideria tamen votiva complevimus. Quisquis autem tibi[8] dicatum opus perlegerit, vel legenti sobrium gloriosa virgo adibebit auditum. Misere eorum sorti compatere, quos tibi devotos, beata mater, intenderis,

The writer's prayer to Etheldreda.

---

[1] narrant; *M.*
[2] et per; *A. S.*
[3] oritur; *M.*
[4] in; *M.*
[5] lucidissimus; *A. S.* and *M.*

[6] this last sentence is omitted; *A. S.* and *M.*
[7] inveximus; *A. S.*
[8] ibi; *M.*: sibi; *A. S.*

orationibus tuis juva, et certamen bonum futura inmortalitas prosequatur pauperis tui cultoris, cujus.tuæ laudi sudavit ingenium: dedicentur Christo, te intercedente, labores.[1] Exulis[2] illius te lingua resonabit, quamdiu in hoc corpore peregrina versabitur: tuque eum saltem in ultimo tuere examine, ut cœlestis gloriæ participatione perfruatur. Quinimmo tua universis in afflictione positis menia[3] prætende, et fideles tui per tua sancta suffragia æternæ vitæ gaudia mereantur, per eum qui te sibi sponsam assignavit, Jesum Christum, virginis Filium et virginum Sponsum, Redemptorem mundi, et Dominum, qui cum Patre et Spiritu Sancto vivit et regnat Deus per omnia sæcula sæculorum. Amen.

33. *Quod de ipsa historia Beda primum composuit, hoc[4] etiam versibus asseruit.*

FRATRUM itaque desiderio diligenter ac sollicite operam dantes satisfacere curavimus, quæ in Beda, quæ[5] in scriptis Anglicis vel Latinis de gloriosa domina et patrona nostra Etheldretha apud nos inventa sunt[6] scripta, juxta modulum intelligentiæ nostræ in unum historialiter texuimus: etiam quid metro de eadem ipse recensuit, nunc addere oportet. Sic enim ille scripsit:[7] "videtur oportunum huic hystoriæ "etiam[8] ymnum virginitatis inserere, quem ante annos "plurimos in laudem ac[9] præconium ejusdem reginæ ac "sponsæ Christi, et ideo veraciter reginæ quia sponsæ "Christi,[10] elegiaco[11] metro composuimus, et imitari "morem sacræ scripturæ, cujus hystoriæ carmina[12] indita, "et hæc metro ac versibus constat esse compositum."[13]

> Alma Deus trinitas, quæ[14] sæcula cuncta gubernas,
> Annue jam cœptis, alma Deus trinitas.

[1] labores ejus; *A. S.* and *M.*
[2] deest, *A. S.* and *M.*
[3] merita; *A. S.* and *M.*
[4] his; *M.*
[5] atque; *A. S.* and *M.*
[6] deest; *A. S.*
[7] Beda, lib. 4, c. 20.
[8] deest, *A. S.* and *M.*
[9] et; *A. S.* and *M.*
[10] "et ideo . . . Christi;" desunt. *A. S., M.* and *Bede.*
[11] elesiaco; *A. S.*
[12] carmina plurima indita; *Bede.*
[13] composita; *A.S., M.* and *Bede.*
[14] qui; *A. S.* and *M.*

Bella Maro resonet, nos pacis dona canamus,
  Munera nos Christi, bella Maro resonet.
Carmina casta mihi, fœdæ non raptus Helenæ;
  Luxus erit lubricis, carmina casta mihi.
Dona superna loquor,[1] miseræ non prœlia Troiæ,
  Terra quibus gaudet: dona superna loquor.[1]
En Deus altus adit venerandæ virginis alvum,
  Liberet ut homines, en Deus altus adit.
Femina virgo parit mundi devota Parentem,
  Porta Maria Dei, femina virgo parit.
Gaudet amica cohors, de virgine matre tonantis:
  Virginitate micans, gaudet amica cohors.
Hujus[2] honor genuit casta de virgine[3] plures
  Virgineos flores, hujus[2] honor genuit.
Ignibus usta feris[4] virgo non cessat Agathes,[5]
  Eulalia et perfert[6] ignibus usta feris.
Casta feras superat mentis pro culmine Tecla
  Eufemie[7] rapidas, casta feras superat.
Læta ridet gladios ferro robustior Agnes;
  Cæcilia infestos læta ridet gladios.
Multus in orbe viget per sobria corda triumphus,
  Sobrietatis amor multus in orbe viget.
Nostra quoque egregia jam tempora virgo beavit,
  Etheldretha[8] nitet,[9] nostra quoque egregia.
Orta patre eximio, regali et stemate clara:
  Nobilior domino est, orta patre eximio.
Percipit inde decus reginæ et sceptra sub astris,
  Plus super astra manens, percipit inde decus.
Quid petis alma virum, sponso jam dedita summo?
  Sponsus adest Christus, quid petis alma virum?
Regis et æterni[10] matrem jam credo sequaris,
  Tu quoque sis mater regis ut ætherei.

---

[1] loquar; *Bede.*
[2] cujus; *A. S.* and *M.*
[3] casto de germine; *Bede.*
[4] ferit; *A. S.* and *M.*
[5] Agatha; *A.S.* and *Bede.* Notæ sunt hæ sanctæ, et coluntur; Agatha, 5 Februarii; Eulalia, 12 ejusdem; Tecla, 23 Septembris; Euphemia, 3 ejusdem; Agnes, 21 Januarii;

Cæcilia, 22 Decembris. *A. S., Annotata, G. H.*
[6] profert; *A. S.* and *M.*
[7] Eufemia; *G.* Euphemia sacra casta, &c.; *Bede.*
[8] Aedilthryda; *Bede.*
[9] nimis; *A. S.* and *M.*
[10] Regis ut ætherei matrem; *M. Bede.*

Sponsa dicata Deo bis sex regnaverat annis,
    In quo[1] monasterio est sponsa dicata Deo.
Tota sacrata polo celsis ubi floruit actis
    Reddidit atque animam tota sacrata polo.
Virginis alma caro est tumulata bis octo Novembris,[2]
    Nec putet in thalamo[3] virginis alma caro.
Christe, tui est operis, quia vestis et ipsa sepulcro,
    Inviolata nitet ; Christe, tui est operis.
Ydros et ater abit sacræ pro vestis honore,
    Morbi diffugiunt, ydros et ater abit.
Zelus in hoste furit quondam qui vicerat Evam :
    Virgo triumphat ovans, zelus in hoste furit.
Aspice nupta Deo, quæ sit tibi gloria terris :
    Quæ maneat cœlis, aspice nupta Deo.
Munera læta capis festiva[4] fulgida tædis :
    Ecce venit sponsus, munera læta capis ;
Et nova dulcisono modularis carmina plectro :
    Sponso ymna[5] exultas, et nova dulcisono.
Nullus ab altithroni comitatu segregat Agni,
    Quam affectu tulerat, nullus ab altithroni.

34.   *Quod Beda non solum in hystoriæ Anglorum libro, sed
    etiam in illo quem de temporibus edidit[6] ex illa scripsit.*

QUOD in libro regum Angliæ, Beda doctissimus, plano
sermone seu metro, de sacratissima regina Etheldretha edidit, digestum habemus : nunc etiam quid ex[7] ipsa in libro
de temporibus, quem[8] ad multorum eficatiam commentatus[9]
est, licet breviter, sub eodem tamen sensu, quid meminit[10]
præterire non convenit. In[11] anno autem Dominicæ incarnationis sexcentesimo septuagesimo octavo, juxta quod
Beda docet, sinodus universalis Constantinopolim[12] celebrata

---

[1] Inque ; *A. S., M.* and *Bede.*
[2] Novembres ; *A. S.* and *Bede.*
[3] tumulo ; *Bede.*
[4] festivis ; *A. S., M., G.* and *Bede.*
[5] Sponsa hymno ; *A. S., M., G.* and *Bede.*
[6] condidit ; *M.*
[7] de ; *A. S.*
[8] quod ; *A. S.* and *M.*

[9] commentus ; *A. S.*
[10] meminerit ; *A. S.*
[11] deest, *A. S.* and *M.*
[12] Constantinopoli ; *A. S.* and *M.*
    Imo concilium illud C P. incho-
atum fuit mense Novembri, anni
680, et absolutum, 16 Septembris,
anni 681 ; in quo Monothelitarum
hæresis condemnata est a 289 episcopis. *A. S., Annotata, G. H.*

est, temporibus Papæ Agatonis, sub Constantino principe, legatis apostolicæ sedis et episcopis centum quinquaginta adsistentibus. Quo videlicet anno " sancta et perpetua Cf. Bedæ Chronicon anno 688. " virgo Christi Etheldretha, filia Annæ regis Anglorum, et " primo alteri viro permagnifico, et post eum[1] Egfrido regi " conjux data,[2] quæ per duodecim[3] annos thorum incorrupta " servavit maritalem, post reginam sumpto velamine sacro " virgo sanctimonialis efficitur: nec mora, etiam virginum " mater et nutrix pia sanctarum, accepto in construendum " monasterium loco, quem Elge vocant; cujus merita viva- " tia[4] testatur etiam mortua caro, quæ post sexdecim annos " sepulturæ, cum veste qua involuta est, incorrupta reperi- " tur." Verum series istoriarum intente et[5] cum maximo studio computantes, etiam in Beda invenimus, annum præmonstratum depositionis almæ virginis fuisse, in quo Theodorus Dorvernensis archiepiscopus, audiens fidem ecclesiæ Constantinopolim[6] per hæresim, de qua nunc diximus, multum esse turbatam, ecclesias Anglorum quibus præerat, ab hujusmodi immunes perdurare desiderans, imperantibus in Anglorum regione[7] Egfrido Northanimbrorum ipsius videlicet Sanctæ Etheldrethæ quondam conjuge; Ethelredo rege Merciorum; Aldulfo[8] rege Estanglorum, hujus Deo dicatæ feminæ germano; et Lothario, rege Cantuariorum ejusdem nepote: sub quorum presentia[9] collecto episcoporum doctorumque plurimorum cœtu, sicut mandaverat, Agato Papa præfatus, ut cujus essent fidei singuli[10] sedulo inquirerent,[11] omniumque[12] unanimem in fide catholica repperit consensum.

---

[1] deest, *Bede.*
[2] data postquam duodecim; *Bede.*
[3] duorum; *A. S.*
[4] varia; *A. S.* and *M.*
[5] historiarum cum, &c.; *A. S.* historiarum et cum, &c., *M.*
[6] Constantinopoli; *A. S.* and *M.*
[7] regnis; *A. S.* and *M.*
[8] et Adulfo; *A. S.* and *M.*

[9] Concilium Panbrittanicum Hedtfeldæ celebratum est anno 680, 15 kal. Octob. consule Concilia Spelmanni, pag. 168. Colitur S. Theodorus Archiepiscopus, 19 Septembris. *A.S., Annotata, G.H. Bedæ Hist.* 4. 117.
[10] singulos; *A. S.*
[11] inquireret; *A. S.* and *M.*
[12] omnium unanimem; *A. S.*

35. De obitu beatæ Sexburgæ abbatissæ.

SANCTA denique Etheldretha cum subita[1] mutatione de hoc fragili corpore raperetur, soror ejus Sexburga pretiosa virago in monasterii regimine successit, ut jam dictum est, gregemque ibi Dominicum doctrina et forma veræ religionis instruxit. Hoc quippe in augmentum virtutis eam valde provexit, quod corpus jam dictæ virginis Etheldrethæ adeo integrum illibatumque invenit, ac si eodem fuisset die humatum, quod per spatium plurimorum annorum demolitum atque consumptum æstimaverat. Et cum multis volventibus annorum orbitis indefessa ad cœleste regnum anhelaret, graviter ægrotare cœpit, diemque suæ vocationis imminere præsensit: quæ in medio suorum posita, sacrosanctis Jesu Christi misteriis exitum suum munivit, cum fidei puritate in manus Creatoris spiritum comendavit, sicque in senectute bona diem ultimum clausit. Sepulta est in decenti loco, post beatissimam sororem suam, ubi virtutum suarum merita florere non desinunt: semperque ejus præconia accipiunt[2] incrementa ut in libro[3] gestorum[4] illius enarratur.

36. Quod Ermenilda post eam[5] facta est abbatissa, et Wereburgæ filiæ[6] suæ ecclesiam de Scapeia[7] commendavit.

ELGE autem monasterium, solatio matris et auxilio Deo providente qui disponit hominum saluti omnia suaviter, diu non destituitur. Etenim voto unanimi et consensu tocius congregrationis, sancta Ermenilda, post obitum beatæ Sexburgæ, loco ejus successit. Quæ totius dominationis

---

[1] subito ; M.

[2] arripiunt ; A. S. and M.

[3] Librum illum reperire nobis non licuit. Sexburga in Martyrologio Benedictino colitur prid. Nonas Julii; cujus de translatione ad ann. MCVI. agemus, ubi S. Ethildritæ referemus historiam translationis. M. Librum proprium de vita S. Sexburgæ utinam nobis inveniat aliquis: nonnihil edidit Capgravius, et post hunc Alfordus, qui obitum ejus refert ad annum 699, et diem 6 Julii. A.S., Annotata, G. H., Monast. Angl. i. 88.

[4] deest, A. S. and M.

[5] postea ; M.

[6] deest, M.

[7] Repeya ; M.

ambitione neglecta, comendatis Christo virginibus quibus praefuit, sanctissimam matrem secuta, ad Christi paupertatem quam optaverat, pauper ipsa devenit, et dum apud homines honorari refugit, apud Deum et apud homines honorem percepit ampliorem. Ubi a cunctis digne suscepta, totius congregationis mater effecta est. In Anglico quidem legimus quod Sexburga, in ecclesia de Scepeia[1] quam construxerat, a beato Theodoro archiepiscopo sanc-titatis velamen accepit, atque ibidem filia ipsius Erme-nilda sub ea normam religionis, spreto regni culmine, postea sumpsit. Quae dum iter ad Ely paravisset, filiam suam Werburgam pro se in ministerio abbatissae, sicut diu optaverat, constituit. Transiit autem plena sanctitate et justicia ad regna coelestia[2] cum matertera sua, sancta videlicet Etheldretha, juxta matrem suam requiescit condita. Testatur mors ejus pretiosa, quantae sanctitatis et pietatis extiterit, quod liber vitae ejus plenius docet.

Mon. Angl. 1, 88.

37. *Quod virgo Domini Werburga, post obitum matris suae Ermenildae monasterium Elge regendum suscepit, et ubi sepulturam elegit.*

SPONSA igitur domini Werburga, cum quibusdam ecclesiis praeesset, ut supradictum est, post dilectae genitricis suae obitum, jure praelationis etiam monasterium Elge suscepit. Elegit tamen divina praescientia et voluntate Heanburgense monasterio requiescere corpore : in quo loco Dei margarita cum debita reverentia est[3] tumulata, pluribus signorum indiciis se probat vivere in coelesti gloria. Unde tandem in Cestram, qua nunc requiescit, est translata.[4] At[5]

Werburga becomes Abbess.

[1] Sapeya ; *A. S.* Srapeya, *M.*

[2] coelestia et ; *A. S.*
S. Ermenilda colitur idibus Feb. cujus reliquiae cum materterae suae Etheldritae corpore anno MCVI. e terra levatae sunt. *M.*

[3] deest, *A. S.* and *M.*

[4] Johannes Bromton in Cbronico ita rem commemorat ;—Anno Domini D.CCC.LXXV, quo Burredus rex Merciorum per Danos apud Ripendon expulsus fuit, Hamburgenses indigenae, qui circiter quinque milliaribus a Ripendon distabant, pavore soluti, corpus S. Werburgae virginis diu ibidem sepultum, ad Cestriam tanquam ad locum tutum transtulerunt. *M.*

[5] eam ; *A. S.* and *M.*

quippe post ipsius decessum, beatæ feminæ quarum nomina
solius Dei novit scientia, nobis autem incognita, sub vitæ
regularis observantia, locum Elge in honore et sanctificatione usque ad vastationem a Danis gestam servaverunt.

38. *Quod apud* Ely *cultus divini operis sub[1] sanctarum
floruit regimine[2] feminarum, donec igne et ferro vastatur[3]
a* Danis.

Post decessum vero Sanctarum Étheldrethæ, Sexburgæ,
Ermenildæ, atque Werburgæ, ecclesia Elge minime vacabat
ab opere Dei; immo virtus divini ⁄cultus, sub beatarum
regimine feminarum non tepescente, sed magis ac magis in
ea fervescente fervore disciplinæ regularis, ac custodia monasticæ professionis, multis annorum volventibus orbitis
floruit. Sed et ecclesia ac monasteria quæ quaquaversum
in Anglia erant, quanquam diversis provinciis, diversi[4] regis[5]
præessent, et vario sub eventu frequentia invicem bella
succederent, in pace et securitate atque Christiano legis
augmento conservavit, gratia Supernæ Misericordiæ. At
humani generis improbus hostis, tantæ serenitatis tempora
non sustinens, quoniam appetitu bonæ voluntatis caret,
bonis invidere non cessat, solito livore infectus, diram[6]
ac nebulosam concitavit tempestatem in cunctis Angliæ
finibus.

39. *In quorum temporibus* Dani *vastaverunt[7]* Angliam *et
de horum interitu.*

The Danes
invade Eng-
land.
A.D. 866.
Mon. Angl.
1. 91.

Anno autem ab incarnatione Domini octingentesimo
sexagesimo sexto, regnante rege Edretho[8] Occidentalium
Saxonum, magna paganorum classis sub rege Inguare,
cum duobus fratribus ejus Ewlso et Halfdene,[9] cum col-

---

[1] deest, *M.*
[2] deest, *M.*
[3] vastabatur; *M.*
[4] diversis; *M.*
[5] reges; *A.S., M.* and *G.*

[6] iram; *A. S.* and *M.*
[7] devastaverunt; *M.*
[8] Ethelredo; *A. S.* and *M.*
[9] Evulfo et Hasdene; *A. S.*
Evulfo et Halsdene; *M.* Cf. Matt.
West. ad ann. 870—911.

lega suo, Ubba nomine, totius doli et malitiæ illi per
omnia consimili, comitantibus illos tribus regibus, Hosten,[1]
Bagseg, et Guthrum, et eorum fortitudine, cum plurimo
comitatu ducum et procerum, quos enumerare honerosum
est, in Cronica vero describuntur; cum innumerabili multitudine fortium pugnatorum de Danubia[2] in Brittaniam
advenit, et in regno Orientalium Anglorum, quod Estangle dicitur, hiemavit; ubi Deo acceptus Ædmundus,
fidei Christianæ cultor, tenebat imperium. Hi omnes per-
secutores Christianorum erant, adeo crudeles naturali fe-
rocitate, ut nesciant malis hominum mitescere; absque
ulla miseratione pascuntur hominum cruciatibus; et juxta
prophetiæ[3] vaticinium, quod ab aquilone venit omne
malum, flante Borea a gelidis nativitatis suæ sedibus,
gens eadem iniquam[4] prosilivit, subitos ac neciferos turbines in omnes fines Britanniæ efflavit,[5] nunc mari nunc
terra circuiens,[6] flammis et[7] ferro cuncta depopulans: et
nisi divina impediretur miseratione, conata est in exterminium aducere totius finis Brithaniæ, et quia legis Dei
cultores esse eos noverat, omnino delere aut servituti eos
subjugare nitebatur. Cum Christicolis pacem habere
noluit: unde monasteria, divino permittente judicio, universa ab ipsis fundaminibus diruens, cædibus et incendiis
devastabat. Gesta sunt hæc anno primo regni præfati
regis Ædheredi[8] filii Ethelwlfi. Deinde anno secundo gens
prædicta, atrox et impia, de Orientalibus Anglis ad Eboracam civitatem migravit: illic maxima ex parte omnes
fere Northumbrensium cœtus, occisis duobus regibus Os-

---

[1] Hostenio; *A. S.* and *M.* Hes-
ten; *G.*

[2] *Danubiam* etiam scripsit ad
hunc annum 866, Hovedenus,
quem descripsit auctor noster; vi-
denturque eorum ætate opinati
Angli, septentrionales populos ex
Pannonio processisse, et a Danu-
bio, ad quem habitarant, acquisi-
tum regnum appellasse Danubiam,
quæ deinde contracte dicta sit
Dania. Contrarium potius creden-

dum fuerat; sicut constat Gothos,
nunc Suecos, ab aquilone profectos
Gothiam sibi ad Danubium consti-
tuisse seculo 4. *A. S.*, *Annotata*,
G. H.

[3] Prophetæ; *A. S.* and *M.* Jer.
i. 14.

[4] nequam; *A. S.* and *M.*

[5] flavit; *A. S.* and *M.*

[6] circumiens; *A. S.*

[7] ac; *A. S.* and *M.*

[8] Etheldredi; *A. S.* and *M.*

brith et Elle, deleti occubuerunt:[1] qui vero evaserunt, pacem
cum paganis pepigerunt. Tertio autem post anno, prædictus paganorum exercitus Northumbros relinquens venit
Mertiam, et Snotingeham[2] adiit, et ibi hiemavit. Quibus
illic advenientibus Burhredus rex Mertiorum pacem in-
hiit : quem post VII. annos pace rupta regnum deserere
Romamque contra suam voluntatem adhire coegit,[3] reg-
numque Merciorum suo dominio subdiderunt. Loca sanctorum et monasteria ancillarum atque servorum Dei undique deprædantes combusserunt : et iterum, anno quarto,
Eboracum rediit, ibique per annum mansit. In quinto
vero per Merciam ad Orientales Anglos transivit, et in
loco qui dicitur Theodford hiemavit : quo etiam anno
gloriosus rex Edmundus ejusdem provinciæ, sicut in Cronico legitur, a præfato rege pagano Inguare martirizatus
est; sicque, rege occiso, pagani nimium gloriantes, totam
illam regionem suo dominio subdiderunt. Quo etiam,
ut sequentia insinuant, anno, ecclesia de Ely igne combusta est, extinctis omnibus qui intus erant. His ita
gestis, prædictus rex Etheredus, Dei fultus adjutorio, ex
omnibus qui tunc Angliæ præerant, solus resistere potuit.
Hic, congregato non modico exercitu, apud Æscendum[4]
hostes invasit, ubi diu atrociter utrimque pugnatum est.
Quo in loco pagani divino juditio Christianorum impetum non ferentes ; alter de duobus paganorum regibus,
Ubba scilicet,[5] et quinque comites occisi, occubuerunt, et
multa milia illorum occisa coruerunt. Cecidit ergo Bagseg rex, Sidroc senes[6] comes, Sidroc comes junior, Os-
bertus comes, Frene[7] comes, Haraldus comes ; et totus

[1] Addit Hovedenus, *Hæc gesta feriâ sextâ ante Dominicam Palma-rum* (11 imo 12) *Kalendas* Aprilis. Nam Pascha celebratum 30 Martii fuit. *A. S., Annotata, G. H.*

[2] Swthingeham ; *A. S.* and *M.* Idem Hovedenus, *Notingham adiit :* adjacet ea provincia Eboracensi agro : et Ingulfus, *Beorrodus rex,* inquit, *Paganos Nothingham relin-*

quere coegit et Eboracum repetere. A. S., Annotata, G. H,

[3] coegerunt ; *A. S.* and *M.*

[4] *Æsemdum* ; *A. S.* and *M.* *Eschedun* Hovedeno, qui asserit hanc victoriam obtentam anno 671. *A. S., Annotata, G. H.*

[5] deest, *A. S.* and *M.*

[6] senex ; *A. S.* and *M.*

[7] Prene ; *A. S.*

eorum exercitus in fugam versus est: sed eodem anno rex Etheredus ex hac vita discessit, cui successit frater ipsius Eluredus, qui, acer ingenii, per Grimbaldum[1] et Johannem, doctissimos monachos, tantum instructus est, ut in brevi, librorum omnium notitiam haberet; totumque Novum et Vetus Testamentum in eulogiam[2] Anglicæ gentis transmutaret. Hæc si quis plenius scire voluerit, in Cronico per ordinem singula repperiet.

The learning of Eluredus.

40. *Quod Dani ad Hely applicantes, monasterium combusserunt, et quoscunque invenerunt neci tradiderunt.*

POSTQUAM igitur, permissu divino, præfata gens barbarorum hostili pervasione cuncta Anglorum bona diripuit, vastavit, incendio consumpsit, monasteriorum septa diabolica rebie[3] fœdavit; tandem ad noticiam Elyensium pervenit accolarum. Omnis undique ætas, omnis utriusque[4] sexus conditio, vivendi conducta amore, maluit huc atque illuc fugiendo substantiæ dispendium pati, quam feritatis hostium globis congredi. Hujus siquidem communis tribulationis et miseriæ nullatenus expers fuit Elyensis insula, præsertim cum[5] paludes et aquæ quibus circumcingitur in mare porigantur,[6] sit[7] ab ipsis æstuantis æquoris fluctibus quarumlibet navium ad eandem insulam non difficilis accessus. In hanc vecta est aliquando gens eadem cum multis navibus,[8] putans vacuatum defensoribus occupare locum. Exitus loci depredationibus[9] atque[10] insidiis urget, ut inhabitantes aut vinceret, aut obsidione fatigatos in deditionem susciperet, aut locum[11] excedere copelleret:[12] adversum quos atrociores quique accolarum indigenæ obsistere nituntur. Contigit nanque cum finitimam regionem suæ ditioni subjugarent, multos ex Anglorum no-

The Danes burn the Monastery at Ely.

---

[1] Baldum ; *A. S.* and *M.*
[2] olalogiam ; *A. S.* and *M.*
[3] rabie ; *A. S.* and *M.*
[4] utrimque ; *M.*
[5] cum tamen ; *M.*
[6] porrigantur et ; *A. S.* and *M.*
[7] sitque ; *G.*
[8] manibus ; *M.*
[9] deprecationibus ; *A. S.* and *M.*
[10] atque etiam ; *A. S.* and *M.*
[11] loco ; *A. S.* and *M.*
[12] compelleret ; *A. S., M.* and *G.*

bili genere ad insulam se conferre: tamen veriti tantæ
multitudini[1] bellum inferre ne quicquam infortunii occur-
reret, quamquam vividam[2] bellis gestarent dextram, satisque sufficiens his crederetur negotiis, et quandoque aliis
prævalerent barbaris; sed[3] missa undique legatione vicinos
in auxilium evocant,[4] atque dilectam armatorum manum
sibi applicantes, ad internicionem hostes[5] citius proster-
nunt penitusque delent. Hoc denique pacto, ab oppressione liberati, aliquandiu[6] respirare videbantur: sed non
adeo[7] hac libertate exultare valuerunt: verum prædictus
malignorum cœtus virtute fortiore congregato exercitu,
cum suo rege, plurimo stipato militum agmine cruente,[8]
debacationis spiritu sæviens in eos irruit, pervadit, atque
prosternit. Plurimi incolarum vectibus cæsi in capite,
quorum funera sollenni sepulturæ tradi prohibita sunt,
escis bestiarum et volatilium sunt projecta. Ad cœnobium
autem virginum, quod gloriosa virgo et sponsa Christi
Etheldretha construxerat, tandem perveniens, pro dolor!
invadit, sancta contaminat, conculcat, ac diripit: protendi-
tur rabidorum gladius in lactea sacrataque colla, mactatur
ut victima innocua sanctimonialium caterva, et quoscunque reperit sacri desiderii fratres et sorores, absque ulla
humanitatis consideratione, præcipiti peremit strage.[9] Sicque monasterio quod vera Dei Christicola Ætheldretha
construxerat, cum virginibus et ornamentis et reliquiis
sanctorum sanctarumque combusto, civitate etiam spoli-
ata et cremata, prædæ ubertate ditati, omniaque ejusdem
loci adimentes mobilia atque utensilia inimici Domini redierunt ad propria.

---

[1] multitudini forte ne quidquam,
&c.; *M.*, and *A. S.*

[2] vividi bello; *A. S.* and *M.*

[3] deest; *A. S.*

[4] convocant; *A. S.* and *M.*

[5] hostem ut; *M.*: bostem; *A.S.*

[6] aliquando, diu; *M.*: aliquando; *A. S.*

[7] adeo diu; *A. S.*

[8] ruente; *A. S.* and *M.*

[9] Hæc contigisse anno 670, in-
dicatur in Historia Elyensi: ultimo autem capite Dani appellantur
Normanni, id est, viri Septem-
trionales. *A. S. Annotata G. H.*

41. *Quod paganus foramen fecit in sepulcro virginis, sed mox ultione divina percussus est.*

ERAT inter ipsos ferocissimorum hostium cuneos, quidam aliis immanior et crudelior, satelles diaboli, spirans cædis et sanguinis, avaritiæ sectator, alienarum rerum truculentus appetitor. Is dum tumulum Deo dilectæ virginis Ætheldrethæ intueretur, repositum inibi thesaurum esse arbitratur. Nil moræ interponit, sed[1] mox bipenni, quam cruentis gestabat manibus, marmoreum vas, quo corpus pausabat virgineum, crebris ictibus ferit a latere, ut eo scilicet efracto, pecunias quas intus falso credebat reconditas avide deriperet, nesciens infelix quam properum tempus divinæ animadversionis immineret, quo poenas luiturus miserabiliter de medio foret rapiendus. O piratam miserrimum, culturæ Deitatis nescium, terreni lucri cupidum, infelici casu ruiturum! qui dum corruptibilis pecuniæ facibus exitialiter ardet, thesaurum virginalem et incorruptibilem inquietare non timet. Tota vi ferientis percutitur lapis sepulcralis, quo velut in talamo requiescit Christi sponsa perhennis. Multiplicantur ictus, foramen efficitur, quod usque[2] manens cernitur. Quo facto, nulla coelestis vindictæ fit dilatio; sed confestim oculis ab ejus capite divinitus avulsis, sacrilegam inibi vitam finivit. Quod cernentes ceteri, ulterius almam virginis glebam inquietare non presumpserunt. Ad ultimum ferro et fiamma cuncta consumunt, nec quicquam potest esse residuum, quod non disperdat manus impia barbarorum. Totus pæne trucidatur clerus, abducitur in captivitatem quisque residuus. Sicque locus misere jacebat a cultu divini officii et timoris omnino desolatus. Nullus qui ministerium impleat remanet; aufertur canticum laudis et læticiæ; sonat vox luctus undique et miseriæ. Ex ipsis denique clericis qui depredati[3] sunt, post aliquot annos

A Heathen who attempts to rifle the sarcophagus of Etheldreda is struck dead.

---

[1] et ; *A. S.* and *M.*
[2] usque hodie; *A. S.*, *M.*, and *G.*
[3] deprecati ; *M.*: qui vitam suam deprecati sunt, &c.; *A. S.*

octo reversi sunt; de quibus aliqui in decrepita ætate, transcursa multorum annorum curricula,[1] usque ad tempus Ædredi regis pervenerunt. Hi, prout poterant tantæ ca-

lamitatis tempore ecclesiæ porticus resarcientes, divinum solvebant obsequium: verum ipsis alii succedendo clerici, more perversorum superbiæ et avaritiæ dediti, non canonice[2] immo vitam irreligiose ducentes, in errorem et temeritatem, contempta honestatis reverentia, inciderunt. Quorum insolentiam Deus ob sanctæ virginis meritum mira indignatione dissipavit, ac justa examinatione dampnavit; de quibus suo loco dicendum est. Hæc quoque gesta sunt anno Dominicæ incarnationis octingentesimo,[3] centesimo autem et nonagesimo sexto ex quo beata Ætheldretha in Ely facta est abbatissa.

42. De victoria regum Angliæ, et de nativitate Ædgari regis.

ALUREDUS igitur rex prædictus post fratrem regnum strenuissime tenuit viginti octo annis et dimidio; sed laboriosissime impugnatus, videlicet ab ea qua frater ipsius pagana gente, quam ipse et filii ejus de cœlo adjutus protrivit atque delevit. Ab isto vere Anglia usque in hunc diem sub uno rege aucta est, regnavitque filius ejus pro eo Ædwardus dictus senior. Hic multo latius quam pater fines regni dilatavit, siquidem civitates et urbes maximasque provincias quas Dani multo tempore possederant, optinuit et possedit, regesque plures in deditionem accepit: insuper duos reges, fratres scilicet Inguare regis, Ewlso et Hafdene, post plurimos annos occidit, et cum eis cæsa multa milia paganorum coruerunt. Post multas vero res egregie gestas, anno regni sui vicesimo quarto, ex hac vita transiens, Ethelstano filio regni gubernacula reliquit: quod strenuissime per decem et sex annos tenuit. Post quem frater ejus Ædmundus successit, cui

---

[1] transcursis . . curriculis ; A.S. and M.

[2] canonici ; A. S. and M.

[3] octingentesimo, septuagesimo; A. S., M., and G.

regina sua Æditha[1] duos filios peperit, Ædwinum et Ædgarum. Et cum peperisset Ædgarum, sanctus Dunstanus,
audivit, in sullimi, voces psallentium atque dicentium:—
" Pax Anglorum exorti nunc pueri et Dunstani nostri tempore." Hæc genealogia nobilissimi regis Ædgari, Anglorum
basilei multorum cœnobiorum fundatoris et restauratoris
incliti, qui Elgicam ecclesiam gloriosissime[2] restauravit et
possessionibus locupletavit: quod in posterum præterire
indignum est. Ædmundus quoque rex præfatus cum per
VII. et dimidium annos regnum magnifice tenuisset, inter-
ficitur[3] et Glestoniam delatus, a beato Dunstano abbate sepelitur; moxque proximus hæres Ædredus fratri succedens,
regnum novem annis et sex ebdomadibus[4] tenuit. Hujus
autem tempore mirum, et audientibus valde stupendum
apud Ely de sacerdotibus ibidem degentibus contigit,
quod unus illorum Alfelmus nomine, sub persona alterius
de se, qui errori et facinori eorum consenserat, asseruit,
et[5] scripsit: quod hic sub silentio non præterimus.

A voice from heaven is heard by Dunstan on the birth of Edgar.

43. *Exortatio[6] sacerdotis ad archipresbyterum suum, nar-
rans ei quæ sequuntur miracula, cupiens eum ammovere de
sua temeritate.*

TRANSACTIS haut eminus ætatis hujus temporibus in
Anglorum gente, Ædredo regnante, quando zelo caritatis
frigescente atque jugo iniquitatis fervescente, Brittannici
orbis cœnobia pæne ab ipsis fundaminibus omnia, aut ultione omnipotentis Dei in universa jacebant provincia
semirutis, pro nefas! maceriis desolata; aut si quæ in antiquis urbibus remanserant integra, ab utriusque sexus
canonicis, nomine non dignitate erant occupata diutissime;
contigit quoque ut monasterium Elge, quod situm est
in insula in quo[7] sancta virgo Ætheldretha requiescit, cum

A certain archipresbyter expresses his unbelief in Etheldreda's incorruptibility.

---

[1] Edrida; *A. S.* and *M.*
[2] gloriosius; *A. S.* and *M.*
[3] Interficitura latrunculo, anno
946, die 26 Maii, in festo S. Augustini Anglorum Apostoli, feria 3,
Indictione 4. *Ita Hovedenus, A.S.,
Annotata, G. H.*

[4] ebdomatibus; *G.*
[5] deest; *A. S.* and *M.*
[6] Exhortatur sacerdos archipresbyterum suum narratis ei quæ
sequuntur miraculis, &c.; *M.*
[7] qua; *A. S.* and *M.*

germana nomine Sexburga ac venerabili nepte Ærmenilda,
sub eorum transiret dominia. Quorum archipresbyter præpositus et magister, instinctu fraudis demoniacæ, ausus est
sepulcrum sacræ virginis violare, licet haut impune, tamen
ista ratione. Adpropinquante quadam tempestate ejusdem præpollentis sanctæ prædictæ solempnitatis die, convocavit ceteros sacerdotes ac clericos quibus præerat, cum
quibus basilicam ingressus, ad eos dixit: "Volo indubitanter
scire, si venerabilis virgo Ætheldrétha etiam nunc integra
manet carne, sicut referunt sacra scripta venerabilis Bedæ
in hystoria gentis Angligenæ;[1] aut si aliquid omnino ex eo[2]
manet in monumento, in quo olim est tumulata corpusculo;
quoniam mihi non videtur esse verisimile, sed potius credo
quod nichil est in sarcofago." Qui respondentes magistro
dixerunt infausto: "Quomodo ausus fuisti mente tantum
scelus concipere, ut mausoleum virginis intemeratæ ullo
modo cogitares aperire? Nonne omnes scelerata morte
properanter debemus vitam finire, nisi ocius cessaveris
a tam illicita presumptione?" Ille quibus respondit protinus: "Credo quod si virgo tam sancta, ut olim, in presenti
jaceret basilica; per eam Deus plurima istic fecisset miracula." Tunc unus illi ex[3] sacerdotibus dixit: "Iccirco, di-
dascale, tales profers sermocinationes, quia noviter ad
istam ex alia veniens insulam provincia, minime virtutum
vidisti miracula quæ Conditor rerum peregit innume-
rabilia per hujus sacræ virginis merita. Ex[4] quibus ex
pluribus tibi referam perpauca, quæ paulo antequam huc
adventares sunt patrata.

44. *De quadam matrona.*[5]

"'QUÆDAM matrona in quodam huic vicino comanebat
vico, quæ circiter sex annos ita erat,[6] sex annos constricta
intolerabili morbo, et paralisi resoluta omni membrorum

---

[1] Anglicanæ; *A. S.*
[2] ea; *A. S., M.,* and *G.*
[3] de; *A. S.* and *M.*
[4] E; *A. S.* and *M.*

[5] The chapters 44—48 are printed as part of 43. *M.*
[6] ita erat constricta; *G.*: ita
erat contracta; *A. S.* and *M.*

compage, ut nulla ratione manus ad os dirigere, nec venerabile salutaris signum crucis propriæ fronti imprimere,
neque[1] a fulcro[2] valeret surgere absque famularum
juvamine. Hæc postquam medicis multam erogaverat[3]
pecuniam, nec curationis ullam ab eisdem suscepisset medelam, supernæ respectu clementiæ, ad istam, bis quatuor
mancipiis deferentibus, accessit aulam ; in qua cum ipsa
vigilaret nocte, meruit sanitatem recipere, et propriis
incedens vestigiis reversa est ad propria, laudans et glori-
ficans Dei omnipotentiam.

45. De juvene muto.

" ' Quidam etiam adolescens, per vii. annorum curricula,
mutus[4] degebat, illo in tempore in quadam villa quam
Bradeford appellat illius loci incola : Qui similiter ut a
parentibus ad hoc templum est deductus, statim soluta
sunt vincula linguæ[5] ejus et profatus est rectis sermonibus, dicens coram cuncti scircumstantibus, ' Redeamus fra-
treš ad ospitium, quoniam per beatæ virginis Ætheldrethæ
meritum, largiente omnia creante Deo, curatus sum.'

46. De puella cæca.

" ' Quædam denique puella, a primordio suæ nativitatis
cæca, post transacta decem annorum spatia : in[6] illis diebus
feliciter est delata ad hujus[7] templi mœnia. Hæc, mox
ut ingressa est basilicam, suscepit occulorum medelam,
et cœpit mirari hujus mundi machinam luculentam ac
fulgidam, jubarque solis rutilans quod nunquam ante
viderat ; Deum auctorem rerum magnificans, qui omnia
quæ cernebat miranda creaverat.

47. De quodam juvene.

" ' Quidam namque juvenis, manum habens aridam, accessit ad sacratissimam hujus almæ virginis tumbam,

---

[1] deest, *M.*: nec a fulto ; *A. S.*
[2] fulto ; *M.*
[3] irrogaverat ; *A. S.* and *M.*
[4] deest, *A. S.* and *M.*

[5] deest, *M.*
[6] deest, *A. S.*
[7] hæc ; *A. S.* and *M.*

quam illico extensis lacerti nervulis, me astante, valuit aperire viribus receptis: Quod videntes populi qui aderant,
benedixerunt Dominum qui creavit omnia.

48. *De ancilla sacerdotis.*

" ' Quidam sacerdos etenim[1] in isto commonebat[2] cœnobio, qui propriam compulit servulam in horto colligere
hollera, Dominica die ante Tertiam. Hæc dum sudem
arripuisset ingentem, quatenus properanter domini sui ex-
pleret jussionem ; manus ejus tam firmiter adhæsit ligno,
quod tenebat avide, et unde herbas evellere desiderabat
illicite, ut nullus hominum quolibet conamine stipitem
a manu mulieris potuisset dirimere. Quæ dum immenso
torqueretur cruciamine, nullum valentes miseræ aliud juva-
men impendere, fustem manus in utraque inciderunt parte,
sicque permansit annos v. Quibus expletis, rotante cœli
cardine, contigit nos convivaturos quadam die ad domum
prædicti sacerdotis convenire. Quam dum conspexisse-
mus cruciari ultra modum, facturam Dei perire. condo-
lentes nimium, concordi voce[3] ad convivantem diximus
presbiterum : ' Antequam sumamus cibum, pariter duca-
mus ad istud hanc mulierculam templum, suppliciter de-
precantes omnium Auctorem creaturarum,[4] quatenus ei dignetur misereri, per gloriosum sanctæ virginis Ætheldrethæ
interventum.' Qui respondens omnibus gaudens dixit fratribus ; ' Omnipotens Deus pro tam utili consilio vos collo-
cet in cœlesti regno, ubi sancti fruuntur lumine perpetuo.'
Qui basilicam ingressi, mox ut rogaverunt Dominum, extensa de manu mancipii prosilivit lignum, quod jam carne
consumpta adhærebat compagibus ossium : sicque mulier
divinum percepit medicamentum, et cœtus clericorum regressus[5] ad convivium, gratias ac laudes referens Salvatori
Christo. Quapropter te moneo, magister, ut ab audacibus
et illicitis cesses incoamentis properanter. Quod si sermo-

---

[1] Quidam etiam sacerdos, &c.; A. S.
[2] commancbat; A. S and M.
[3] voto ; A. S. and M.
[4] creatorum ; A. S.
[5] regressus est ; A. S. and M.

nibus meis credere nolueris condigna imprimis morte morieris, ac deinde suppliciis condempnatus sempiternis infeliciter, perpetuis cruciatibus subjacebis, vermibusque tartareis, et[1] infernalibus incendiis." Qui bis ac ter commonitus a prudenti sene, noluit cessare a celestissimo conamine : sed convocavit quatuor juvenes ex clericali ordine, quos conduxit in ruinam facile et[2] condempnationem, perpetrato crimine.

49. *Quod juditium Dei in prædicto archipresbytero et suis consortibus desævit.*[3]

ERAT namque in archa qua quiescebat virgo sancta quædam rimula, quæ nobis, ut senex quidam retulit, qui[4] ab ipsis sacerdotibus, qui hoc[5] viderunt didicit, a paganis Christi culturam dissipantibus facta fuerat. Namque Normanni crudeles populi, olim, quemadmodum Anglorum plurimas atque Francorum provincias, deprædaverunt Elgicam nichilominus insulam. Qui postquam omnem clerum, sanctimoniales, ac populum ferro et igne depopulati sunt, pueros atque senes crudeli morte perimentes, adolescentes captivos ac juvenes ad extraneas duxerunt regiones. E quibus unus immanis Normannus ansus est accedere ad sepulcrum virginis egregiæ, qui exiguam manu ferens bipennulam, ter quaterque marmoream in qua jacebat percutiens cistam, sperans inmensam invenire pecuniam, confestim ut exiguam fecit fenestrellam, oculos amisit et vitam. Ex ipsis denique clericis, qui ex Elgico depredati[6] sunt cœnobio, post aliquantos annos, VIII. ad ipsum repedaverunt locum. E quibus aliqui jam in decrepita ætate provecti, transcursa multorum curricula annorum, retulerunt seni præfato eo tempore adolescentulo, sicut scriptum est in hoc codicello. Quid plura verbis prosequor superfluis ? Ad hanc presbyter infelix cum scelerum sodalibus accessit, qui accipientes surculos[7] marati unde

---

[1] ac ; *A. S.* and *M.*

[2] ac; *A. S.* and *M*

[3] eluxit; *M.*

[4] quod ; *A. S.* and *M.*

[5] hæc ; *A. S.* and *M.*

[6] deprecati ; *A. S.* and *M.*

[7] sacculos ; *M.*

fuerat compta¹ totius superficies pavimenti, quosque ponentes in sarcophagi foramine, post dirum,² omnes magistrum ausi sunt palpare corpusculum sanctæ virginis.
Tunc sacerdos ait: "Nunc remoto ambiguitatis scrupulo
indubitanter scio, quia adhuc in hoc tumulo requiescit
sacra virgo, sic integra permanens carne." Tunc senex qui
ante prohibuit ad eum dixit : " In proximo plus debes scire,
quando³ percussus jacebis Dei ultione." Qui rursus ait, floc-
cipendens vaticinia senis : " Modo volo videre, si vestes ejus
etiam nunc permanent integræ;" Qui candelam cohærentem
virgulæ per foramen immisit arculæ, quæ beata continebat
membra sanctæ : sed plus intus nequivit aspicere quam
si foret cæcatus utroque lumine.   Verum ardens candela,
ut perhibent, cecidit supra sanctam, et tamdiu ardens super
sacras mansit vestes, donec tota cremata,⁴ eas contingere
fiamma metuente.   Cuncti tamen qui aderant lumen can-
delæ prospiciebant quod per foramen de sepulcro exibat,
et quicquid infra⁵ latebat cremari pertimescens,⁶ dixerunt
sacerdoti totius criminis auctori: " Melius foret te non
fuisse natum, quam committeres⁷ scelus tantum:" Qui⁸ nec
ideo cessavit a malo diræ mentis proposito.   Accipiens
namque partem virgæ, acuit eam in uno capite, quod rursus
findens cultelli mucrone, infixit vestibus virginis sanctissimæ, quater quaterque in girum complicans, toto conamine omnium qui aderant, ad foramen usque pertraxit : et
quia nullam læsionem habebant, mirari cœpit. Qui confestim ingentem machæram aripuit, et exiguam exinde particulam dæmonum suasione incidit, ceteris sodalibus, IIII.
videlicet prædictis juvenibus, ipsam vestem sursum trahen-
tibus et omni virtute retinentibus.   Quæ, postquam scelera-
torum contactu est violata, ita ab immundis eorum manibus est subtracta, sicut retulit presbiter qui hujus criminis

---

¹ cooperta; *A. S.*

² post triduum omnes magistri
ausi, &c. ; *M.*: post suum magistrum omnes, &c. ; *A. S.*

³ quod ; *A. S.* and *M.*

⁴ concremata est eas, &c.; *A. S.*
and *M.*

⁵ intra ; *A. S.*

⁶ pertimescentes ; *A. S* and *M.*

⁷ committere ; *A. S.* and *M.*

⁸ quia; *A. S.* and *M.*

fuit particeps, quasi eam infra tumbam duo fortissimi milites retraherent, et quasi ipsa adhuc virgo sancta vivens
eis diceret: "nec Dei nec meam habeatis gratiam, quia ausi
estis corrumpere sindonem meam." Quid multa? Mox
ingens pestis arripuit domum illius sacerdotis, quæ conjugem ejus ac liberos omnes cita morte percussit, totamque
progeniem funditus extirpavit. Ipsum quoque ad alterum
commigrantem locum, post paucos dies deduxit ad[1] infernum, quoniam non purgavit per pœnitentiam scelus com-
missum. Sed et de ipsius[2] IIII. fautoribus divina ultio
peremit duos ocius; tertius, cum esset institutus officiis
litteralibus, ecclesiasticis, ac sacerdotalibus, ita protinus in
amentiam versus, quicquid scivit est oblitus, quasi nichil
didicisset penitus; qui[3] adhuc vivens luit pœnas de tam
grandi facinore, quoniam per singulos menses perdit sensum, mentis vigore deficiente, luna ætatem, quantum[4] habebat, repetente. Quartus vero fuit prælibatus presbiter
Alfelmus, qui et ipse gravi ægritudine conreptus ferme per
VIII. menses mansit paraliticus, donec parentes mœsti ac
dolentes, quibus erat unicus, detulerunt eum cum plurimis
muneribus ad beatissimæ virginis corpus. Qui dum ibidem
ipsa vigilarent nocte promitentes per sacramenta satisfac-
tionem, meruit eorum æger recipere sanitatem per virginis almæ Ætheldrethæ intercessionem; et mane glorificantes cosmi Redemptorem, læti reversi sunt ad eorum
mansionem. Ecce quod infideliter dubitantis temeraria
generavit presumptio, ecce quod injusta juste promeruit
actio. Habeant ex hoc quilibet sacrarum virginum[5] indigni attrectatores reliquiarum, quia nisi[6] cum cordis munditia et humilitate id debent præsumere. Sed nec quidem
ecclesia sic ab iniquorum cessavit presbyterorum dominio,
verum sub eorum naufragosa gubernatione, usque ad duo-
decimum regni gloriosi regis Ædgari annum fluctuabat.

---

[1] in; *A. S.* and *M.*
[2] ipsis; *A. S.* and *M.*
[3] deest, *M.*: penitus, et adhuc;
A. S.

[4] quam tum; *A. S.*
[5] deest, *A. S.*
[6] non nisi; *A. S.* and *M.*

Hæc[1] breviter memorantes, in libro miraculorum beatæ
virginis plene disseruntur.

50. *Quomodo rex Ædgarus regnavit.*

EGREGIUS quoque rex Anglorum, prefatus Ædredus, decimo anno regni sui ægrotavit et mortuus est: Cujus fra-
tuus[2] clito Ædwinus,[3] regis scilicet Ædmundi et sanctæ
Ædgythæ[4] reginæ filius, regnum suscepit; quatuorque[5]
annis regni peractis defunctus est, et Wintoniæ in novo monasterio est sepultus.   Cujus regnum suus germanus Ædgarus, ab omni Anglorum populo electus, anno ætatis suæ
sexto decimo suscepit, et ipse de genere Kinegilsi[6] eximii
regis, qui primus West-Saxonum regum fidem Christi a
sancto Birino[7] percepit, a beato Dunstano decenter institutus,[8] regno Anglorum leges justas constituit, regnoque tran-
quilissimo omni tempore potitus est: destructas quoque
ecclesias renovavit et ditavit, abjectis ex cœnobiis clericorum næniis, ad laudem Dei, monachorum et sanctimonialium catervas aggregavit, sicut ex[9] sequente docetur opere.
Nunc his finem imponentes nimiam prolixitatem devita-
mus;[10] tempus enim est ut sequentis libri ordinetur initium,
et ut loquendi vires interim per silentium reparentur.

---

[1] Hæc.....disseruntur, desunt;
A. S. and *M.*

[2] frater, dico; *A. S.* and *M.*

[3] Edwius; *G.*

[4] Edrigydræ; *A. S.* and *M.*

[5] quatuor; *A. S.* and *M.*

[6] Kynægils established the seat
of episcopal government at Dorchester while Winchester was
building.

"Kynegilfus rex Occidentalium
Saxonum primus Christianus regnavit annis XXXI., baptizatus est
ad Dorcacestram a Sancto Byrino
episcopo, suscepitque euin de sacro
fonte Sanctus Oswualdus, Nordanhymbrorum rex, anno Christi
DCXXXV." *Asserii Annales.*

[7] St. Birinus was sent by Pope
Honorius, A.D. 635, forty-one years
after the coming of St. Augustin,
and converted Kynegils. Kynegils began the foundation of Winchester Cathedral but died before
he completed it. He granted the
whole of the land for seven miles
round the city for the establish-
ment of the episcopal seat, and for
the maintenance of the monks now,
for the third time, established there,
by the advice of St. Birinus. The
body of Birinus was first deposited
at Dorchester, and afterwards translated to Winchester. *Rudborne's
Historia Major, and Annales Eccl.
Wint., printed by Wharton; Willis'
Architectural History of Winchester
Cathedral.*

[8] institutus et consccratus regno,
&c.; *G.*

[9] et; *A. S.* and *M.*

[10] devitavi; *A. S.* and *M.*

Explicit liber primus de hystoria Elyensis insulæ, et de gloriosa virgine Etheldreda et succedentibus ei sanctis virginibus, quibusve infortuniis ecclesia subjacuit usque ad ingressionem monachorum in Ely.[1]
Incipit prohemium libri secundi.

[1] Explicit.....in Ely, desunt; *A. S.* and *M.*

Explicit liber primus de hystoria Elyensis insulæ in vitam beatissimæ virginis Ætheldrythæ et quomodo fabricavit illic ecclesiam, sive a quibus destructa fuit.

Premium libri secundi in hystoria Elyensis insulæ et quomodo ecclesia est restaurata vel a quibus ditata. *G.*

LIBER SECUNDUS.

LIBELLUS QUORUNDAM INSIGNIUM OPERUM B. ÆDEL-WOLDI EPISCOPI.

Incipit prologus libelli quorundam insignium operum
B. Ædelwoldi episcopi.

CUM præteritarum notitia rerum ignorantiæ tenebris
queat involvi; et vicissitudine rerum interveniente ab
humana memoria facile poterit labi, operæ pretium est, ut
illud quod sic gestum est quod dignum memoria sit, sedulo styli officio commendetur; quatenus sic memoriæ
repræsentetur, quod nisi scriptum fuerit, oblivioni trade-
tur. Cumque gentilium figmenta sive deliramenta, cum
omni studio videamus composita, coloribus rethoricis ornata et quasi quodammodo depicta, cathegoricis syllogis-
mis et argumentationibus circumfulta et corroborata, in
gymnasiis et scholis publice celebrata, et cum laude reci-
tata, dignum duximus ut sanctorum dicta et facta descri-
bantur, et descripta ad laudem et honorem Christi referan-
tur; ut per illos et in illis ipse glorificetur et mirabiliter
prædicetur, per quem ipsi gloriosi fiunt et mirabilia ope-
rantur. Sic enim ipse Dominus ait, "Luceat lux vestra coram hominibus, ut videantur opera vestra bona, et glorif-
cent Patrem vestrum qui in cœlis est." De quorum siquidem consortio B. Ædelwoldus, electus Dei pontifex, suis
temporibus floruit; cujus vita virtutibus gloriosa et miraculis clara effulsit: de quo si cui minus claret, et plenius
scire desiderat, legat librum qui de ortu et de vita, necnon
de obitu ejus, contextus est, et inveniet liquido quanti
meriti, quantæque sanctitatis fuerit. Quædam vero insignia ejus, quæ gesserat in vita sua, in illo libro non sunt
contexta, nec erant stylo exarata Latino; quæ dum vir
prudens et egregius Herveus, venerabilis Eliensis ecclesiæ
episcopus, relatu digna comperibat, rogatu quorundam fra-

trum mihi injunxit, ut ea de Anglico idiomate in Latinum
sermonem transferrem. Cujus præcepto nullatenus con-
traire ansus parui, et injunctum opus suscepi, ac pro facultate mea ad unguem perducere curavi. Ubi, siquid positum est quod Deo acceptum sit, non tumori arrogantiæ
deputetur, sed obedientiæ bono commendetur.

*Proemium libri secundi in Historia Eliensis insulæ, et quo-
modo ecclesia est restaurata vel a quibus ditata.*

In præcedente monstratum est opere, qualiter in Ely S.
Etheldreda et post illius sequaces fabricaverunt, sive illic
Deo complacentes vixerunt, vel a quibus locus ille fuerat
desolandus liquide apparet. Tandem importune compel-
lentibus[1] me quibusdam ex nostris, ne ab incepto vacarem,
sed gesta nostræ insulæ ut spoponderam exsequerer. Et
cum in tanto negotio licet minus sufficiens inveniar, viribus ac sensibus[2] pusillus, tamen advocatricis meæ Etheldredæ confidens solatio, excusso aliquando torpore, sic ad
rogata exequenda[3] festino; et in unum congesto volumine
applicare sive majora seu minora, ut res expostulat, præsertim qui locum restauraverunt, et illorum testamenta,
quæ[4] vix et maximo cum labore exquisivi, et ea de vul-
gari[5] in Latinum commutavi, sed singula in diversis sparsa
locis demum collegi. Quæ cum multorum testimonio in-
certa minime cognoscantur etiam nobis, compendia aliis
porrigimus: nam dulcis sæpe et grata cognitio est, etiam
nota relegere, ac gestit animus in aurem replicari. Et
cum gentilium figmenta vel stoicorum deliramenta summo
studio videamus composita et[6] publice celebrata; operæ
pretium est sanctorum facta memorari, quorum merito
sanctitas refulsit; ex quorum collegio, Domini confessor
Ethelwoldus doctrina extitit et sanctitate; qui ecclesiam
nostram a Danis destructam restauravit, magna illis et
digne memoranda gessit; quæ non plene in libro vitæ

---

[1] copellentibus; *E.*
[2] sensu; *E.*
[3] exequendum; *E.* -
[4] quo; *E.*
[5] vulgo; *E.*
[6] et in; *E.*

illius exarata sunt; quæ dum vir egregius et prudens Ervaus[1] primus Eliensis episcopus ut relatu digna compererat, de Anglico in Latinum transferri fecit: sicque opere expleto, librum de terris S. Ethelwoldi nominavit: constat autem iste liber de tempore monachorum, prospera eorum sive adversa plene denuntians.

A. D.
970—1108.

Explicit proemium sequentis operis. Incipiunt Capitula.[2]

CAP. I. *Quomodo ecclesia de Ely per sanctum Ædelwoldum restaurata fuit rege præcipiente Ædgaro.[3]*

CAP. II.[4] *Quomodo rex Ædgarus quibusdam petentibus eundem locum dare denegavit.*

CAP. III. *Quod episcopus Ædelwoldus jussu regis Ædgari clericos de ecclesia de Ely expulit et monachos ibi[5] introduxit[6] et quem primum abbatem illic fecit, et quæ ornamenta dedit.*

CAP. IV.[7] *Quomodo beatus Ædelwoldus totam insulam de Ely emit a rege Ædgaro.*

CAP. V. *Privilegium regis Ædgari de libertate loci et de saca* VII. *hundredorum et dimidii duorum videlicet infra insulam et* V. *et dimidii in provintia Orientalium Anglorum adjiciens Meldeburne, Erningeford, et Norwolde, sed et quartum nummum rei publicæ de Cantebrigescire fratribus de Ely reddendum jure perpetuo censuit.*

CAP. VI. *De industria abbatis Brithnodi.*

CAP. VII. *Quomodo rex Ædgarus dedit sanctæ Ætheldrethæ Hetfeld.[8]*

CAP. VIII.[9] *Quomodo beatus Æthelwoldus emit Lindune et Hille, et Wicham, et Wilbertune.*

CAP. IX. *Privilegium regis Æthgari de eodem.*

---

[1] Ereveus; *E.*

[2] Explicit....capitula, desunt; *E.*

[3] rege præcipiente Ædgaro, desunt; *G.*

[4] Quod rex Ædgarus locum de Ely duobus episcopis denegavit; *G.*

[5] deest, *G.*

[6] introduxit, Brithnothum ejus abbatem fecit et quæ, &c.; *G.*

[7] Quomodo episcopus Ædelwoldus emit ex integro insulam, &c.; *G.*

[8] Quod rex,&c....Hethfeld; *G.*

[9] Quomodo episcopus emit Lindune cum apenditiis ejus, Helle, Wicham, et Wilbertune, et Privilegium regis Ædgari super eandem villam; *G.*

Cap. x.[1] *Quomodo beatus Ædelwoldus emit* viii. *hydas in Stretham.*

Cap. xi.[2] *De Dunham. De eodem.*

Cap. xii.[3] *De Wicceford.*

Cap. xiii.[4] *De Walde.*

Cap. xiv.[5] *De Wiccham.*

Cap. xv. *De Helle et de Hedenham.*

Cap. xvi. *De Suttune.*

Cap. xvii. *De Wilbertune.*

Cap. xviii. *De Staneie.*

Cap. xix. *De Grantebruge*[6] *et de Dullingeham.*

Cap. xx. *De Grantebruge.*

Cap. xxi. *De Dudingtune*[7] *et Wimblintune.*[7]

Cap. xxii.[8] *De Dudingtune et Weremere.*

Cap. xxiii. *Item de Wimblintune*[9] *et quantum ex mercato infra paludes habuerunt.*

Cap. xxiv.[10] *De Staneie.*

Cap. xxv. *De Bluntesham.*

Cap. xxvi. *De Thoft.*[11]

Cap. xxvii. *De Hauechestune et de Neutune.*

Cap. xxviii. *Privilegium Ædredi regis super manerium de Stapelforda.*

Cap. xxix. *De Henulvesberi.*[12]

Cap. xxx. *De Wambeford.*

Cap. xxxi. *De Fordham et Midelton.*[13]

Cap. xxxii. *De Horningeseie.*[14]

Cap. xxxiii.[15] *Item de Horningeseie.*

Cap. xxxiv. *De Suafham et Berle.*

Cap. xxxv. *De Brandune*[16] *et Livermere.*

Cap. xxxvi.[17] *Item de Brandune et de Livermere.*

[1] De Straham; *G.*
[2] De Dunham; *G.*
[3] De Wichforda; *G.*
[4] De Wolde; *G.*
[5] De Wicheham; *G.*
[6] Grantebrigia; *G.*
[7] Dudintune. Wimblimgetune; *G.*
[8] Item de Dudingtune, &c.; *G.*
[9] Wimblinggetune; *G.*
[10] deest, *G.*
[11] Toftes; *G.*
[12] Œnulfesberi; *G.*
[13] Mideltune; *G.*
[14] Horningeseiea; *G.*
[15] deest, *G.*
[16] Bramdune; *G.*
[17] deest, *G.*

H

Cap. xxxvii. *De Sutdburne.*

Cap. xxxviii. *De Wdebrege.*

Cap. xxxix.[1] *De Stoche unde et privilegium regis.*

Cap. xl. *De Dirham.*

Cap. xli.[2] *De Sudburn et Wdebrige, et Stoche, et* vi. *hundretis.*

Cap. xlii.[3] *De Nordwolde.*

Cap. xliii. *De Pulham.*

Cap. xliv. *De Wetinge.*

Cap. xlv.[4] *De Horningeseie.*

Cap. xlvi. *De Grantedene.*[5]

Cap. xlvii. *De Massewrde.*[6]

Cap. xlviii. *De Cillinge.*[7]

Cap. xlix.[8] *De Horningeseie, de Ceangueswrde, de Earningeford.*

Cap. l. *Quæ ornamenta rex Ædgarus*[9] *ecclesiæ de Ely contulit.*

Cap. li. *Quod sancta*[10] *crux Christi loquelas edidit in protectione monachorum.*

Cap. lii. *Quo tempore ecclesia dedicata fuit vel a quibus.*

Cap. liii. *Quod abbas Brithnodus trastulit corpus almæ virginis Withburgæ ad Hely.*

Cap. liv. *Quibus metis insula cingitur et quanta auctoritate munitur.*

Cap. lv. *De his qui bona ecclesiæ de Ely*[11] *fecerunt et qui mala.*

Cap. lvi. *Qualiter martirizatus est primus abbas noster Brithnodus.*

Cap. lvii. *Post obitum primi abbatis quis ei substituitur.*

Cap. lviii. *Privilegium regis Ætheldredi super villam de Lithleberi.*[12]

Cap. lix. *De Thacstede.*

---

[1] De Stoche et privilegium Ædgari regis super illud ; *G.*

[2] deeat, *G.*

[3] deest, *G.*

[4] deest, *G.*

[5] Grantendene ; *G.*

[6] Messewrde ; *G.*

[7] Gillinge ; *G.*

[8] deest, *G.*

[9] Ædgarus dedit Eliensi ecclesiæ ; *G.*

[10] deest, *G.*

[11] " de Ely" desunt ; *G.*

[12] Litleberi ; *G.*

CAP. LX. *De Cyngestune,[1] Rodinges, Undeleia, Withleseia, et Cotenham,[2] et de terra Lundoniæ qui dicitur Abboteshai.*

CAP. LXI. *De Bregeham, Hengeham, Wetinge, Rathlesdene, et Mundeford, et etiam[3] de piscationibus circa Theodford.*

CAP. LXII. *De venerabili duce Brithnodo, qui dedit sanctæ Ætheldrethæ Spaldewich et Trumpintune, Ratendune, et Hesberi, Seham, Fuelburne, Theveresham, Impentune, Pampeswrde, Crochestune, et Fineberge, Tripelaue, Hordewith,[4] et Sumeresham, cum appenditiis ejus.*

CAP. LXIII. *De domina Ædelfletha uxore prædicti ducis quæ dedit nobis villam de Ratenthune, et de Saham, et de Dittune, et de Chefle.*

CAP. LXIV. *De Haddam et de Cheleslelle.[5]*

CAP. LXV. *De sanctæ memoriæ Ædelstano episcopo qui dedit nobis Drengestuntie.[6]*

CAP. LXVI. *De Wivelingeham.*

CAP. LXVII. *De Steuechesworthe, et Merch, et Chertelinge, et Dullingeham, et de una virgata in Suafham.*

CAP. LXVIII. *De Ceddeberi.*

CAP. LXIX.[7] *De villa de Hoo.*

CAP. LXX.[8] *De Hecham.*

CAP. LXXI. *De Ædnodo pontifice.*

CAP. LXXII. *De Æffgaro confessore Domini.*

CAP. LXXIII. *Quis dededit villam de Wratinge.*

CAP. LXXIV. *Quod istæ possessiones traditæ sunt ecclesiæ de Ely[9] cum Lesino futuro[9] abbate, scilicet Glemesford, Herdherst, Berchinges, Feltewelle, Selford,[10] et Sneillewelle.[11]*

CAP. LXXV. *Cum Ælfwino episcopo hæ possessiones in ecclesia datæ sunt, Walepol, Wissebeche, quæ est quarta pars centuriatus insulæ, et Debenham, Brihtewelle, et Oddebrigge.[12]*

[1] Chingcstune; *G.*
[2] Cotheham; *G.*
[3] deest, *G.*   [4] Herdwich.
[5] Cheleshelle; *G.*
[6] Dregestune; *G.*

[7] deest, *G.*   [8] deest, *G*
[9] "de Ely," "futuro," desunt; *G.*   [10] deest, *G.*
[11] Seneillewelle; *G.*
[12] Osebrege et Brandune; *G.*

Cap. LXXVI.[1] *Quod Ælsinus abbas intulit in Ely reliquias sanctæ Wendrethæ virginis, et quod obtinuit precio a rege Æthelretho Cadenho et Stretle, et duo Lintunum.*

Cap. LXXVII.[2] *Inde munimentum regis ejusdem.*

Cap. LXXVIII. *Quod ecclesia de Ely locum administrandi in curia regis ex consuetudine optinet.*

Cap. LXXIX. *Quomodo reliquiæ almæ virginis Wenthrethæ ex hoc loco sublatæ sunt, et quod regina Imma sicut[3] sub rege Æthelretho hanc ecclesiam honoribus provexit ita sub rege Canuto, secundo sponso ejus decore vestium adornavit.*

Cap. LXXX. *De transitu Ælsini abbatis cui Leofwinus successit et ei Leofricus ambo succedente[4] tempore[4] consecrati ab Ælfwino Elmamhensi[5] episcopo.*

Cap. LXXXI. *De Æstre, Fanbrege, et Thirlinges.*

Cap. LXXXII. *Privilegium Canuti regis de mutatione[6] Chefle et Dittune.*

Cap. LXXXIII. *De Berehinges.[7]*

Cap. LXXXIV. *A quo benedicitur abbas[8] Lefsinus Elyensis et quæ bona illic gessit et quod ex nutu regis Canuti, annua firma ecclesiæ constituitur.*

Cap. LXXXV. *Qua difficultate ad suam festivitatem rex Canutus in Ely pervenit, et de longe audiens monachos cantilenam composuit.*

Cap. LXXXVI. *Quod Ælfwinus[9] episcopus monachos primum apud Betricheworthe locavit et post relicto episcopatu ad nos rediens, hic suam sepulturam elegit.*

Cap. LXXXVII. *Quomodo vel quando et a quo[10] corpus Wlstani confessoris Domini translatum est.*

Cap. LXXXVIII. *De Belesham et Wetherengesete et Steueschesworthe.*

---

[1] deest, *G.*
[2] deest, *G.*
[3] "sicut prius ;" *G.*
[4] desunt ; *G.*
[5] deest, *G.*
[6] mutatione villarum, &c.; *E. G.*

Berechinges ; *G.*
[8] abbas Leofsinus et quæ bona fecit huic ecclesiæ et quod, &c.; *G.*
[9] Ælwinus ; *G.*
[10] vel .... quo; desunt ; *G.*

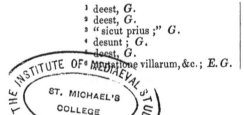

Cap. lxxxix. *De Dittune[1] et Burch, et de Cnopewelle et cæteris quæ[2] scripto illo nominantur.*

Cap. xc. *Quam nefarie perditus sit Ælfredus[3] clito frater gloriosi regis Ædwardi.*

Cap. xci. *Qualiter Ædwardus factus est rex et quam pie rex rependere studuit bona sibi in infantia ab ecclesia collata.*

Cap. xcii. *Carta ipsius super omnibus quæ possidet ecclesia.*

Cap. xciii. *Privilegium Victoris papæ de libertate loci et omnium quæ illic adjacent.*

Cap. xciv. *Quomodo Wlfricus factus est abbas.*

Cap. xcv. *Stabilitas loci a rege roborata.*

Cap. xcvi. *Quod ecclesia de Ely villam de Estre cuidam ad temppus tenere concessit.*

Cap. xcvii. *Quomodo abbas Wlfridus[4] quasdam ecclesiæ possessiones nesciente conventu fratri suo concessit, et de ipsius obitu.*

Cap. xcviii. *Quomodo abbaciam de Ely Stigandus archiepiscopus tenuit, et quanta illic ornamenta tribuit.*

Cap. xcix. *De Osmundo episcopo.*

Cap. c. *De obitu regis Ædwardi, et quod Haroldus post eum[5] suscepit regnum qui Thurstanum in Ely abbatem constituit.*

Cap. ci. *Quod rex Haraldus post annum interemtus est a duce Normannorum Willelmo, qui jus regni bello optinuit.*

Cap. cii. *Quod timore regis novi nobiles patriæ ad Ely confugerunt, et diu loci firmitate muniti, contra illum rebellavere, unde rex gravi indignacione commotus, cuncta ecclesiæ bona diripere jussit.*

Cap. ciii. *Quod Stigandus archiepiscopus[6] fugiens a facie regis in Ely devenit, et quo modo sancti Albani reliquiæ illuc sunt delatæ.*

---

[1] De Dittune silvestre; *G.*

[2] quæ in; *G.*

[3] Ælwredus; *G.*

[4] Wlwricus, *G.*

[5] eum regnavit. Cætera desunt; *G.*

[6] deest, *G.*

CAP. CIV. *Quod rex Willelmus totam Angliam describi fecit, Anglis tributum importabile posuit, et de famis enormitate qualis non fuit ab inicio, et quod gens regis fraude Herewardi in flumine sit necata.*

CAP. CV. *Quanto præconio miles ab Herewardo[1] dimissus magnificenciam loci extulerit ante conspectum regis.*

CAP. CVI. *Quomodo Herewardus figulum se fingens malum sibi parari advertit.*

CAP. CVII. *Quomodo Herewardus caúte superveniens machinas regis subvertit atque combussit, et de plurimorum conjuracione adversus dominum suum regem.*

CAP. CVIII. *Quam violenter locus de Enulfesberi abstractus sit Elyensy ecclesiæ.*

CAP. CIX. *Quod monachi Elyenses clemenciam regis adierunt et de atrocitate itineris exercitus et equorum ejus.*

CAP. CX. *Quod abscedente Herewardo de insula rex tandem ingressus.[2]*

CAP. CXI. *Quam crudeliter rex suam injuriam vindicavit de inimicis, et quod monachi fœdus cum eo firmum optinent dantes[3] non modicas pecunias ad quod persolvendum aufertur de ecclesia omne præcipuum in aurum et argento.*

CAP. CXII. *De transitu abbatis Thurstani.*

CAP. CXIII. *Quomodo rex Theodwinum in[4] Ely[4] constituit abbatem, qui nolens suscipere nisi totum illic restituisset ablatum, quo[5] ingressus post modicum ex hac luce subtractus est absque benedictione sui officii, locum sua presencia vacuum Godefrido viro illustri atque prudenti reliquit.*

CAP. CXIV.[6] *Post obitum Theodwini abbatis quæ inventa sunt de thesauro ecclesiæ.*

CAP. CXV.[7] *De obitu abbatis Theodwini et quod Godefridum procuratorem pro se dereliquit.*

---

[1] Ærewardo; *G.*
[2] ingressus est; *G.*
[3] dantes illi; *G.*
[4] desunt; *G.*

[5] et; *G.*
[6] deest, *G.*
[7] deest, *G.*

CAP. CXVI. *Sub quibus principibus res ecclesiæ juratæ sunt.*[1]

CAP. CXVII.[2] *Carta regis de libertate loci ac dignitate.*

CAP. CXVIII. *Quod rex Willelmus Godefridum ad Malmes-beriam de Ely transtulerit, illicque Simeonem*[3] *pro eo instituit, qui contra morem et loci dignitatem et ipsius regis præceptum, nescientibus ecclesiæ filiis, benedictio-nem percepit ab episcopo Lincolniensi.*

CAP. CXIX. *Quomodo post mortem comes Willelmus Warennie sit dampnatus in*[4] *anima.*[4]

CAP. CXX. *Carta regis de restituendis ecclesiæ possessionibus ab invasoribus suis.*

CAP. CXXI. *Item aliud præceptum de eodem.*

CAP. CXXII. *Alia carta regis de restituendis ecclesiæ posses-sionibus.*

CAP. CXXIII. *Carta regis de quinque hundredis in Suthfolc.*

CAP. CXXIV. *Prohibitum regis ne episcopus Lincolliensis aut secularis justitia consuetudines inter insulam re-quirat.*

CAP. CXXV. *Quod rex Willelmus præcepit abbatem de Ely ab archiepiscopo benedici usu veteri ecclesiæ, et quod possessiones loci minores et majores describi jussit.*

CAP. CXXVI. *Præceptum regis quod consuetudines pristinæ de libertate ecclesiæ illibatæ serventur.*

CAP. CXXVII. *Quod rex subtiliter investigare studuit quanta locus firmitate subnititur.*

CAP. CXXVIII. *De quodam fratre qui mentem excesserat, sed meritis sanctæ Ædeldrethæ sanato.*[5]

CAP. CXXIX. *Carta regis de Estona.*

CAP. CXXX. *De duobus mutis.*

CAP. CXXXI. *De Picoto vicecomite qui multa incommoda huic gessit ecclesiæ.*

CAP. CXXXII. *De Gervasio qui hominibus sanctæ Ædeldrethæ*[6] *valde*[6] *infestabat et cruciabat.*

CAP. CXXXIII. *Quod Dominus Deus precibus sanctæ virginis*

---

[1] fuerant; G.
[2] deest, G.
[3] Simeonem Priorem Wintoniæ instituit, &c.; G.

[4] desunt; G.
[5] sanctæ virginis sanato; G.
[6] desunt; G.

Ædeldrethæ placatus, indignacionem suam et iram de hoc loco advertit.[1]

CAP. CXXXIV. *Quod rex Willelmus iterum*[2] *ecclesiam vexavit, et de obitu ipsius, ubi sepultus jacet.*

CAP. CXXXV. *Quod deficiente viribus Symeone abbate veredarius ejus quidam invasit terram de Wicham et nonnulli alias ecclesiæ possessiones.*

CAP. CXXXVI. *Quod Rannulfus quidem*[3] *jussu regis annonam monachis sed brevem constituit.*

CAP. CXXXVII. *Quomodo abbas Symeon exuit hominem.*

CAP. CXXXVIII. *Quæ damna monachi extranei intulerunt Elyensi ecclesiæ.*

CAP. CXXXIX. *Qualia Rannulfus invenit in thesauris sanctæ Ædeldrethæ.*

CAP. CXL. *Quomodo abbatia donatur Ricardo monacho Beccensi.*

CAP. CXLI. *Quod abbas Ricardus ab episcopo Lincolniensi benedictionem accipere rennuit, et abbatiam studuit in episcopatum mutare.*

CAP. CXLII. *Quomodo rex Henricus æmulorum instinctu Ricardum de abbatia expulit et ipse Romam perrexit.*

CAP. CXLIII. *Quod Ricardus veniens de Roma in locum suum restituitur et novum opus ecclesiæ a suo prædecessore inceptum ædificavit.*

CAP. CXLIV. *De secunda translatione corporis sacræ virginis quam idem abbas fecit.*

CAP. CXLV. *Quomodo alias sanctas invenit et qualiter transtulerit.*

CAP. CXLVI. *Quod ante sollemnitatem hujus translacionis propter opus dilatandum sanctarum sepulcra Sexburgæ atque Ermenildæ de loco pristino ubi eas collocaverat beatus Ædelwoldus removit, similiter almæ Withburgæ tumbam dimovens, sed casu ministri imprudentes fregerunt.*

CAP. CXLVII. *Quomodo abbas novum mausoleum paravit sed*

---

[1] antevertit ; *G.*
[2] iterum graviter ; *G.*

[3] Radulfus quidam ; *G.*

minus aut plus quantitate. formæ corporis Withburgæ
habuit, et quod palam sacrum corpus illius ostendit, et
in sepulcro veteris divinitus sanato recondidit.

CAP. CXLVIII. *Quo anno ista translacio facta est, et quanto*
affectu abbas Ricardus almam virginem Withburgam
venerari satagit.

CAP. CXLIX. *Quod idem abbas Haddam diratiocinavit.*

CAP. CL. *Quomodo Ricardus abbas moriens vidit beatam*
Withburgam sibi assistere.

1. *Quomodo ecclesia de Ely per sanctum Edewoldum restau-*
rata fuerit rege præcipiente Edgaro.

NUNC quoque restat scribendum de reparatione Elyensis ecclesiæ, quæ primam meruit monasticæ disciplinæ habere magistram sanctam et venerabilem, ut diximus, virginem Etheldredam; cujus frequens eversio, paganis olim irruentibus, locum sine cultu occisis effecit cultoribus; cujus loci desolatio, antiquæ religionis præferens exterminium, de cœlesti libertate in humanam servitutem transierat: et usque ad tempora gloriosi regis Edgari regio fisco serviebat. Cujus etiam tempore B. Ædelwoldus, egregius pontifex, vir eximiæ virtutis magnæque sanctitatis, ut lucerna ardens et lucens in populo Dei, fulgebat. Qui cum omnium ornamentis virtutum bonorumque exemplis operum præditus esset, ac ecclesiam Dei regendam suscepisset, non solum rector strenuus, verum etiam cœnobiorum plurimorum fundator nobilis extitit: alia siquidem a fundamento cœpit, et ad unguem usque perduxit; alia vero, quæ destructa sive destituta erant, diligenter restaurando renovavit, familiamque summi Patrisfamilias sub norma sanctæ conversationis in omnibus locavit. Inter quæ Elyense cœnobium renovavit, quod non ut cœnobium sed ut publicum monasterium sine cultu et reverentia omni transeunti patebat. Facultates terrarumque possessiones, ac ea, quibus opus habebant, eis

[margin: Ethelwold begins to rebuild the monastery at Ely.]

[margin: A.D. 959—75.]

affluentissime administravit. Sed pagani sæva invasione
olim irruentes, eundem locum igni cremandum dederant,
et sanctimonialium caterva quamplurium ibi crudeliter
necata, omnibusque bonis undeunde sublatis, locum cum
reliquiis quasi quoddam exterminium relinquentes, abi-
erunt: sicque postea per destitutionem regiæ sorti sive
fisco idem locus additus erat.

2.   *Quomodo rex Ædgarus quibusdam petentibus eundem
locum dare denegavit.*

King Edgar
refuses to
give up the
site of the
old monas-
tery.

Eo autem tempore quo B. Ædelwoldus, ut diximus,
floruit, duo de magnatibus regis, videlicet Sygedwoldus[1]
episcopus, natione Græcus, et Thurstanus genere Dacus,[2]
visa loci habitudine, magis eum cupiditate quam devotione,
a rege petiverunt: cumque pari ambitione decertarent, ne
alter de alterius contemptu insultaret vel obtentu invideret,
lis et altercatio permaxima orta est inter eos, quis illorum
voti compos efficeretur.   Illis igitur altercantibus, medium
se interjecit quidam qui erat regi a secretis, nomine Wlstanus de Delham, vir prudens, consilio pollens, opibusque
potens, cœlitus inspiratus.   Et hic divino magis instigatus
nutu quam humano ductus affectu, ne alteri eorum cederet
avaræ petitionis effectus, regem hac oratione convenit:—
" Domine rex, cum tuæ saluti, honori, atque regno cuncti
providere debemus, nemo nostrum consulit istorum petitioni esse acquiescendum.   Locus enim sanctus et celebris
est, talibusque indignus possessoribus; cujus antiquam
dignitatem, ne ignoranter peccare cogaris, paucis tibi, si
jusseris, expedire non differam:" exposuitque regi per
ordinem loci dignitatem, et reliquiarum sanctitatem, et
quæcunque alia, vel per Bedam descripta vel per famam
divulgata, regem eatenus latuerant.   Quod ut rex audivit,
fervore divino accensus est, et supradictis viris dare quod

---

[1] The name does not occur elsewhere.

[2] Danus ; *E.*

petierant non solum denegabat, verum etiam eundem locum se magnificaturum dicebat.

3. *Quod episcopus Edelwoldus, jussu regis Eadgari, cleri-cos de ecclesia de Ely expulit, et monachos ibi introduxit, et quem primum abbatem illic fecit, et quæ ornamenta dedit.*[1]

Succisa igitur presumptuosis impetrandi fiducia, illico gloriosus rex Edgarus accito B. Edelwoldo, de reparando Elyensi cœnobio cum eo contulit; dicens sibi voluntatem inesse de conveniendis ibidem fratribus, quorum obsequio summus dominus et sanctæ reliquiæ digna veneratione colerentur: pollicensque se idem cœnobium terris ac donis, et æternæ libertatis privilegio ditaturum; petiit ut ille vir Dei tanti propositi cooperator existeret, et de constituendis ibi monachis suam secum operam conferret. Intellexit itaque vir Dei quod Spiritus Sanctus operabatur in rege: gratiasque agens Deo, "in cujus manu corda sunt regum," opus bonum maturare non distulit sed prædictum cœno-bium diligenter renovavit: clericis expulsis qui ibidem diutius indigne vivebant, et ut liber præcedens demonstrat

Bishop Ethelwold introduces monks, and appoints the first Abbot of Ely.
A. D. 970.

Prov. xxi. 1.

---

[1] *Quomodo Ædelwoldus in Elyensi monasterio monachus inthroniza-vit.*

Et factum est, postquam illi, qui dixerunt, "Hæreditate possideamus sanctuarium Dei," confusi et frau-dati sunt a desiderio suo, gloriosus rex Ædgarus accito B. Ædelwoldo, consilium iniit cum eo, et ostensa illi voluntate sua, cœpit rogare beatum virum, ut monachos, qui Deo servirent, in prædicto loco adunare curaret; dicens se nolle ut tantæ reliquiæ sine cultore, et absque digna veneratione, diutius haberentur. Pollicitus est etiam se idem cœnobium terris ac donis locupletaturum, et æternæ liberta-tis privilegio confirmaturum. In-tellexit protinus vir Dei quod Spi-ritus Sanctus operabatur in rege.

Gratias egit Deo, "in cujus manu corda sunt regum," (Prov. xxi. 1.) opusque bonum maturare non dis-tulit, quod ut ageret rex ei injun-xerat; memor Scripturæ dicentis: "Dum tempus habemus, operemur bonum ad omnes:" et in alio loco, "Semper nocuit differre parata." (Gal. vi. 10) Quid moror? Beatus igitur Ædelwoldus, ut erat operibus sanctis semper insistens, prædictum cœnobium ex præcepto regis, ut diximus, diligenter renovavit, mo-nasterialibus ædificiis situm loci insigniter decoravit, monachos ibi inthronizavit, et religiosum virum nomine Brithnothum eis abbatem ordinavit, regiæque auctoritatis pri-vilegio confirmatum, Deo ac S. Ædeldrydæ totum commendavit; *L. E.*

dominati sunt, monachos cum multimodo snorum plausu
intronizavit, virumque religiosum nomine Brithnodum,
suum præpositum, eis abbatem ordinavit, situmque loci
insigniter monasterialibus decoravit ædificiis. Sicque monachorum caterva, Deo ordinante, qui omni loco et tempore suam providet congruentiam, et cui vult gratiam
præstat et misericordiam, cum multo honore et reverentia
in Ely est advecta, anno incarnationis dominicæ nongentesimo septuagesimo; ex quo autem virgo Etheldreda
illic fabricas incepit, ducentesimo nonagesimo septimo; a
devastatione vero monasterii centesimo juxta cronicum
legitur anno. Clericos quidem monachilem suscipere habitum consentientes, in monachicum suscepit habitum;
renuentes, de monasterio expulit, quod et aliis ecclesiis
memoratur complicibus fecisse. Multas quoque terras
tam per se emptas a rege quam ab ipso rege gratis datas,
cum donis et ornamentis variis atque regiæ auctoritatis
privilegio confirmatas, Deo et sanctæ Ædeldredæ totum
commendavit. Aliasque terras quamplurimas ab aliis
emens ecclesiæ adjecit, quæ proprio alibi continentur
volumine:[1] singula tamen breviter dignum duximus hic
admittendum. Contulit etiam beatus pontifex ad gloriam

Bishop
Ethelwold's
gifts to the
church.

divini officii exercendam nonnulla ornamenta; ex quibus
aliqua post tantorum annorum curricula diligenter in ecclesia servata hucusque habentur. Cappæ videlicet plures,
sed una insignis operis, festis præcipuis condigna officio
præcentoris, aurifrisio in gyrum optimo ut decet talem
amictum præciosæ purpuræ circumtecta. Dedit autem in
argento et auro multa præciosa et magna; sed temporum
vicissitudine infortunii ab ecclesia distracta penitus con-
sumuntur. Porro fuerat exornatum etiam sacrum altare
palliis regalibus atque vasis, auro et preciosis lapidibus
decoratum.

In mundo[2] vere tunc aurea secla fuere;
Tunc ver æternum decus enituitque supernum.

---

[1] Scil. in Libello insignium
operum B. Ædelwoldi.

[2] In mundo . . . . patronus, desunt; *E. G.*

Tunc et spinetum fuerat ceu suave rosetum.
Lactea currebant tunc flumina, mella fluebant.
Tunc et sponte dabat tellus, quod quisque rogabat.
Pura fides, pax, verus amor tunc emicuere.
Fraus, tumor, et livor, perjuria tunc latuere.
Tunc et libertas sedes habuit sibi certas.
Tunc et in ecclesia fulserunt Martha, Maria.
Tunc erat ordo bonus cum floruit iste patronus.

4. *Quomodo B. Ædelwoldus totam insulam de Ely emit a rege Ædgaro.*

HAUD multo post hæc, præfatus pontifex, B. Ædelwoldus, Bishop Ethelwold makes extensive purchases of land from King Edgar. cum reverentia sæpe nominandus, repletus Spiritu Sancto, prævidens et præcavens in futurum dolosa mala quæ per vicissitudines rerum et mutationes[1] regnorum pullulare et oriri solent in terra, iterum accessit ad regem Ædgarum, et facta cum eo conventione, de integro emit ab eo totam adjacentem regionem prædictæ insulæ, scilicet xx. hydas terræ quas rex infra insulam habuit, sed et dignitatem et socam vii. hundretorum et dimidii, duorum[2] videlicet infra insulam ; quinque vero et dimidii in provincia orientalium Anglorum, et v. hydas apud Meldeburne ; et iii. hydas cum dimidia apud Ærningeforde, et xii. hydas apud North-wolde, datis mutuo regi lx. hydis, quas ipse de dono domini sui Æthelstani regis apud Herlingeham[3] habuerat, datoque insuper centum librarum pretio cum aurea cruce, mirifico opere polita, reliquiisque referta, quam[4] gloriosus rex in munimentum donorum snorum et loci libertatem cum Texto mirifice super altare S. Ætheldredæ in Hely postea veniens gratanter obtulit. Has igitur terras a rege emptas, cum omnibus regiis consuetudinibus, et cum privilegio æternæ libertatis corroboratas, B. Ædelwoldus Deo et Sanctæ Ætheldrethæ obtulit, sicut subsequens regis privilegium declarabit ; quod idcirco hic ponendum vide-

---

[1] permutationes; *E. G.*
[2] duorum . . . . Anglorum; *E.G.*
[3] Eartingan ; *G.*
[4] quam . . . . obtulit ; *E. G.*

tur, ut cunctis liqueat quanta firmitate domus Dei fundamento suo innitatur.[1]

> Institor[2] O dives, felix per secula vives.
> Cœlica sumpsisti, dum tu terrena dedisti.
> Ecce tenes cœlum quo nostrum dirige velum
> Concives tecum quo conregnemus in ævum.

5. *Privilegium regis Ædgari de libertate loci, et de soca* VII *hundredorum et dimidii, duorum videlicet infra insulam, et quinque et dimidii in provincia Orientalium Anglorum, adjiciens Mildeburne Ærnengeford et Norwolde, sed et quartum nummum rei puplicæ de Cantebrichesyre fratribus de Ely reddendum jure perpetuo censuit.*

King Edgar's charter.

OMNIPOTENTIS Dei cunctorum sceptra regentis moderamine regum, immo totius seculi creaturæque cunctæ indissolubili regimine æque gubernantis habenas, ipsius nutu et gratia suffultus, ego Edgarus basileus dilectæ insulæ Albionis, subditis nobis sceptris Scotorum, Cumbrorumque ac Britonum, et omnium circumcirca regionum, quieta pace perfruens, studiosus sollicite de laudibus Creatoris omnium occupor addendis; ne nostra inertia nostrisque diebus, plus æquo servitus ejus tepescere videatur, sed greges monachorum et sanctimonialium, hac nostra tempestate, ipso opitulante, qui se nobiscum usque in finem sæculi manere promittere dignatus est, ubique in regno nostro desertis monasteriis, antiquitus Dei famulatu deficiente, nunc reviviscente, assurgere cupimus, sub S. Benedicti abbatis regula viventes, quatenus illorum precatu, et vigente religione sancta, servitus Dei, nos ipsum rectorem placatum habere queamus. Unde frequentes monitus Ædelwoldi venerabilis episcopi, corde tenus pertractans, cupio honorare hoc privilegio rebusque copiosis monasterium, quod in regione Ely situm dinoscitur antiquitus, ac[3] S. Petri apostolorum principis honore dedicatum, decoratumque reliquiis et miraculis almæ virginis Ætheldredæ, cujus vita venerabilis nobis modernis historia

---

[1] sicut . . . . innitatur; *E. G.* | [2] Institor . . . . ævum desunt; *E. G.*   [3] deest, *E.*

Anglorum promitur, quæ etiam incorruptibili corpore, hactenus condita marmoreo mausoleo albo perdurat.

Locus denique prædictus, deficiente servitio Dei, nostra ætate regali fisco subditus[1] erat, sed a secretis noster Æthelwoldus, Deique amator, diocesi[2] Wintoniensis civitatis fungens, datis nobis sexaginta cassatis in villa, quæ ab accolis Heartingas[3] nuncupatur, mutuavit locum prædictum cum appendiciis ejus, augmentavique mutuationi tres villas, quæ his nominibus vocitantur, Meldeburna, Earmingaford,[4] Northwolde,[5] et ipse illico monachos meo consilio et auxilio Dei, fideliter regulari norma servientes perplures inibi collocavit,[6] quibusque Brihtnodum quendam, sapientem, ac bene morigeratum virum, præpositi jure præfecit, cui effectui admodum ego congaudens, lætabundus pro amore Christi et S. Petri, quem sub Deo patronum mihi elegi, et sanctæ virginis Ætheldrethæ, Deo dilectæ, et ejus prosapiæ sanctæ illic quiescentis, et pro animabus patrum meorum regum antiquorum, augmentare largiter mutuationem illam his donis, testibus meis consiliariis volo.

Hoc est decem millia anguillarum, quæ omni anno in villa quæ et Willan[7] dicitur, pro expenditione redduntur, fratribus ad victualia, modo et deinceps concedo, et inter paludes causas seculares duorum centuriatuum et extra paludes quinque centuriatuum in Wichlauan[8] in provincia Orientalium Saxonum benigne ad fratrum necessaria sanciendo largior: quinetiam omnes causas, seu correptiones transgressionum justæ legis in sermonibus secularibus omnium terrarum sive villarum ad monasterium prædictum rite pertinentium, et quas in futurum ævum Dei providentia loco præfato largitura est, sive emptione, seu donatione, aut aliqua justa adquisitione, stent causæ sæculares emendandæ, tamen[9] clementi[10] examine, fratrum loco manentium victui vel vestitui necessaria ministrantes.

---

[1] deditus; *E.*   [2] diocesis; *E.*
[3] Hertingas; *E.*
[4] Ærningeford; *E.*
[5] Norwolde; *E.*   [6] quibus; *E.*

[7] quæ Wellen; *E.*
[8] Wichelawe; *E.*
[9] tam; *E.*   [10] clemente; *E.*

Adhuc insuper omnem quartum nummum reipublicæ in provincia Grantaceaster[1] fratribus reddendum jure perpetuo censeo. Et sit hoc privilegium liberum, quasi munus nostrum Deo, devote oblatum, et sanctis ejus prædictis, ad remedium animarum nostrarum, sicuti præfati sumus, ut nullus regum nec principum, aut ullius ordinis quislibet præpotens in posterum obstinata tyrannide, aliquid horum infringere præsumat, si non vult habere Omnipotentis Dei maledictionem, et sanctorum ejus et meam, et patrum meorum, pro quibus ista omnia libera haberi volumus, æterna libertate in æternum. Amen.

A. D. 970.

Hoc privilegium hujus donationis et libertatis fecimus scribi, anno Incarnationis Domini nostri Jesu Christi nongentesimo, septuagesimo, indictione tertiadecima, anno regni mei æque[2] tertiodecimo, in villa regali, quæ famoso vocabulo a solicolis Wlfamere nominatur; non clam in angulo, sed sub divo palam evidentissime; scientibus totius regni mei primatibus,[3] quorum quædam nomina hîc infra inseri ad testimonium in posterum mandavimus.

Ego Æðʒaꞃuꝛ Rex animo benigno hoc largiendo Deo concessi, et regia sublimitate corroboravi. ✠

Ego Dunꞃᴄan Arch. corroboravi. ✠

Ego Oꞃcyᴄel Arch. corroboravi. ✠

Ego Æþelꝑolð Epis. confirmavi. ✠

Ego Ælꝼꞃᴄan Epis. consignavi. ✠

Ego Oꞃulꝼ Epis. confirmavi. ✠

Ego Uulꝼꞃıc Epis. adquievi. ✠

Ego Wınꞃıʒe Epis. corroboravi. ✠

Ego Ælꝼꝑolð Epis. consolidavi. ✠

Ego Oꞃꝑolð Epis. adquievi. ✠

Ego Býnhᴄelm Epis. confirmavi. ✠

Ego Eaðelm Epis. consignavi. ✠

Ego Ælꞃıc Epis. consolidavi. ✠

---

[1] Grantancester; *E.*

[2] deest, *E.*

[3] Primatibus. Hæc quoque constituta etiam nostra usitata sermocinatione, descrıbi mandavimus: quo possint in auribus vulgi sonare, ne alıqua scrupulositate admisceri videantur, sed regia auctoritate seu potestate nobis a Deo donata omnis contradictio funditus adnulletur. *E.*

Ego Ulfrıʒe Epis. corroboravi. ✠

Ælfðryð Regina.

Ælfnic Abbas. ✠

Ærcpiʒ Abb. ✠

Orʒan Abb. ✠

Ælfrtan Abb. ✠

Æþelʒan Abb. ✠

Cynepeanð Abb. ✠

Ðuncýtel Abb. ✠

Ealðneð Abb. ✠

Onðbnıht Abb. ✠

Sıfenð Abb. ✠

Mantin Abb. ✠

Æþelrtan Dux. ✠

Ælfhene Dux. ✠

Ælfheah Dux. ✠

Onðʒan Dux. ✠

Æþelpıne Dux. ✠

Orlac Dux. ✠

Malcolm Dux. ✠

Bnıthnoð Dux. ✠

Eaðulf Dux. ✠

Bınhfenð Miles. ✠

Eanulf Miles. ✠

Ælfpıne Miles. ✠

Æþelpeanð Miles. ✠

Ælfpıne Miles. ✠

Ulfrtan Miles. ✠

Ælffpeanð Miles. ✠

Ulfʒeat Miles. ✠

Orulf Miles. ✠

Orpeanð Miles. ✠

Leofa Miles. ✠

Býnhtnıc Miles. ✠

Ælfrıʒe Miles. ✠

Ulf Miles. ✠

Orulf Miles. ✠

þeannıc Miles. ✠

þnınʒulf Miles. ✠

Leoffcan Miles. ✠

Orlac Miles. ✠

Fnena Miles. ✠

Sıfenð Miles. ✠

Leofnıc Miles. ✠

Æðnıc Miles. ✠

Ulfnoð Miles. ✠

Ælfrıʒe Miles. ✠

Ulfcýtel Miles. ✠

þnoolð Miles. ✠

Ðunrtan Miles. ✠

Orʒoð Miles. ✠

Lota Miles ✠

Fnıþeʒırt Miles. ✠

Ðunfenð Miles. ✠

Ðunʒoð Miles. ✠

Orfenð Miles. ✠

Orcýtel Miles. ✠

Sıfenð Miles. ✠

Ðuncýtel Miles. ✠

Fonne Miles. ✠

Cunt Miles. ✠

Ðunrtan Miles. ✠

Ðuncýtel Miles. ✠

His igitur testibus et aliis compluribus de omnibus dignitatibus et primatibus regni mei hæc constituta, et peracta noscuntur, quæ etiam nostra usitata sermocinatione describi mandavimus, hac eadem sceda: quo possint

in auribus vulgi sonare, ne aliqua scrupulositate admisceri
videantur, sed regia auctoritate seu potestate nobis a Deo
donata omnis contradictio funditus adnulletur.[1]

6. *De industria abbatis Brithnodi.*

The charac-
ter of Brith-
noth. SERVUS autem Domini Brithnodus abbas, a memorato
rege donatus, a beato Dunstano archiepiscopo atque
Ædelwoldo Wentano præsule Elyensi ecclesiæ consecratus, gregem dominicum discrete ac sollicite sub regulari
moderamine instituit; non parvipendens curam sibi cre-
ditam animarum; plus gerens sollicitudinem de rebus
transitoriis atque caducis. Erat enim eximiæ prudentiæ,
summæque abstinentiæ, et in exequendis negotiis soller-
ter intentus: nunc nova in loco fundamenta jaciens, et
Luke xii. 42. rura non modica adiciens. Porro "dispensator fidelis
quem constituit Dominus super familiam suam, ut det
illis in tempore tritici mensuram," ut in erogando verbo
Dei cum pietatis actibus invigilabat: ita et in dispen-
sandis terrenis secundum institutionem apostolicam desu-
dabat, et viventibus sub se communiter ecclesiæ filiis,
prout cuique opus erat, fideliter distribuit. Sane præ-
sentium occasione curarum, nequaquam illius mentis
oculus caligabat a contemplatione æternorum, sed quo
amplius rebus ecclesia fulciebatur, eo magis inhiabat ad
gaudia patriæ cœlestis, ubi per martirii palmam fœliciter
pervenit: ut in sequentibus comprobatur. Dilexit autem
gloriam ac decorem domus Dei, quam diversis ornamentis
insignire appetebat. Fecit namque beatarum virginum
imagines, easque auro et argento gemmisque pretiosissime
texuit, et juxta altare majus duas a dextris, et duas a
sinistris statuit. Spectaculum populo multum præbebant
in magnitudine gloriæ templi Domini, quæ in deditione

---

[1] From "primatibus," line 20, p.
112, to the end of chap. v., is from
the "Collectio Privilegiorum Eliensis Ecclesiæ," *Gale.* The Ely
MS. ends thus ; " Regni mei
primatibus. Hæc quoque constituta, etiam nostra usitata sermocinatione, describi mandavimus, quo
possint in auribus vulgi sonare,"
&c. &c.

magni Willelmi regis excrustatæ, et quæque meliora et a; d. 1071.
majora ecclesiæ ornamenta ablata, solum nuda ligna hactenus valent intueri.

7. *Quomodo rex Ædgarus dedit S. Ætheldrythæ Hætfeld.*

POSTQUAM B. Æthelwoldus præfatum cœnobium, ut dictum est, renovarat, gloriosus rex Ædgarus, sicut pollicitus
erat, locum venerari ac dilatare cœpit, cupiensque adim-
plere votum suum, XL. hȳdas terræ in pago qui dicitur
Hætfeld, quas vir potens quidam, Ordmærus[1] nomine, et
uxor ejus Æalde, cum morerentur ei dimiserunt, Deo,
sanctæque Ætheldrythæ cum cyrographo obtulit; ut, quia
saltuosa regio erat, ibi materiam ad opus ecclesiæ, satisque
lignorum suos usus ad explendos fratres inde habere
possent.   Hanc igitur terram, quamdiu rex vixerat,
absque calumpnia fratres habuerunt; defuncto autem rege,
perturbatoque statu regni ac rupto fœdere terræ, surrexere
viri potentes, videlicet, Ægelwinus, qui cognominatus est
Alderman, quod intelligitur Princeps sive Comes, et fratres
sui, terramque illam calumpniati[2] sunt: dicentes quod
pater eorum, Æthelstanus alderman, pro patrimonio suo,
quod erat in provincia quæ dicitur Devene, illam terram
cambierat; sed rex Ædgarus per violentiam utraque terra
eum privaverat.   Enarrata ergo ac ostensa sua calumpnia,
calumpniatores prævaluerunt, postpositaque sanctæ ecclesiæ
reverentia, eandem terram invadentes sibi vendicarunt.
Videntes autem fratres se nullatenus illam terram absque
magno detrimento potuisse dehabere, utpote alias non habentes silvam unde suos usus explere possent, requisierunt
prædictum Ægelwinum; et facta cum eo conventione,
sæpe dictam terram, scilicet, Hæthfeld, mercati sunt ab
eo; dantes pro ea duas terras, quas Wlstanus de Dalham
cum moreretur S. Ætheldrythæ dedit, videlicet, xxxᵗᵃ. hȳdas
in Hemmingeford et VI. in Winningetune; addentes etiam

---

[1] Orthmerus, *E.*   [2] calumpnitati; *E.*

apud Gýllinges v. hýdas, quas Wlwinus cocus et uxor ejus
Ælfsueth multis modis, et teste populo, per transgres-
sionem amiserunt. Acta sunt hæc in loco qui dicitur
Sloththere, coram Alfero alderman et Ædelwino ac Ælurico
Cýld, quod intelligitur Puer, et coram tota gente quæ
cum eis erat. Ut autem hæc conventio firma et insolu-
bilis esset, Ægelmærus Cýld et Alwoldus, duo optimates
Angliæ, fidejussores ac testes hujus rei erant.[1]

> Pacem sanctorum sic rumpere sæpe virorum,
> Sic solet antiquus turbare bonos inimicus,
> Sic armat mundum contra sanctos furibundum.
> Ut pars justorum succumbat mole malorum
> Ni Domini pietas dignetur ponere metas,
> Ne, dum temptentur, nimium temptando graventur.[2]

8. Quomodo B. Ædelwoldus emit Lindune et Hylle et Wicheham et Wilbertune.

QUONIAM sicut Veritas testatur, "Siquis volens turrim
aedificare, sedens prius computat sumptus," qui necessarii
sunt, " si habet ad perficiendum, ne posteaquam posuerit
fundamentum, et non potuerit perficere, omnes qui vident
incipiant ei illudere, dicentes, quia hic homo cœpit ædifi-
care, et non potuit consummare;" Venerabilis præsul
Ædelwoldus, veritatis discipulus, fiduciam habens non in
auro nec in argento, sed in Domino Jesu Christo, opus,
quod cœpit, consummare diligenter studuit; et ut præfatum monasterium dilataret, terras innumeras adquirere
curavit. Mercatus est siquidem a Levrico de Brandune
filio Æthelferthi XII. hýdas, scilicet manerium, quod
Lindune dicitur, cum appendiciis, videlicet, Hýlle et
Wicheham et Wilbertun, datis centum aureis et optimo
sonipede; reddiditque[3] ei terram de Besingtune, quam
uxor ejusdem Levrici, Ædelfled nuncupata, antea sibi

Luke xiv.
28, &c.

---

[1] Hanc igitur terram, &c. (line
14, p. 115.) . . . . . hujus rei erant;
ex E. & L. E.

[2] Pacem . . . . graventur; ex L.
E.

[3] redditque ; E.

vendiderat. Hæc itaque emptio et conventio, in territorio, quod dicitur Grantebrýgge, facta est, coram melioribus. ejusdem provinciæ. Postea vero, evoluto tempore et defuncto rege Ædgaro, nisus est idem Leovricus subdola calliditate omnem conventionem, quam cum . episcopo fecerat, annullare, si posset; sed legales viri Ædricus, Rufus, et Leovricus de Berle, et Siverthus Vecors, qui huic rei intererant et testes fuerant, eum convictum reddiderunt.

Sed quod[1] ex[2] subsequente privilegio in . virtutis incitamentum et facti sui testimonium rex jam dictus omni[3] posteritati proposuerat,[4] ne aliqua potestas contra ejùs constitutum[5] aliquid auderet, quod non tantùm Latina sed et publica lingua scribi et verenda imprecatione voluit roborari. Quod[6] utrumque præsenti placuit inserere volumini quia nec omnibus ipsam regiam cartam vacabat ostendi, nec ab omnibus decebat abscondi: sed quod per illam de illa fieri non potuit, per istud de ipsa innotescere debuit.

9. *Privilegium Ædgari Regis de eodem.*

☧ UNIVERSA enim seculorum patrimonia[7] incertis nepotum hæredibus relinquuntur; et omnis mundi gloria, appropinquante vitæ mortis[8] termino, ad nihilum reducta fatiscit.[9] Idcirco terrenis caducarum[10] possessionibus semper mansura supernæ patriæ emolimenta[11] adipiscentes Domino patrocinante lucremur. Quamobrem ego Ædgarus tòtius Brittanniæ basileus, quandam ruris particulam x. videlicet cassatos, in loco qui celebri Ætlintune[12] nuncupatur vocabulo, Domino ejusque genitrici Mariæ, nec non et Ætheldrythæ perpetuæ virginis,[13] ad

---

[1] Sed quod . . . . debuit ; ex *E.* & *G.* quod enim ex, &c.; *G.*
[2] e.
[3] rex providus omni, &c. ; *G.*
[4] proposuit ; *G.*
[5] institutum ; *G.*
[6] Atque ; *G.*
[7] Per universa enim seculorum

patrimonia, &c.; *G.* Universa secularium opum patrimonia, &c. ; *E.*
[8] mortalis ; *E.*
[9] fatescit ; *E.*
[10] caducorum ; *E.*
[11] emolumenta ; *E.*
[12] Lintune ; *E.*
[13] virgini ; *E.* and *G.*

monasterium quod in Elig situm est, ad usus monachorum ibi degentium perpetua largitus sum hæreditate, ut illo perpetualiter cum omnibus utensilibus, pratis videlicet, pascuis, silvis pertineat. Ad hanc autem tellurem multa jugera ex[1] diversis circumjacentibus villis pertinent, perpetua insignita libertate. Sit autem prædictum rus omni terrenæ servitutis jugo liberum, tribus exceptis, rata videlicet, expeditione, pontis arcisve restauratione. Si quis igitur hanc nostram donationem in aliud quam constituimus transferre voluerit, privatus consortio sanctæ Dei ecclesiæ æternis barathri incendiis lugubris jugiter cum Juda Christi proditore, ejusque complicibus puniatur: si non satisfactione emendaverit congrua,[2] quod contra nostrum deliquit decretum.

His metis[3] præfatum rus hinc inde giratur.

Ðɪꞅ ꞃẏnꝺ ða lanꝺ ɪnꞇo Lɪnꞇune. ðe Æþelꝼeꞃð ʒeuðe hɪꞅ ꞃunu Leoꝼꝼɪc. þæꞇ þonne lɪð hɪꝺ-mælum ⁊ æceꞇ-mælum on Wɪlbuꞃhꞇune. ⁊ on hæꝺanham. ⁊ on hẏlle. ⁊ on Wɪchamme. he hɪꞇ ʒeꞃealꝺe Æꝺʒaꞃe Cẏnɪnʒe unbeꞃa-can. Ꞃalꞃpa hɪꞇ hɪꞅ ẏlꝺꞃon æꞃ mɪꝺ ꝼeo ʒebohꞇen. ⁊ ꞃe ꝼoꞃe-ꞃpecena cẏnɪnʒe hɪꞇ ʒeꞃealꝺe ʒoꝺe ⁊ Ꝇce Æðelꝺꞃɪðe hɪꞅ ꞃaule ꞇo alẏꞃeꝺneꞃꞃe:

A. D. 970. Anno Dominicæ incarnationis nongentesimo septuagesimo scripta est hæc carta, his testibus consentientibus, quorum inferius nomina caraxantur.

Ego Ꞃaꝺʒaꞃ Rex præfatam donationem concessi. ✠

Ego Dunꞃꞇan Dorovernensis ecclesiæ Archiepis. consignavi. ✠

Ego Æþelꝺolꝺ Epis. expressi. ✠

Ego Oꞃulꝼ Epis. consignavi. ✠

Ego Ælꝼꞃꞇan Epis. adquievi. ✠

Ego Oꞃpolꝺ Epis. subscripsi. ✠

Ego Æꝺelm Epis. ńon renui. ✠

[1] e; E.
[2] deest, E. G.

[3] His metis, &c. &c. . . . . . ex L, E.

Ego Býphᵵelm Epis. confir-		Ego Býphᵵnoð Dux.	✠
mavi.	✠	Ego Oꝥðȝaꞃ Dux.	✠
Ego Ælꝼpolð Epis. .consoli-		Ego Oꞃlac Dux.	✠
davi.	✠	Ego Ælꝼpıne M.	✠
Ego Æꞃcpıȝ Abbas.	✠	Ego Æþelpæꞃð M.	✠
Ego Ælꝼnıc Abb.	✠	Ego Wlꞃᵵan M.	✠
Ego Oꞃȝaꞃ Abb.	✠	Ego Ælꝼꞃıȝe M.	✠
Ego Ælꝼꞃᵵan Abb.	✠	Ego Ænulꝼ M.	✠
Ego Æþcelȝaꞃ Abb.	✠	Ego Ælꝼnıc M.	✠
Ego kýnepeaꞃð Abb.	✠	Ego Æðpıne M.	✠
Ego Ælꝼꝼeah Abb.	✠	Ego Ælꝼpolð M.	✠
Ego Ælꝼheꞃe Dux.	✠	Ego Ælꝼpæꞃð Minister.	✠
Ego Æþelpıne Dux.	✠		

10. *Quomodo B. Ædelwoldus emit viii. hýdas in Stretham.*

CIRCA idem tempus, præfatus Leovricus et Ædelflæd ab
episcopo precibus impetrabant, ut ecclesiam suam de
Brandune dedicaret. Ubi itaque ventum erat ad hoc
quod dedicata fuisset, pro amore et honore quem eis ex-
hibuerat, obtulerunt ei argenteam scutellam XL. solido-
rum, cum aliis rebus quam plurimis et optimis. Quibus
oblatis, ait eis episcopus, " Charissimi, nolo argentum
vestrum, nec ista munera, sed hæc omnia sint vestra : tantummodo, charissime Leovrice, annue ut terram sororum
duarum mihi emere liceat; scilicet, VIII. hýdas in Stretham, quas Leovricus frater earum moriens eis dimisit."
Audita itaque voluntate pontificis, Leovricus libens annuit, et sorores ejus, Æthelfled et Ætheleve nuncupatæ,
similiter concesserunt. Venerabilis siquidem præsul comparavit illam terram, unique sororum, scilicet Ædelfled,
pro suis IIII. hýdis et pro pecunia quæ in eadem terra habebatur, dedit xxxᵗᵃ. libras, et alteri earum, scilicet Æde-
leve, pro suis IIII. hýdis et pro sua parte pecuniæ, tantum-
dem argenti contulit. Hæc autem pecunia data ac persoluta erat sororibus in oppido quod dicitur Grantebrýgge

eodem tempore quo emit idem episcopus Lȳndune, cum̄
c. tripondiis[1] auri, a præfato Leovrico, ut in priori capitulo
relatum est.   Ubi cum esset puerulus filius Wlsii et
Æthelflædæ allatus, latores pueri et matertera ejus Æthe-
léve receperunt xxx. libras, et cum puero pecuniam tulerunt matri ejus, scilicet Æthelflede.

> O quantus vir erat, quem gratia tanta replerat,
> Esset ut in mundo vivens Christo sine mundo,
> Felix ille pater, quem nescit spiritus ater !
> Pectore sub cujus mundi vis nil habet hujus,
> O decus ecclesiæ, vas nobile philosophiæ !
> Cujus ad exemplum Christi fies homo templum ;
> Vir pie, sancte, bone pater, Ædelwolde patrone,
> Inter opes secli sitiebas gaudia cœli,
> Mundus vilescit tibi dum dos cœlica crescit,
> Qua nos dotari felix dignare precari.

Evoluto post hæc unius anni spatio, B. Æthelwoldus
comparavit in eodem Stretham ab Alfwoldo de Mer-
thanlege unam hȳdam, et duas gurgites, pro xx[ti]. aureis,
coram omnibus, apud civitatem quæ dicitur[3] Grantebrigge,
et[4] duo[5] fratres æquivoci, scilicet, duo Alfelmi, quorum uni
cognomentum erat Polga, vades hujus rei erant.   Post
mortem vero Ædgari regis, idem Alfwoldus[6] omne pactum
fregit, dicens se coactum ad hoc fuisse, et vim ac rapinam
sibi illatam esse ; dixitque se velle illam terram habere,
et pecuniam acceptam reddere.   Tunc Brihtnothus abbas
profectus venit contra eum apud Hertford,[7] et coram
cunctis in generali placito proposuit ei, quomodo uxor et
filii sui de terra S. Ætheldrythæ de Hætfeld[8] innati fuerant
et quomodo, ut liberos et absque calumpnia eos habere
posset, vendiderat episcopo eandem terram, acceptis ab

---

[1] tripodiis ; *E.*
[2] O quantus . . . . . precari ; ex
L. E.
[3] civitatem quæ dicitur, desunt ;
G.

[4] et duo . . . . . illius provinciæ,
desunt ; *G.*
[5] duos ; *E.*   [6] Alwoldus ; *E.*
[7] Hereford ; *E.*   [8] Hethfeld.

episcopo xx^{ti}. aureis. Audita igitur hac ratione cœpit cessare Alfwoldus a procacitate sua, tandemque omni fine facto, abbas Brihtnothus supradicto auro XL. solidos addidit, et dedit ei. Pro qua pecunia duo filii sui Alfwinus et Ægelmærus ad Grantebrygge venerunt ; et Alfwardus et Wine de Wicforde ex parte abbatis pecuniam eis illuc detulerunt. Hujus autem rei testes erant Oswi, et Oschetel de Bece et Osulf de Grettune, et plures alii proceres illius provinciæ.

In eodem Stratham[1] quædam vidua, Wlfled vocabulo dicta, Siverthi relicta, xxiiii. acras prælato Elyensi vendidit, eodem die quo nonna facta est Deo sacrata. Quam[2] terram adquisiverat pater ejus Wlstanus, tempore Æthel- A.D.924—40. stani regis, et illa post mortem patris sui eandem terram absque calumpnia semper habuit, et hoc noverat totum hundretum.

> Omine[3] felici condignum censeo dici,
> Qui servit Christo, mundo dum vivit in isto,
> Sicut Ædelwoldus fecit, præsul venerandus,
> Ex utero matris se moribus exuit atris,
> Proposito salvo dum matris vixit ab alvo,
> Instituit vitam divina lege peritam.
> Composuit mores essent totidem quasi flores,
> Excoctus digne dum purificatur in igne,
> Purior extractus resplenduit illius actus,
> Dumque suum cursum direxit ad æthera sursum,
> Per vitæ portus æternos venit ad ortus.

11. *De Dunham. De eodem.*

HÆC est descriptio quomodo B. Ædelwoldus episcopus vi. hydas in Dunham adquisivit, quæ villa est fertilissima, et monasterio proxima. Primum pepigit pro duabus hydis Lefsio et uxori ejus Sifled, xv. libras apud Grantebrycge.

---

[1] Stretham ; *E.*
[2] Quam . . . . . hundretum, desunt ; *G.*

[3] Omine . . . . ortus ; ex *L. E.*

Tunc Leowinus præpositus, et Wine de Wicceforde, et omnes optimi homines de Ely partem pecuniæ, scilicet, x. libras ei tulerunt, cujus rei testes erant Sexferth et Oschetel, et Oswi de Bece et Uvi, et plures alii fideles viri. De v. autem libris quæ restabant, dies inter eos datus erat. Inter hæc fecerunt iterum aliam conventionem inter se, videlicet, quod prædictus Lefsius et uxor ejus emere deberent ab episcopo, cum eisdem xv. libris, v. hýdas apud Cleie; eo tamen pacto, quod episcopus eis ultra dare deberet unum cýphum argenteum de xl. solidis, quem Brixius _pªter Lefsii moriens dimisit episcopo. Hac itaque conventione facta, omnem pecuniam, vivam et mortuam, quæ in duabus terris, scilicet, in Dunham et in Cleie erat, cambierunt sive mutaverunt. Interea antequam reddidissent episcopo illas x. libras pro Cleie, exuit hominem rex Ædgarus. Quo mortuo, prædictus Lefsius Dei inimicus deceptorque hominum, et uxor ejus, omne pactum habitum cum episcopo irritum fecerunt; et aliquando optulerunt ei x. libras, quas ab eo acceperant, aliquando vero se ei aliquid debere omnino denegabant: sic quoque existimabant se per dolum recuperaturos terram, quam vendiderant. Sed nos in omnibus cum testibus nostris semper eos convicimus. Cum igitur ea tempestate, qua rex, ut diximus, obierat, nos diu differrent et fatigarent, addidit idem deceptor malum malo, et dolum dolo; Deoque ac S. Petro abstulit cum rapina Burch et Undelas et Kateringas. Qua de causa contigit, quod nemo illas terras infra duos annos aravit, nec seminavit, nec ullo modo coluit; sicque tota cultura perditum ibat. Videns ergo Dominus Deus quantis injuriis, quantisque tribulationibus ille _{sedu}ᶜtor servos suos afficiebat, labores eorum miseratus est: cujus misericordia sancta ecclesia recuperavit quod injuste amisit. Nam edicitur generale placitum apud Lundoniam, quo dum duces, principes, satrapæ, rhetores et causidici ex omni parte confluxerant, B. Ædelwoldus præfatum Leofsium in jus protraxit, et coram cunctis suam causam et injuriam ac rapinam, quam ipse Leofsius intulerat sanctæ

A. D. 975.

ecclesiæ, ex ordine patefecit. Qua re bene et rite ac
aperte ab omnibus discussa, omnes Deo et B. Æthelwoldo
per judicium reddiderunt, Burch et Undelas et Kateringes.
Judicaverunt etiam ut Leofsius[1] episcopo totum dampnum
suum suppleret, et mundam suam redderet; de rapina vero
regi forisfacturam emendaret, dato pretio genealogiæ suæ.
Post hæc infra octavum diem convenerunt iterum et ad
Northamtune, et congregata ibi tota provincia sive vicecomitatu, coram cunctis iterum causam supradictam pate-
fecerunt; qua patefacta ac declarata, ut præjudicatum erat
apud Lundoniam, judicaverunt et isti apud Northamtune.
Quo facto omnis populus cum jurejurando in Christi cruce
reddiderunt episcopo absque calumpnia quæ sua erant,
scilicet, Burch et Undelas et Kateringes.

Interea prædictus Lefsius, qui servos Dei tantum afficiebat, ultione divina fervente, turpiter ac miserabiliter
interiit. Quo mortuo, B. Ædelwoldus et Agelwinus cognomento Alderman, ac primates Northamtunensis provinciæ,
nec non Orientalium Anglorum proceres, placitum habuerunt apud Walmesford in octo hundretis. Ubi inter
alia judicatum est, ut Sifled relicta Lefsii, et hæredes sui,
Deo et episcopo prædictam rapinam emendare deberent,
sicuti ipse, si vixisset, facere debuisset; appretiaverunt-
que summam dampni, quod episcopo intulerat, plusquam
c. libras. Tunc prædicta matrona omnium optimatum
qui aderant suffulta patrociniis, episcopum humiliter
requisivit, ut pro amore Dei ejus misereretur, et ut forisfacturam, quæ ad eam pertinuerat, præter puerorum
suorum forisfacturam, emendare posset cum c. solidis, quos
daturus erat ei episcopus pro suis duabus hỳdis in Dunham, unde ille diem acceperat ab eis, ut supra diximus.
Annuit itaque gloriosus pontifex hoc quod petierant, et
insuper misericordius quam sperabant sibi fecit. Nam
totam rapinam, quæ super eam judicata erat, ei dimisit, et
insuper dixit ei, ut infra octavum diem ad Ely venisset,

---

[1] Lefsius; *E.*

et ab abbate Brithnotho c. solidos recepisset: quæ sic fecit, dataque est ei illa pecunia coram duorum hundretorum testimonio. Præterea dedit ei episcopus pro blado suo, quod erat in terra de Dunham, VII. libras. Sic igitur huic rei fine imposito, B. Ædelwoldus duas hȳdas de Dunham, et terram suam de Cleie cum tota pecunia quæ in ea erat, recepit.

> Esse locum[1] memorant, quem mella liquentia rorant.
> Dunham dixerunt qui nomen ei posuerunt,
> Deliciis plenus locus uber, lætus, amœnus.
> Uber ager gratis sat confert fertilitatis.
> Piscosi fluvii juxta noscuntur haberi,
> Stat viridis lucus crebris venatibus aptus,
> Floribus est pictus congesto cespite cinctus,
> Aggere terrarum claudit genus omne ferarum,
> Hic canit omnis avis, dum ventilat aura suavis,
> Pica loquax, murulæ, turdi, turtur, philomelæ,
> Instar habent Cȳtharæ, dum certant garrulitate,
> Regia splendescit qua silva decora patescit,
> In cujus claustris loca perflat ventus ab austris,
> Copia quæ residet, felix opulentia ridet.
> Hîc loca formosa, viridaria sunt speciosa,
> Hisque locis nempe vilescunt Tessala Tempe,
> Ortus ibi crescit, qui fructus quosque capescit,
> Ortus Athalantiadum describitur aureus esse.
> Et satis Hesperidum reor aurea poma fuisse,
> Aurea poma quidem nasci dicuntur ibidem,
> Aut est translatus huc qui fuit aureus ortus,
> Aut ita res agitur quod hîc illius instar habetur.

Nec multo post Siverthus de Dunham defractus viribus vergensque in senium, infirmitate pedum, quæ podagra dicitur, graviter contrahebatur. Qui eo tempore quo B. Ædelwoldus Ædelredum futurum regem, tunc vero comitem, et matrem suam, et Alfricum Cȳld et plures majores natu Angliæ ad Ely secum adduxerat, venit cum conjuge sua nomine Wlfled ad episcopum, et ei coram

---

[1] Esse locum .... habetur, desunt; *E. & G.*

præmemoratis notificavit, se post diem suum duas hýdas, quas in Dunham habuit, Deo sanctæque Ætheldrydæ pro anima sua daturum, ibique se dixit sortitum esse locum sepulturæ suæ, rogavitque omnes qui aderant, ut super hac re sibi testificarentur.

Alio quoque tempore, post mortem scilicet Godingi de Gretune, venit secundo idem vir ad Ely, ubi noverat illum esse sepultum, rogavitque fratres ut eum ad sepulturam illius ducerent; nam erat ei familiarissimus. Quo cum venissent, vocavit ad se abbatem et Ædricum et Leovri- cum de Berle et Levingum de Trumpentune, innotuitque eis, quod sui charissimi et fidelissimi amici ibi essent sepulti, et quod ipse nimia infirmitate depressus morti appropinquasset, ideoque, inquit, "O charissimi mei, volo ut conventio mea coram vobis renovetur, videlicet, quo- modo hic elegi mihi locum sepulturæ meæ, et post diem meum Deo Sanctæque Ætheldrydæ dedi duas hýdas, quas in Dunham habeo, et filiæ meæ duas hýdas do in Wilber- tune, et precor, O amici mei, ut hoc oblivioni non tradatis, immo ubi necesse fuerit, illud recognoscatis." Item eodem die remeando domum, renovavit eandem conventionem coram melioribus ejusdem provinciæ, ultra Upwere, in loco qui dicitur Hýrauuicstouue. Deinde cum idem vir, videlicet, Siverthus de Dunham, prævalente infirmitate, mortis horam sibi ingruere sensisset, et apud Lindune absque spe recuperandæ sanitatis jacuisset, misit pro abbate Brihtnotho et pro fratribus ecclesiæ; aderantque ibi Æluricus de Wicheham, Ældstanus, et filius suus Wine, Leovricus, Brihtelmus, Ælfelmus de Redewinclen, et Ædricus unus de proceribus Æielwini alderman, et Oswoldus presbyter, et Sexferdus cum filio suo. Tunc Brihtnothus abbas testamentum hujus Siferthi coram uxore et coram filia sua, coramque omnibus supra memoratis, fecit scribi in tribus cýrographis, coramque cunctis fecit recitari, lectumque fecit incidi, unamque partem cýrogra- phi retinuit Siverdus, alteram autem dedit abbati, tertiam vero misit statim per præfatum Brihtelmum Æielwino

alderman, qui tunc temporis degebat[1] in Ely, et petiit ab
eo ut suum testamentum ita stare concessisset, quomodo
abbas illud scripserat et ordinaverat apud Lindune, coram
prædictorum testimonio virorum. Cum itaque Æielwinus
alderman hoc audisset et cÿrographum vidisset, remisit
ilico ad eum Wlnothum de Stowe cum Brihtelmo, scisci-
tatusque est ab eo, quid aut quomodo vellet de testamento
suo. Qui mox per eosdem renunciavit ei, sic suum testamentum absque omni contradictione vel mutatione se
velle stare, sicuti præfatus abbas illud in cÿrographo
posuerat. Quod ut Æielwinus alderman audivit, totum
concessit, ut staret sicuti ipse Siverthus testatus erat.

Post hæc Æthelwoldus episcopus et Brihtnothus abbas
a duobus fratribus Alurico et Leofwino, filiis cujusdam
comitis nomine Hrerici,[2] crebra petitione quæsierunt, ut
duas hÿdas, quas habebant in Dunham, sibi vendidissent
pro auro sive pro argento ; vel pro alia terra, quæ tantundem valeret, mutassent. Sed quamdiu illi duo fratres
eandem terram simul habuerunt, nullatenus huic rei finem
imponere potuerunt. Tandem vero senior frater, scilicet
Aluricus, mutavit terras cum juniore fratre suo, proque
duabus hÿdis de Dunham, dedit ei terram quam mater
eorum dimisit eis in Cÿpenham. Post modicum tempus
contigit, quod idem Aluricus gravi tributo opprimebatur.
Qui cum pecuniam a se exactam non haberet, venit ad
Æthelwoldum episcopum et ad Brihtnothum abbatem,
optulitque eis duas hÿdas suas de Dunham, ad commutan-
dum pro tribus hÿdis quas ipsi habebant in Cÿpenham, eo
pacto, ut tantum pecuniæ quantum eis placeret sibi ob
incrementum ab eis daretur. Qui sic fecerunt ; videlicet,
terras commutaverunt, et ei quatuor libras insuper dederunt. Facta est autem inter eos hæc conventio sive commutatio, ac persoluta est Alurico[3] hæc pecunia, juxta
Grantebrucge[4] in australi parte, coram toto populo illius
provinciæ. Aluricus igitur eandam terram Brihtnotho

---

[1] dejebat ; *E.*
[2] Hercrici ; *E.*
[3] Alfiico ; *E.*
[4] Grantebrigge ; *E.*

abbati liberavit in manu, primum coram xxiiii. judicibus
in prædicto loco, deinde etiam fecit similiter coram testibus legalibus, Ædrico, et Alfelmo cognomento Polcan, et
Leofsio[1] Alfwii filio, et Osulfo et Leovingo et Alfnotho
et Uvi et Oswio et Grim et Wlnotho et Alurico et Wensio
et Leofsio[1] et Alfnotho Godingi filio. Omnibus igitur
his assistentibus et testimonium dantibus, Æluricus filius
Hrerici[2] comitis Brihtnotho abbati tradidit duas hỳdas
in Dunham, in omnibus rebus, in terris, in silvis, in paludibus, sicuti pater suus unquam illam terram melius sive
liberius habuit, præter unam paludem juxta Grantebrucge,[3]
et v. acras terræ, quas ipse Æluricus retinuit. Postquam
autem hoc totum factum est, gloriosus episcopus Æthelwoldus dedit ei x. solidos, et Brihtnothus abbas contulit
ei xx. solidatas ovium, et unum palefridum pro x. solidis.
Datis itaque his solidis et solidatis, Æluricus recepit pro
duabus hỳdis de Dunham vi. libras, et iii. hỳdas in Cypenham. Mutaverunt autem abbas et Æluricus[4] boves et
frumentum quod erat in horreis in duabus terris, videlicet,
Æluricus liberavit abbati apud Dunham xv. carretas, et
abbas ei e converso liberavit totidem apud Cỳpenham ;[5]
Aluricus quoque liberavit abbati xxx. acras seminatas,
et abbas ei totidem tradidit seminatas apud Cypenham, et
xl. viii. dedit ei dono. Huic autem rei testes intererant
Leofsius[6] filius Gode et Uvius et Wacer[7] de Suafham et
Bondo et Brunstanus homo ejusdem Ælfrici.

Res ipsa hortari videtur ut de tribus hỳdis de Cỳpenham, quæ Ælurico filio Rerici[8] comitis datæ fuerant pro
duabus hỳdis de Dunham, dicamus quomodo conquisitæ
erant. Imprimis quidam nomine Wine comparavit in Cỳpenham lxxx. acras, et v. prædia domibus constructa, a Leofsio
de Fracenham, datis c. solidis. Ab Alurico[9] de Wicham
emit quoque xx. acras, et unum alodum domibus ædificatum, datis xx. solidis. A Wlfelmo fratre Wlfwini

---

[1] Lefsio ; *E.*
[2] Hererici ; *E.*
[3] Grantebregge ; *E.*
[4] Ælwricus ; *E.*
[5] Dunham ; *E.*
[6] Lefsius ; *E.*
[7] Wacher ; *E.*
[8] Hererici ; *E.*
[9] Ælfrico ; *E.*

mercatus est decem acras cum x. solidis. Hoc quoque totum factum est coram totius hundreti testimonio. Deinde Alfwoldus qui dicebatur Grossus, et uxor ejus, totam terram suam, quam in eadem villa, scilicet, in Cẏpenham habebant, abbati Brihtnotho venum optulerunt. Venerunt itaque apud Horningeseie ad eum; ubi cum essent, cœpit abbas inquirere ab eis quot hẏdas in Cẏpenham habuissent, et quanti taxassent eas? Illi itaque dicebant et affirmabant se III. hẏdas ibi habere. Tandem igitur convenit illis, quod abbas pro singulis hẏdis c. solidos eis daret, statueruntque terminum, videlicet, VIII. diem, apud Cẏpenham, quatenus uxor Alfwoldi[1] illuc veniret XV. libras acceptura, et abbati III. hẏdas integras et absque calumpnia traditura : nam illa majus rectum in illa terra habebat per alterius viri conjugium. Venit igitur abbas ad statutum diem, sed et mulier prædicta aderat ibi, et cum ea Othulf de Exninge et Simundus et nepos ejus Tucca et Ægelwardus et Osbernus de Saham et Alfstanus de Fugelburne et Athelstanus presbyter et frater ejus Bondo, et Wlfelmus, et omnes fere meliores qui in eadem villa erant. Quibus congregatis, abbas coram omnibus xv. libras protulit, et proferendo prófudit. Surrexerunt ilico duo viri, videlicet, Brunstanus de Saham et Glor, et ex parte Ulfi LXXV. acras de eadem terra mulieri ne venundaret, et abbati ne compararet interdixerunt; duobus etiam villanis VII. acras prohibuerunt. Tune quidam de astantibus ait, " Terra de qua agitur, licet absque calumpnia esset, et uni parti tota simul concederetur, minime III. hẏdæ essent ibi integræ ; ne dummodo dum calumpniantur, et calumpniando[2] in partes eunt." Quo audito vocavit abbas ad se omnes meliores et sapientiores qui ibi aderant, acceptoque ab eis consilio, dimidium pecuniæ dedit mulieri, dimidiumque reservavit, donec illa, sicuti pacta erat, III. hẏdas integras et absque calumpnia sibi proficeret ;[3] quod si hoc facere non posset, secundum pretium terræ, pretium pecuniæ meti-

---

[1] Alwoldi ; *E.*   [2] ad calumpniandum ; *E.*   [3] perficeret ; *E.*

retur ei. Factique sunt præmemorati viri super hac re
fidejussores ac testes utrinque. Mane itaque facto, electi
sunt hinc et inde quamplures, videlicet, de hominibus abbatis et de hominibus mulieris. Qui primum circum-
euntes. mensi sunt terram, quæ absque calumpnia erat, et
non invenerunt de terra quæ mulieris jure fuisset nisi
unam hȳdam per sexies xx. acras, et super hȳdam xxiiii.
acras, de terra vero calumpniata reppererunt lxxxii. acras.
Nec mora, præcepit Ulfsius[1] hominibus, ut suas lxxv.
acras sine dilatione colerent. Interea idem Ulf debebat
abbati xxxvii. acras ad supplementum super duas hydas
apud Middeltune, quas ipse Ulf mutaverat abbati pro
duabus hydis et xxxvii. acris apud Fordham. Debebat
etiam abbati xx. solidos, quos ei præstiterat et miserat per
Alfricum Ædwini filium. Quæsivit itaque abbas ab eo ut
prædictam terram de Cypenham, scilicet, lxxv. acras
quas calumpniatus erat, sibi dimitteret pro xxxvii. acris[2]
quas sibi debebat, et pro xx. solidis quos ei præstiterat,
eo tamen pacto, ut Ulf illam terram derationando liberam et quietam ac absque calumpnia sibi faceret; quod si
hoc facere nequiret, et mulier terram derationaretur,
abbas ab ea[3] terram emeret, sicuti conventionem fecerant,
et sicuti testes eorum conventionem recognoscere vellent.
Ut autem Alfwoldus[4] et uxor ejus compererunt, se terram
amissuros per calumpniam quam Ulf imposuerat, ut supra
diximus, omne consilium postposuerunt, et omne pactum
irritum fecerunt, veneruntque ad dominum suum nomine
Alfwoldum[4] fratrem Ægelwini alderman, ac dixerunt ei,
quod abbas eos fraude circumvenisset, et quod eo impellente Ulf illam terram calumniatus esset; dixerunt etiam
quod abbas xv. libras per conventionem pro eadem terra
pepigisset, esset ibi plus vel minus. Pro hac igitur causa
discutienda Ægelwinus alderman et Ælfwoldus[4] frater ejus
et abbas Elyensis monasterii et cum eis omnes majores
natu Orientalis Angliæ et de Grantebrucge,[5] venerunt ad

[1] Ulf suis ; *E.*
[2] deest, *E.*   [3] eo ; *E.*

[4] Alwoldus ; *E.*
[5] Grantebregge ; *E.*

K

Fracenham, et inde profecti sunt ad villam quæ dicitur
Henegetun, ubi III. hundreta congregata erant; ibique
produxit abbas, qui inter eum et mulierem testes et fidejussores erant, quorum nomina supra memoravimus. Pro-
ducti ergo testes cum III. hundretis perhibuerunt testimonium abbati, videlicet quod Ulf quodam tempore congregatis III. hundretis, assistente quoque uxore Ælfwoldi,[1]
coram cunctis defensionem fecerat de eadem terra, dimidio
anno priusquam abbas illam terram ab ea venum quæ-
sisset. Perhibuerunt etiam se esse testes ac fidejussores
inter abbatem et mulierem, quod abbas daret ei xv. libras,
si illa III. hýdas integras in Cypenham sibi liberaret, si
autem hoc facere non posset, secundum pretium terræ,
pretium pecuniæ daretur ei ab abbate. Videns itaque
Ægelwinus alderman, quod abbas per testimonium jure
derationatus esset, rogavit eum ut pro amore suo supradictam pecuniam, scilicet, VII. libras et dimidium aliquantulum augeret: cujus rogatu dedit ei abbas xxx.
solidos, et misit ei per Wine de Ely Osmundi filium;
quam pecuniam ipse Wine detulit ad Grantebrucge,
ibique ex parte abbatis dedit mulieri, cujus illa terra erat,
coram viro suo palamque omnibus. O nefas secli, O am-
bitio mundi, quæ nunquam cessat ecclesiasticis rebus
inhiare, inhiando dilacerare, et dilacerando minuere!
Videte quam iniquum commercium, abbas dedit mulieri
huic IX. libras, et non habet pro his nisi unam hýdam et
XXIIII. acras arabiles de terra, quæ absque calumpnia sit, et
VI. prædia cum dimidio nuda et vastata. Constitit[2] igitur
illa hýda c. solidis, et XXIIII. acræ xx. solidis, et VI.
prædia et dimidium constiterunt LX. solidis, quæ nemo
qui sapit appretiaret plusquam xx. solidos.

12. De Wicceford.

A. D. 975. DEINDE comparavit abbas CC. acras apud Wicceford a
Sumerlede pro XI. libris, coram totius hundreti testimonio,
tempore Ædgari regis. Defuncto autem eo statuque

---

[1] Alwoldi; E.   [2] Constituit; E.

regni fluctuante, idem Sumerlede rediit ad dolos, et pactum quod cum abbate habuerat, irritum fecit; dixitque se coactum fecisse quod fecerat, atque acceptam pecuniam, sæpe reddere voluit. Interea venit Ægelwinus alderman ad Ely, et infra cimiterium ad aquilonalem portam monasterii tenuit placitum cum toto hundreto, ibique causam sive litem, quæ erat inter abbatem et Sumerlede, finivit sic; quod abbas dedit ibi Sumerlede xxx. solidos: sicque persolvit ei xii. libras pro cc. acris.

In eadem villa mutavit abbas cum Osmundo cognomento Hocere, xvi. acras, dans illi pro his totidem apud Grantebrucge; ea tamen conventione, quod post obitum Osmundi abbas habiturus esset terras utrasque.

In eadem quoque villa mutavit abbas vii. acras, quas ab Alfnotho emerat in Wilbertune.

13. *De Walde.*

Non longe inde Athelstanus filius Manne, dum moreretur, dedit S. Ætheldridæ c. acras in Walde.

14. *De Wiceham.*

Apud Wiccham sunt l. acræ, quas Ædwardus[1] et Brihtferthus habere solebant mutuum: his acris simul collectis S. Ætheldrytha habet iii. hýdas integras in Wicceforde et Walde et Wicceham.

15. *De Helle et Hederham.*[2]

Apud Helle et apud Hederham[3] Leofwinus[4] præpositus comparavit a Wlfago de Colle unum prædium et lxx. acras, pro lx. et x. solidis, coram totius hundreti testimonio.

In eadem villa emerunt fratres ecclesiæ totam fere terram Alfsii, et plurimam acram a villanis pauperioribus ejusdem villæ.

---

[1] Æthelwardus; *E.*
[2] Hadenham; *G.*
[3] Hedenham; *G.*
[4] Lewinus; *G.*

In eadem villa, scilicet, in Hederham, emit abbas ab Athulfo et uxore sua Burgfled, unum prædium ædificatum, et LXXVI. acras, sicuti Manne presbyter eas mensus est, deditque abbas pro illa terra VII. libras, apud Teotford. Hujus itaque rei testes erant Oslacus filius Appen, et Folcardus et Kenelmus presbyter, cognatus Athulfi episcopi, et alii quamplurimi barones, et omnes urbani de Teotford, et meliores de Ely, scilicet Ælstan[1] et Eama et Godere et Wine de Wicceford, et Æluricus. Has siquidem LXXVII. acras, et XX. alias, quæ antea emptæ fuerant in Hederham, abbas et fratres ecclesiæ dimiserunt Grim filio Wine, ut in stipendium haberet, quamdiu ipse eis bene serviret.

16. De Suttune.[2]

WULSIUS quidam et Mawa et filius eorum Alsius nomine dederunt Deo et sanctæ virgini et reginæ[3] Ætheldredæ III. hýdas in Suttune et abbatem Brithnodum inde coram hundredo[4] vestierunt, et[5] cum fratribus ecclesiæ memoria eorum haberetur.

17. De Wilbertune.

IN Wilbertune emit abbas ab Alfwino et uxore sua Sifled, duas hýdas duodecies XX. acrarum arabilium, præter prata, pro LXXXX. aureis, et insuper V. prædia ædificata; et hoc aurum totum persolutum erat ei apud monasterium de Ely, coram Oswi fratre Ulf et coram Wine, et altero Wine, et coram omnibus melioribus et senioribus de Ely.

Episcopus Æthelwoldus emit ibi ab Oppele LXX. acras.

Abbas mutavit ibi cum Alfrico de Suthtune LXXX. acras, dans ei terram de Wicceham.

Emerunt quoque fratres ibi ab Æddingo LXX. acras: et ab aliis, quorum nomina scripto non commendantur,

---

[1] Ælfstanus; E.
[2] C. XVI. In margine; E. Deest, L. E.

[3] desunt; "virgini et reginæ; G.
[4] hundredum; G.
[5] ut; G.

quam plurimas acras ibi emerunt; ita quod v. integræ
hýdæ ibi habentur, et totum hundretum uniuscujusque
emptionis fuit in testimonium.

18. *De Staneie.*

Diu antequam Æthelwoldus episcopus apud Ely monachos coadunasset, venit Wlstanus de Dalham, et cum eo
barones quamplurimi illuc, ibique collectis duobus hundretis versus aquilonem, ad hostium mónasterii, placitum
habuit. Tunc venit ad eum quædam vidua nomine
Æscuuen de Staneie, et cum ea venerunt quamplures de
cognatis, et vicinis suis: quæ coram omnibus dedit
Wlstano Staneie, et piscationem quam habebat ibi. Surrexit itaque Ogga de Mildenhale, et facto silentio ait;
" Charissimi, volo ut sciatis, quod ego do S. Ætheldrydæ
post diem meum unam hýdam terræ in Grantebrucge."
Quo andito surrexit Wlstanus, coramque omnibus dedit
S. Ætheldrydæ terram et piscationem de Staneie, quam
præfata vidua sibi dederat. Deinde vocavit Oggan, dixitque ad eum; " Quandoquidam, charissime, gloriosam virginem Ætheldrytham venerari cœpisti, ne differas facere
quod facturus es. Bonum quidem est quod voluisti facere,
sed felicius est ut vita comite perficias.", Cujus concilium
Ogga haud parvipendens, fecit ut dixit, deditque S.
Ætheldrythæ coram cunctis absque omni calumpnia prædictam hýdam. Fuit autem ecclesia Elyensis de illa terra
vestita sive saisita per multos annos absque calumpnia, videlicet, quamdiu vixerat Ogga. Eo autem defuncto,
cognatus ejus Uvi[1] nomine calumpniatus est eandem terram.
Venerunt itaque hinc et inde ad Grantebrucge, ad eratque
ibi Wlstanus de Dalham. Tunc audita calumpnia quam
Uvi[2] fecerat, discusserunt causam hinc et inde, judica-
veruntque Uvi datùrum pro forisfactura IIII[or] marcas,
quia calumpniabatur illam terram, de qua, vivente Ogga,
numquam calumpniam fecerat.

[1] Uvius ; *E.*

Post mortem quoque Ædgari regis idem Uvi[1] nolens
unquam a procacitate sua desistere, verum etiam dolis
dolos, et calumpniis calumpnias addens, fecit ut ille, qui
jam letale vulnus in corpore habebat, sed adhibitis medicis
de vulnere fecit cicatricem, post cujus vero sanationem per
propriam vecordiam cicatricem eandem redegit in vulnus,
ut unde aliorum ope sanus fieri posset, sui ipsius in-
solentia inde mortem anticiparet; venit igitur idem Uvi[1]
ad abbatem post mortem Ædgari regis, ut diximus, et
procaciter eandem terram cœpit calumpniari, et calumpniando dolis et mendaciis suis insidias prætendit. Quod
ut abbas vidit, usus est consilio duorum hundretorum, et
Oswii, et Osketeli de Beche, quorum testimonio derationatus est, quod Ogga eandem terram ab Uvi jure emerat,
et absque calumpnia, dum vixit, habuerat.

19. *De Grantebruge et de Dullingeham.*

EODEM tempore Oslacus forte fuit accusatus apud regem
Ædgarum, jussitque rex ut desaisitus de tota terra sua
fuisset, et ut privaretur omnibus quæ habebat. Requisivit igitur Æthelwoldum episcopum humiliter, ut esset
suus defensor, et ut pro eo intercedere dignaretur apud
regem: qui sic fecit, dimisitque rex Oslaco totum pro
amore et precatu Æthelwoldi episcopi; eo pacto ut ipse
Oslacus daret regi c. aureos. Qui cum non haberet tantum aurum, mutuatus est ab episcopo xl. aureos; et quia
sæpe succurrebat ei, promisit se sibi daturum xl. acras
terræ apud Grantebrucge, et unum prædium, et tertiam
partem silvæ, apud Dullingeham: misitque Hawardum
cognatum suum ad Ely, qui palam omnibus ex parte
Oslaci terram episcopo daret, et donum quod ei dederat
manifestaret. Post mortem vero Ædgari regis, idem
Oslacus irritum fecit omne donum quod episcopo dederat.
Tunc abbas Elyensis misit Wine ad eum, et ad Ordelmum,
et ad filios ejus, rogavitque eos venire contra eum ad

[1] Uvius; *E.*

pontem de Grantebrucge; qui sic fecerunt. Quæsivit
itaque abbas ab eo de dono quod dederat episcopo, quid
aut quomodo voluit? Respondens autem Oslacus, "Non
novi," inquit, "me dedisse ei quod dicis, sed scio bene
quod debeo illi xl. aureos, et volo ac annuo ut nostri
amici, qui hîc sunt, videant et appretient xl. acras, quas
de me habetis, et unum prædium et tertiam partem silvæ
apud Dullingeham, et secundum quod appretiaverint, hæc
pro tanto accipite, reddamque quod restabit." Nec mora,
fuerunt siquidem hæc appretiata pro xxvi. aureis, et
Oslacus redditurus erat xiiii. aureos reliquos. Fuit itaque
laudatum ac concessum sic ex utraque parte, et Ordelmus
erat utrinque testis ac fidejussor hujus emptionis.

20. *De Grantebrige.*

Emerunt quoque fratres ecclesiæ a Brithlave, unum
prædium optime ædificatum apud Grantebrucge, et xxx.
acras arabiles, et pratum unum, dantes ei pro his apud
Wicham unum prædium bonum, domibus constructum, et
partem de lxx. acris: quod prædium et quas acras emerant
prius a Burchelmo.

Emerunt etiam ibi, videlicet, apud Grantebrucge, vii.
acras a filio Ægelmari episcopi, et vii. acras a Sisled; et
unaquæque acra constitit xvi. nummis. Et ab Hungeve
quadam vidua emerunt ibi[1] v. acras; quæ etiam dedit S.
Ætheldrythæ x. acras, et unius gurgitis piscationem, ut
stipendium, quamdiu viveret, de monasterio habere posset.

21. *De Dudingtune et Wimblingtune.*

Abbas quoque fecit quandam mutationem cum Wine
filio Osmundi; deditque ei lx. acras in Dudingtune et in
Wimblingtune,[2] et unum gurgitem reddentem mille anguillas, quem emit à Gunulpho pro c. solidis: et Wine liberavit abbati in Grantebrucge[3] liii.[4] acras, et unum gurgitem

---

[1] deest, *E.*
[2] Wimblintune; *E.*
[3] Grantebrigge; *E.*
[4] lxiii; *E.*

valentem mille anguillas, quem Eanflead moriens partım
dimisit Wine, et partim emit ipse a cognatis suis.   Hæc
eadem Eanfled, dum moreretur, dedit S. Ætheldrythæ v.
acras; Wine etiam dedit S. Ætheldrythæ viii. acras apud
Hŷlle; ibique emerunt fratres ecclesiæ v. acras a filio
Ælfstani.

22. De Dudingtune et Weremere.

TURKITELUS abbas Ramesiæ vendidit Ædelwoldo episcopo unam hŷdam apud Dudingtune, et medietatem de
Weremere, et omnes paludes quæ ad Weremere pertinent;
eo pacto, ut per amicitiam liceret sibi frui et possidere
terram de Bebuui,[1] quam Oschetelus episcopus moriens
dimisit Ædelwoldo episcopo.   Illam itaque hŷdam de
Dudingtune abbas totusque conventus Elyensis præstiterunt Wine, ut inde suum vestitum haberet.

23. Item de Wimblingtune et quantum ex mercato infra paludes habuerunt.

ABBAS Elyensis emit a monachis Ramesiæ x. acras in
Wimblingtunè, et duas piscationes pro xx. solidis.   Collectis igitur omnibus terris quas B. Edelwoldus episcopus
infra aquas et paludes et mariscum de Ely adquisivit,
Deoque et S. Ætheldredæ dedit, inventæque sunt hidæ
sexaginta.[2]

24. De Staneie.

SUPRA memoravimus qualiter quædam vidua nomine
Æscuuen dederat Wlstano de Dalham Staneie, et paludem
pertinentem, et quomodo Wlstanus eandem terram et
paludem postea dedit S. Ætheldrithæ : nunc vero[3] dicendum est, de eadem palude quid actum sit.   Cultores

---

[1] Bebui ; E. | [2] Collectis .... sexaginta, de-
sunt ; L. E.   -   [3] dcest, E.

siquidem qui in Eliensi monasterio tunc temporis erant, praedictam paludem de Staneie quibusdam cognatis praefatae viduae pro duobus millibus anguillarum locaverunt. Qui, xv. fere annis antequam episcopus Ædelwoldus Ely A.D. 955? possedisset, cum eadem conventione illam paludem tenuerunt; postea quoque sub eo similiter fecerunt, quoadusque rex Ædgarus mortuus erat. Post mortem vero A.D. 975. ejus, Begmundus de Holande, et cognati praefatae viduae, qui praedictam paludem sive piscationem tenuerant ad locationem, terram de Staneie Sanctae Ætheldrydae injuste diripuerunt, sine judicio et sine lege civium et hundretanorum. Deinde venit Ægelwinus alderman ad Ely, fueruntque Begmundus et alii pro hac causa vocati et summoniti ad placitum civium et hundretanorum semel et secundo, sed et multoties: nunquam vero venire volebant. Abbas tamen non ideo desistebat; sed infra urbem et extra ad placita, renovabat, et saepe reiterabat hanc eandem causam, et quaerimoniam populo inde faciebat. Tandem veniens Ægelwinus alderman ad Grantebrucge, habuit ibi grande placitum civium et hundretanorum coram XXIIII. judicibus, subtus Thernigefeld prope Maideneburge. Narravit igitur palam abbas omnibus, quomodo Begmundus et cognati praefatae viduae injuste diripuerant S. Ætheldrydae Staneie, et quam saepe fuerant summoniti pro illa causa ad placitum, nec unquam venire voluerunt. Tunc judicantes, statuerunt ut abbas suam terram, scilicet, Staneie, cum palude et piscatione habere deberet; statuerunt etiam ut Begmundus et cognati praefatae viduae suum piscem de VI. annis abbati solverent, et persolverent, et regi forisfacturam darent; statuerunt quoque ut si sponte sua hoc reddere nollent, captione suae pecuniae constricti justificarentur; praecepit itaque Ægelwinus alderman, ut Oschetelus, et Oswii de Becae, et Godere de Ely eandem terram circuissent, et abbatem super eam duxissent, et hoc totum perfecissent; qũi sic fecerunt, totumque sic peractum est. Collectis igitur omnibus terris, quas B. Ædelwoldus episcopus infra aquas et paludes et mariscum de Ely adquisivit,[1] Deoque ac S. Ædeldrydæ dedit, habentur ibi sine dubio hydæ unde-LX.

> " Qui dispensator, qui fidus erat operator,
> Qui cultor Christi, pater Ædelwolde, fuisti
> Non decus argenti, speciem non excolis auri.
> Non fodis in terris, sed nosti condere cœlis,
> Divitias et opes, ubi nil temptant male fures,
> Quo regnas tutus, thesauros ipse secutus,
> Quos præmittebas, quos tam bene distribuebas,
> Interes æternis opibus, gazisque supernis,
> Pace fruens Christi, quem prudens excoluisti,
> Quo nobis certus patronus adesto misertus."[2]

25. De Bluntesham.

QUODAM tempore cum gloriosus pontifex Ædelwoldus et Wlnothus convenisset ad Tantune, ibi primum prælocuti sunt, quod episcopus emere deberet ab eo Bluntesham. Facta igitur conventione, et determinato emptionis pretio, scilicet XXX. libris, misit Wlnothus filium suum majorem natu ad Ely pro illa pecunia, ibique recepit a Brihtnotho abbate c. solidos; XXV. vero libræ, quæ restabant, datæ sunt ei postea coram rege Ædgaro, et coram sapientibus suis. Quod cum factum fuerat, Wlnothus coram eisdem liberavit episcopo Bluntesham cum cӯrographo. Quo facto, Brihtnothus abbas dedit insuper Wlnotho VII. libras pro omnibus quæ habebantur in Bluntesham, videlicet, pro hominibus, et pro pecunia, et pro frumento. Postea vero, mortuo rege Ædgaro, filii cujusdam viri nomine Boge de Hemminggeford calumpniati sunt eandem terram, scilicet Bluntesham, dicentes, quod avunculus eorum, Tope vocabulo dictus, illam terram jure hæreditario possidere deberet; hac ratione, videlicet, quod avia ejusdem Tope, existens in fiore virginitatis suæ, de Bluntesham transierat, et requisierat Ædwardum re-

A. D. 975.

---

[1] adquisivit ut supradictum est, Deoque ac S. Ædedrydæ obtulit: habenturque ibi hydæ LX.; *E.*

[2] Qui dispensator ... misertus; ex *L. E.*

gem in territorio quod dicitur Grantebrucge, tempore quo
Toli comes provinciam de Huntedune contra regem vi ob-
tinuerat, ac ea de causa debuit illa suam terram jure
habere. Quod totum sapientes illius provinciæ et senes,
qui bene recordabantur tempestatis qua Toli comes occisus fuerat apud Tamensem fluvium,[1] dixere frivolum.
Dixerunt etiam, quod rex Ædwardus antea Huntedunen-
sem[2] provinciam adquisierat, suæque ditioni subjugaverat,
quam comitatum de Grantebrucge habuisset; perhibuerunt quoque quod in toto vicecomitatu de Huntedune[3]
non erat terra tam libera, quæ per forisfacturam non
possit iri perditum,[4] præter duas hȳdas apud Bluntesham quas Ælfsicȳld habebat et præter duas juxta Spaldwic. Statuerunt itaque ut Wlnothus Æthelwoldo episcopo
terram quietam de Bluntesham faceret, aut pecuniam
acceptam sibi redderet. Post hæc convocatus totus comitatus Hunteduniæ[5] a Beorhtnotho[6] alderman, et ab[7] Alfwoldo,[8] et ab Ædrico. Nec mora, fit maxima concio,
summonetur Wlnothus, ad placitum, summonetur et filii
Bogan, qui cum venissent Wlnothus adduxit secum illuc
perplures viros fideles, scilicet, omnes meliores de VI. hundretis; et Lefsius monachus de Ely detulit illuc cȳrographum de Bluntesham. Quibus congregatis, calumpniam
explicuerunt, et causam ventilaverunt, ac discusserunt;
cognitaque rei veritate, per judicium abstulerunt Bluntesham a filiis Bogan pro duabus causis: quarum prima hæc
est, quia mentiti fuerant, quicquid dixerant de Topa et
de avia sua; altera vero hæc est, quia proprior erat ille
ut terram haberet qui cȳrographum habebat, quam qui
non habebat. Tunc Wlnothus adduxit fideles viros plusquam mille, ut per juramentum illorum sibi vendicaret
eandem terram, sed filii Bogan noluerunt suscipere jusjurandum, statuerunt itaque omnes, ut Wlnothus Bluntes-

---

[1] " Tamensem fluvium," a mistake for Temsford. See Flor. Wig.
918; C. Sax. 921.
[2] Huntendunensem; *E.*
[3] Huntendune; *E.*

[4] perdictum; *E.*
[5] Huntendunæ; *E.*
[6] Berhnotho; *E.*
[7] deest, *E.*
[8] Alewoldo; *E.*

ham haberet, et in fide promiserunt se ei super hac re auxiliaturos, et testificaturos idem quod ibi fecerant, si unquam alio tempore, ille vel aliquis hæredum snorum opus haberet. Ut autem hoc totum factum est, Ædelwoldus episcopus dedit Wlnotho XL. solidos, et unum dextrarium III. marcas valentem; quia multum super hac causa laboraverit, et quia mare transiturus erat in servitio Domini sui.

26. De Toftes.

EODEM anno quo Ædelwoldus episcopus emerat a Wlnotho Bluntesham, proposuit idem Wlnothus episcopo suas X. hẏdas apud Toftes venundandas. Unde dato et accepto die, venit infra VIII. diem Brihtnothus abbas ad Grantebrucge, et coram tota civitate dedit Wlnotho XL.[1] libras pro suis X. hẏdis apud Toftes: ipse autem Wlnothus segregavit inde omnem suam pecuniam vivam et mortuam. Quo facto quæsivit abbas ab eo vades de emptione hujus terræ; cui omnes respondentes dixerunt, quod Grantebrucge et Norwicc et Theoforth[2] et Gyppeswicc, tantæ libertatis ac dignitatis essent, ut si quis ibi terram compararet vadibus non indigeret.

Godingus monachus cum moreretur dimisit S. Ædeldrythæ in eadem villa, scilicet in Toftes, unam hẏdam terræ, quam[3] filius ejus Alfnothus postea mutare voluit: sed abbas dedit ei XX. solidos apud Grantebrucge coram cœtu civium; et ipse Ælfnothus tradidit abbati unam plenam hẏdam in terra, in campo, in silva, præter suum prædium, quod exceperat.

27. De Havekestune.

EADRICUS Longus de Æstsexe, cum moreretur, dimisit regi Ædgaro Havechestune et omnem pecuniam quæ ibi habebatur; vitaque adhuc comite, misit regi cẏrographum testamenti sui. Defuncto autem eo, multi eandem terram a rege petierunt, e quibus unus erat venerabilis pontifex

[1] XLX. E.   [2] Theofford; E.   [3] quod; E.

Ædelwoldus. Qui, ut in omnibus negotiis prudens erat
et industrius, prævenit alios, atque ad opus Dei Sanctæque
Ædeldrẏdæ, emit a rege IV. hẏdas et dimidiam apud
Havekestune, et III. hẏdas apud Newetun, datis regi
ducentis aureis. Deinde vero infra unum mensem priusquam episcopus et abbas cyrographa de Havekestune et
de Newetune habuissent, et antequam relevationes datæ A. D. 975.
fuissent de illis terris, exuit hominem Ædgarus rex.
Tunc disposuit Alwoldus frater Ædrici et nonnulli ex
cognatis suis, discerpere, ac seorsum facere ab Havekestun
III. hydas de Newetun, quæ terra proculdubio pertinet ad
Havekestun, acra sub acra posita. Qua de causa lis et
altercatio permaxima orta est, et multos annos habita,
inter eos. Verumptamen Ægelwinus alderman dixit, et
ad multorum testimonium direxit, quod utræque terræ,
scilicet, Havekestune et Newetun, datæ erant regi pro uno
manerio; ac per hoc episcopus tenuit utrasque terras, quasi
in una copula. Tulerunt tamen graviter episcopus et
abbas quod Ælwoldus[1] et alii cognati Ædrici cẏrographa
de Havekestun et de Newetun habebant, per hoc enim
metuebant sibi quandoque calumpnias ac dolos oriri. Rogavit igitur abbas Ægelwinum alderman, ut supradictarum
cyrographa terrarum sibi ab Alwoldo fratre Ædrici
adquireret, et terras, scilicet, Havekestun et de Newetun,
quietas et absque calumpnia sibi faceret: et ut hoc libentius
fecisset, promisit se daturum illi III. hẏdas apud Wambeford. Quo audito, Ægelwinus alderman recepit Wambeford, pollicens semper et promittens se facturum quod
abbas petierat. Sed pollicitatio caruit effectu: res etenim
eadem multis annis in lite versabatur. Interea venit ad
Ely Brihtnothus alderman. Tunc abbas, et omnis cœtus
fratrum accesserunt, et petierunt ab eo, ut, pro amore Dei
Sanctæque Ætheldrythæ, prædicta cẏrograplia ad opus
ecclesiæ suæ ab Alwoldo fratre Ædrici emeret: et dixerunt
se daturos eidem Alwoldo pro illis cẏrographis cẏrographum unum de Ramesia, et de Sprowintune quod est in

---

[1] Alwoldus; E.

Eastsexe, quo cẏrographo multum indiguit, et insuper promiserunt ei xxx. aureos. Tunc Brihtnothus alderman fecit sicut rogatus fuerat. Accepit siquidem cẏrographum de Ramesia, et de Sprowintune, quod fratres de Ely habebant, deditque illud Alwoldo, et de suo proprio auro dedit ei insuper xxx. aureos: et e converso recepit ab eo cẏrographa de Havekestune et de Newetune, misitque illa S. Ædeldrythæ ad Ely.

28.[1] *Privilegium Æthredi regis super manerium de Stapelforda.*

CUNCTA quæ cernuntur inter cœlum et terram practice temporalia sunt, et quæ non videntur in cœlestibus theorice catholica fide corde tenus credenda sunt. Quapropter antiqui dudum decreverunt cum terrenis æternalia et caducis cœlestia collucrari. Ideoque illuc anhelando toto mentis conamine dat quæ sua sunt nutu Dei larga manu Ædredus rex Angulsexana et Norhumbre imperator, paganorumque gubernator et Britonum propugnator, gratanter ut dictum est, Deo teste, "Gratis accepistis, gratis date."[2] Concedens villam quæ Stapelforda nominatur Deo et Sancto Petro apostolo necnon et Sanctæ Ætheldrethæ virgini, et Sanctæ ejus prosapiæ in Eliensi ecclesia quiescenti ad usus Deo inibi famulantium inspirante Paraclito, et cum illo Ædgiva Efax[3] genetrix regum, perhenniter perfruendam: Hoc prævalet alacriter Wulstanus præfati regis sequipedus patulo ore propalare de usurpatione quindecim cassatorum ad Stapelfordam. Hanc denique tellurem magnis rebus ac modicis ad eam rite pertinentibus perpetualiter Ædredus inclitus rex triumphali vexillo fidei anno dominicæ incarnationis nongentesimo quinguagesimo sexto, et nono annorum laterculo quo idem imperator sceptra diadematum sullimavit; in cujus tempore de sacerdotibus in Ely existentibus mirabilia legun-

---

[1] deest; *L. E.*
[2] Mat. x. 8.
[3] Edgiva Efax ob. 963. The date of the charter seems erroneous, and should apparently be 955.

tur contigisse. Adjecit idem rex huic ruri quandam
partem nemoris, trium videlicet hỳdarum, apud Berdefelde
atque unum molendinum in Derneforde cum pacuis non
modicis. Hujus quidem donationis testes fuerunt Domnus Odo archiepiscopus, Ædwius clito et frater ejus sanctæ
memoriæ Ædgarus, qui uterque sceptrum regni regere
meruerunt, et alii quorum nomina longum est enarrare.
Hæc vero terra in ecclesia fuit antequam monachi illuc
adducerentur, et proprie ad victum eorum est usque in
hodiernum diem.

29.[1] De Henulvesberi.

RESTAT igitur enarrandum de Henulvesbery, quem The monastery founded by Neot.
sanctus Neotus[2] primum monachili ordine instituit,[3] sed
iniqua Danorum pervasione jacuit diu miserabiliter desolandus: post plurimorum autem temporum curricula,
venerabilis pater Æthelwoldus locum eundem sicut cætera
per Angliam loca veneranda relevare et ad pristinum decorem divini obsequii reformare studnit: monachos adducens de Ely denuo illuc regulariter sub priore collocavit.
Cum enim ad præfatæ basilicæ dedicationem consisteret,
vir Deo devotus Leofricus et uxor ejus Leofleda nomine
consilium habuerunt cum eo et cum abbate Brithnodo,
rogantes eos obnixe ut monachos illic constituerent. At
illi votum eorum multipliciter[4] amplectentes, quosdam de
Ely, quosdam vero illic[5] de Torneia destinaverunt. Deinde
coram omnibus episcopum atque abbatem humiliter postu-
labant quatenus pro Dei amore et sanctæ religionis reverentia eis tanquam suis providerent atque consulerent, ut
vitam religiosam digne observarent et esset locus ipsi
abbati et cunctis successoribus suis ecclesiæ de Ely semper
subjectus; sed[6] prior illic jugiter de ecclesia de Ely
haberetur, nisi ex ipsis talis posset inveniri, et hoc assensu
atque consilio fratrum de Ely qui ipso officio dignus ex-

---

[1] deest, L. E.
[2] We are told elsewhere that Neot's relics were removed from Cornwall to Enulfsbery, but no-where else, that he founded a monastery there.
[3] constituit; G.   [4] deest, G.
[5] deest, G.   [6] sed et, G.

ı isteret. Ad victum vero eorum et vestimentum, decem
et VIII. hẏdas continuo statuerunt, necessitati illorum
utiliter providentes: duas videlicet in prædicta villa de
Henulvesberi, et VI. apud Weresle, et novem apud
Gaminggeia: unde testes fuerunt Æscuwius[1] episcopus
qui ecclesiam tunc dedicavit; Ægelwinus alderman,
Ædricus Pape, Æthelmus Polga et cæteri qui ad dedicationem illam fuerant congregati, atque hoc tribus scriptis
Anglice constant esse firmatum. Unum habuit episcopus
Æthelwoldus, quod in ecclesia pro testimonio hactenus
servatur, aliud Æscuwius episcopus, tertium ipsimet sibi
retinuerunt. Locus autem ille ad Ely diu pertinuit donec
Anglia subjugatur a Normannis: sed ecclesia gemens in
suis oppressionibus illud cum multis et magnis injuste sibi
ablatis calumpniatur et continue ad Deum cum Psalmista
querimoniam facit adversus eos qui dixerunt, "Venite et
disperdamus eam de gente: et non memoretur in ea nomen
Israel ultra:" Nam postea Normannis Angliam obtinentibus, unus illorum, Gilebertus de Clara, eundem locum
sibi vendicavit: fratresque de Ely uti in proprio illic
degentes fugavit. Tres vera non fame, non verbere de-
pellere valens, apud Beccum in custodiam ultra mare
delegavit; ac monachos inde adducens, ibi locavit, expulsis
violenter indigenis, ut in sequentibus docetur.

30. *De Wambeford.*

ALIO tempore cum essent apud Ænulfesbẏri ad dedicationem ecclesiæ Leovrici, rogavit abbas[2] Ægelwinum
alderman, ut terram de Wambeford[3] aut sibi redderet, aut
aliquo modo solveret; quia pactum, quod sibi[4] pro illa[5]
habuerat,[6] nullatenus ad effectum perduxerat. Cognovit

---

[1] Æswius; *E.* Esewi; *Malmesb.*
Asewinus et Escwius; *Westmonast.*
Interfuit consecrationi cœnobii
Rameseiæ, 9 Nov. 991; *Florent.*
p. 609 et *Westmonast.* Et hic una
cum aliis classi præpositus a rege
Ethelredo anno 992 navali prœlio

Danos profligavit. *Godwin de Epis.*
Lincolniensibus, 281.
[2] abbas tunc; *E.*
[3] Wamford; *E.*
[4] deest; *G.*
[5] illa terra; *E.* and *G.*
[6] fecerat; *G.*

itaque Ægelwinus, quia abbas verum dixerat: promisit se daturum ei pro illa terra xxx. aureos, in testimonio Alfstani et Ædnothi et Alfwini. His itaque peractis, longo post temporis cœpit Ægelnothus frater Leofrici calumpniam facere super Wambeford,[1] et super Abbintune; dixitque ea esse de patrimonio suo. Respondens vero Ægelwinus alderman, dixit se emisse illas terras, nec sibi aliquid esse ostensum aut oppositum, videlicet, nec calumpniam nec contradictionem, sive defensionem, a domino aut a parentibus.

31. De Fordham.

BRIHTNOTHUS abbas et Wine emerunt a Grim filio Osulfi duas hydas et xxxvii. acras apud Fordham, datis xi. libris pro his coram testimonio villæ et hundreti. Quæ terra cum esset cuidam viro nomine Ulf prope manus, et ille idem duas hydas habuisset apud Middeltune, quarum multum indigebat abbas propter introitum et exitum, mutaverunt terras. Abbas itaque liberavit ei duas hydas de duodecies xx. et xxxvii. acris apud Fordham, et ille e converso liberavit abbati duas hydas de duodecies xx. acris apud Middeltune.

In eadem villa habuit etiam Thurketelus[2] abbas iv. hydas et dimidiam. Qui, eo tempore quo expulsus erat de Bedeford, petiit ab episcopo Lundoniensi nomine Ælfstano, et a clero, ut cum eis posset habere communionem et partem in monasterio, ubi prius in presbyteratu emerat sibi locum. Sed episcopus cum toto clero recusavit eum. Tandem tamen, usus consilio et patrocinio amicorum, hæretavit[3] S. Paulum de iiii[or] hydis et dimidia quas habuit apud Middeltune, ut in illorum contubernio esse posset. Quod cum factum fuerat, ipse quamdiu vixerat tenuit eandem terram de fratribus, hoc est de clero, dans

---

[1] Wamford; E.

[2] We have in cap. 22, "Turkitelus abbas Ramesiæ," and in the 31st chapter we find "Bedeford." The last seems right, and Ramseiæ is probably a mistake of the scribe.

The first abbot of Ramsay was Ednoth, who lived into the 11th century. For Turketus, see Sax. Chron. 970.

[3] hereditavit; E.

eis quotannis inde xx. solidos : post mortem vero ipsius, utebantur ipsi clerici illa terra, sed cum injuriosa difficultate. Qui cum multas injurias paterentur ibi, concupivit tandem Brihtnothus abbas eandem terram ab eis vel ad censum vel ad mutationem, si forte habuisset tantundem terræ, quæ prope esset eis infra comitatum. Interea contigit quod avia Ædgari regis nomine Ædgyva, cum moreretur, dimisit cuidam nobili matronæ, quæ dicebatur Ælftred, v. hydas in Æstsexe apud Holand, quas ipsa emerat a Sprowe pro xx. libris. Tunc prædicta matrona, scilicet, Ælftred, dedit illam terram S. Ædeldrydæ : Ædelwoldus vero episcopus, et Brihtnothus abbas, totusque cœtus monachorum de Ely, tradiderunt eandem terram S. Paulo et clero Lundoniensi, pro iiii^{or} hydis et dimidia de Middeltune. Dederunt etiam pecuniam pro pecunia : superabundabant tamen apud Holande c. oves et lv. porci et duo homines et v. boves subjugales.

32. De Horningeseie.

Priusquam paganorum rabies, qui in Orientali Anglia debacchati erant, circa provinciam Grantebrycge efferbuisset, terramque vastationi et desolationi tradidisset, apud Horningeseie monasterium regiæ dignitatis extitit, eratque ibi non parva congregatio clericorum. Eodem vero tempore quo[1] exercitus illo in loco debacchatus est, Cenwoldus presbyter sacerdotii officio fungebatur ibi. Tunc illi qui ex paganismo ad baptismi gratiam confluxerant, dederunt prædicto monasterio v. hydas in Horniggeseie, et duas in Eie. Mortuo autem Cenwoldo successit in locum suum Herolfus presbyter, qui quoniam sequutus erat Æthelstanum regem, sub tutela et protectione illius locum optinuit. Illis tamen in diebus Wlfricus præpositus, qui cognatus erat Cenwoldi, duas hydas supradictas de Eie vi et injuste abstulit monasterio. Deinde in diebus Ædgari regis Æthelstanus presbyter, cognatus Herulfi, loco et vice ejus in eodem monasterio functus, sacer-

A.D. 870.

A.D. 924— 940.

A.D. 957— 75.

---

[1] quod ; E.

dotium optinuit. Qua tempestate contigit, ut quidam furarentur magna et innumera· bona cujusdam Thorth nomine, Oslaci comitis filii: qui frangentes cophinos ejus extraxerunt sicam unam optime insignitam auro et argento, sed et plurima indumenta pretiosarum extraxerunt vestium; quæ secum asportantes detulerunt omnia ad Athelstanum presbyterum, eique commiserunt. Qui ea accipiens, inclusit in cophinis Herulfi. Quibus ita peractis, furtum casu patuit. Nec mora, adest Thorth cum centurionibus et triumviris ac. præconibus, et reseratis cophinis Herulfi, reperit furtum sub custodia Æthelstani. Qui extemplo capitur, vinclis artatur, et ante conspectum pontificis Oskiteli[1] sistitur. Interea venit Herulfus, et casu Æthelstani cognito, accepit omnes gazas ecclesiæ quas boni viri Deo devoti priscis in temporibus pro animabus suis monasterio impenderant, et veniens ad Wlstanum, dedit partem earum illi, eo pacto, ut eum miseraretur, et ut monasterio suo diebus vitæ suæ potiretur. Quædam quoque ornamenta dedit episcopo, ne Æthelstauus presbyter vita privaretur, nec degradaretur. Post modicum tempus Herulfus presbyter tollitur e medio, et Æthelstanus successit pro eo. His itaque peractis B. Æthelwoldus accessit quantocius ad regem Ædgarum, et emit ab eo Horniggeseie pro L. aureis. Tunc jussit Wlstanus ut B. Æthelwoldus metiri fecisset terram quam presbyter Æthelstanus habuit, videlicet III. hýdas de duodecies XX. acris. Quo audito, Æthelstanus cœpit usurpare sibi Eie, et attestari quod illud esset jure suum proprium. Ut vidit tamen quod contra episcopum suis viribus non sufficeret, petiit Wlstanum, fecitque sibi homagium, ac promisit illi Eie ad vendendum pro tanto pretio quantum sibi placeret, quatenus contra episcopum Æthelwoldum manu-teneret eum : quia episcopus appellabat eum de gazis ecclesiæ, quas ille et Herulfus cum sacrilegio

---

[1] Osketus seems to have been Bishop or Corepiscopus of Dorcestre about 948, and Archbishop of York from 956 to 970 or 972. His ministerial function here probably arose from his bishoprick. See C. Sax. 970.

extulerant. Taliter nactus est Wlstanus Eie per man-
datia[1] presbyteri, et per aliquantulum pecuniæ, sicque
habuit quamdiu vixerat contra Deum, et contra B. Æthelwoldum. . Post mortem vero illius, cœpit episcopus facere
calumpniam super Eie, et super Æthelstanum, qui gazas
ecclesiæ abstulerat. Videns igitur presbyter, quod nil
proficeret si cum episcopo contenderet, quæsivit sibi pa-
tronos, scilicet, Osulfum, et Godingum, et Ætferthum,[2] et
alios quam plures viriones,[3] qui eum apud episcopum de-
precarentur. Tunc episcopus, illorum rogatu, dimisit ei
duntaxat calumpniam de gazis, eo pacto, quod redderet
Deo et S. Ætheldrythæ Eie. Ivit igitur presbyter cum eo
ad Hely, ac juravit super altare sanctum et super corpus
S. Ætheldrythæ, quod nec ille nec aliquis successorum
suorum unquam tempore vitæ suæ, nec postea, Eie repe-
teret, nec calumpniam inde faceret.

. Ante hoc iiii[or] annis, Wlfricus præpositus exuit
hominem, et dimisit nepoti suo Leofstano presbytero duas
hydas, .quas, ut ante docuimus, Deo et monasterio de
Horniggeseie vi et injuste arripuerat. Interea quidam
institores de Hybernia cum variis mercibus et sagis, apud
civitatulam quæ Grantebrycge nuncupatur appulerunt;
et expositis mercibus, contigit quod præfatus presbyter
Leofstanus furtim subduxisset saga eorum. Quod cum
patefieret, petiit patrocinium civium, qui ei deprecati
sunt vitam et solum. Quod cum factum fuerat, præfatus
presbyter duas hydas, quas Wlfricus præpositus ei dimi-
serat, dedit Wlfstano, cum cyrographo; Wlstanus vero
dedit eas cum cyrographo Æthelstano Chusin, id est,[4] cognato suo, quas, post obitum Wlstani, Æthelwoldus episcopus emit ab eo pro viii. libris.

33. *Item de Horningeseie.*

A. D. 975. DEINDE post mortem Ædgari regis, prædictus Leofstanus et filius Wlfrici prosiluerunt, et vi optinuerunt

---

[1] mendatia; *E.*
[2] Æalferthum; *E.*

[3] virrones; *E.*
[4] "id est," desunt; *E.*

ii^as præscriptas hȳdas Horniggeseie. Et Æthelstanus presbyter assultum fecit, et optinuit Eie, mentitus Deo et S. Ætheldrythæ jusjurandum, quod juraverat. Partitusque est presbyter terram de Eie cum duobus fratribus suis, hoc modo: dimidiavit primum, et post dimidiam partem acceptam, accepit et tertiam. Eo enim majorem partem cœpit, quo ei magis quam aliis terra constitit. Nam dedit Æthelstano filio Manne duas marcas argenti, et Omundo cum fratribus suis tantundem. Dedit etiam multa aliis proceribus, ut eum contra jus et fas manu tenuissent. Cum igitur presbyter Æthelstanus multis injuriis episcopum et abbatem affectos reddidisset, post multa annorum curricula, consilium inierunt cum amicis; tandemque fecerunt, ut ille presbyter et fratres sui Bondo et Ælfstanus, simul essent in unum, diemque constituerunt apud Horniggeseie. Venerunt itaque ad diem abbas et Alfnothus filius One, Vvi et frater ejus Oswi, Wlnothus de Stowe, Grim filius Osulfi, Saxferd et filius ejus Oskitelus, Oswi de Bece, Alftanus Clac de Fugelburne, Omundus et filius ejus Simundus, Vvi, Wacher de Swafham et Ælfnothus Godingy filius. Coram his ergo testibus dedit abbas Æthelstano pro sua parte de Eie, unum prædium et unam hȳdam, de duodecies xx. acris apud Sneillewelle; quam emerat a Wedwino Aldstani filio pro vi. libris. Deditque etiam ei aliud prædium et Lxxv. acras, quas emerat ab Hugone, et ab[1] Alfrico. Deditque etiam abbas fratribus Æthelstani, Bondoni[2] et Ælfstano, in eodem loco, iiii^or libras et xviii. denarios; sicque pacificati sunt abbas et Æthelstanus et Bondo et Alstanus,[3] de omnibus, scilicet, de terra, et de marisco, et de pecunia, cum omni amicitia, et coram testimonio populi.

' Deinde ibant quidam fratres Leofsius,[4] Ælfstanus et Wlgarus, et Oslacus, gener eorum, ad Brihtnothum, alderman, et dederunt ei unam hȳdam, quam acquisierant, eo pacto, ut ipse manum ferret eis, ad conquirendam quan-

---

[1] deest, E.
[2] Bondono; E.
[3] Alfstanus; E.
[4] Leofsius et; E.

dam terram in Orientali Anglia; quod cum fecisset, Wlgarus et Oslacus fecerunt ei de sua parte de hẏda, sicuti
pepigerant: alii vero omne pactum cum eo irritum fecerunt. Ab his autem qui pactum fregerant, comparavit
abbas et Ædricus suam partem de hẏda, pro quatuor
libris, coram testimonio populi.

Post hæc comparavit prædictus Leofsius presbyter a
Lefstano presbytero unam hẏdam, et unum campum pro
c. solidis. Qui, tametsi antea pactum quod cum Brihtnotho alderman habuerat irritum fecisset, iterum tamen
proposuit ei unam hẏdam datum, aliam vero venundatum;
verum ut antea, ita et nunc, omnia mentiri comprobatur.
Videns igitur Brihtnothus alderman, quod presbyter, mendaciis et perfidia, qua plenus erat, eum seduxerat, jussit
illum summoneri; et veniens ad Dittune, cœpit ibi dis-
serere et enarrare causas et calumpnias, conventiones, et
pacta infracta, quæ habuit super eum, per testimonium
multorum legalium virorum. Cui omnia illata deneganti
et contradicenti; statuerunt ut cum jurejurando se pur-
garet: quod cum facere nequibat, nec qui secum jurare
debuerant habere poterat, decretum est, ut eo expulso,
Brihtnothus alderman utrisque hẏdis uteretur; videlicet,
quam pollicitus erat ei dare, et quam proposuit venun-
dare. Hoc idem iterum alia vice statutum erat apud
Grantebricge: quod cum factum fuerat, Brihtnothus alderman easdem terras contulit S. Ætheldrythæ.

34. De Suafham et Berlea.

EADGARUS rex emit ab Ægelwino, Æthelwardi filio de
A. D. 975. Suthsexe, Suafham et Berlea pro LXXX. aureis. Deinde comparavit utrasque terras Æthelwoldus episcopus a rege, datis
illi totidem aureis; post obitum vero Ædgari regis, quidam
maligni per parentelæ violentiam impetum fecerunt super
Berelea, et vi optinuerunt illud. Tamen illa terra facta
erat per furtum transgressioni obnoxia tempore Ædgari
regis, Wlstano præposituram agente. Contigit igitur
quodam tempore, quod magna concio erat statuta apud

Witlesford; et convenerunt illuc Ægelwinus alderman et
fratres sui, Alfwoldus et Ægelsius, et episcopus Eswi, et
Wlfled relicta Wlstani, et omnes meliores concionatores
de comitatu Grantebrycge. Assidentibus itaque cunctis,
surrexit Wensius Wlfrisi cognatus, et fecit calumpniam
super terram de Suafham, dixitque se et cognatos suos
injuste carere illa terra, quandoquidem pro ea nil habuissent, videlicet, nec terram nec terræ pretium. Audita
igitur hac calumpnia, interrogavit Ægelwinus alderman, si
aliquis esset ibi in populo qui sciret quomodo Wlstanus
illam terram adeptus esset? Respondens ad hæc Alfricus
de Wicham, dixit quod Wlstanus emerat eandem terram,
scilicet, duas hȳdas in Suafham, a prædicto Wensio pro
VIII. libris. Et ut credibile quod dixerat haberetur, VIII.
hundreta quæ sunt in australi parte Grantebrycgie traxit
in testimonium. Dixit etiam quod Wlstanus dederat
Wensio illas VIII. libras, per duas vices; extremam tamen
partem pecuniæ, et extremum denarium misit ei per
Leofwinum Æthulfi[1] filium, qui dedit illi pecuniam, in una
cȳrotheca involutam, coram VIII. hundretis in quibus prædicta terra sorte jacuerat. His ergo auditis, statuerunt,
ut episcopus et abbas duas hȳdas in Suafham, sine omni
calumpnia haberent, et pro libitu potirentur. Si autem
Wensius aut cognati sui pecuniam, aut aliud pretium, pro
illa terra amplius exigere voluissent, ab hæredibus Wlstani,
et non ab alio illud exegissent. Terra enim illa fuit
modo in quarta manu, et quamvis esset in tertia vel in
secunda manu, similiter facere debuissent. Post hæc
Æthelwoldus episcopus et Brihtnothus abbas, has duas
hȳdas, et LXX. acras, quas episcopus emerat, præstiterunt
Ædrico,[2] eo pacto, ut ille cum moreretur, redderet S. Ætheldrythæ hanc eandem terram, cum omni pecunia et omni
facultate, omnibusque bonis, quæ ipse in vita sua ac-
quisierat. Et hujus rei testes erant Ægelwinus alderman, et totus cœtus, qui tunc apud Grantebricge convenerat.

[1] Athulfi; E.   [2] Æadrico; E.

35. *De Brandune et Livermere.*

ÆLFGARUS de Muletune, cum moreretur, dimisit Wlstano de Dalham v. hýdas apud Brandune, et Liveremere;
Wlstanus vero dedit eandem terram cognato suo Wihtgaro,[1]
multis annis ante finem vitæ suæ. Post obitum vero ejus,
quodam tempore cum convenissent concionatores Angliæ
ad Lundoniam, idem Wihtgarus[1] Æthelwoldo episcopo
eandem terram optulit venum: quod cum audissent episcopus et abbas, dederunt ei pro terra xv. libras, coram
testimonio Leofrici, Æthelferthi filio et Vvi de Wivelingeham. Centum vero solidos miserunt ei postea per
Leofwinum præpositum, et Wine de Wiceford, qui dederunt ei eandem pecuniam apud Brandune, coram testimonio totius hundreti in quo illa terra jacet. Emerunt
etiam ab eo omnem pecuniam, quæ erat in illa terra,
secundum quod appretiata fuerat. Ea vero tempestate,
A. D. 975.   qua rex Ædgarus de hac vita decessit, quidam Ingulfus
nomine vi et injuste Deo Sanctæque Ætheldrydæ Brandune abstulit. Sed ut manifestaretur virtus Dei et meritum B. Ætheldrythæ virginis, ex illo die, quo sic res ecclesiæ
invasit, nihil edulii aut liquoris gustavit, rumpebatur enim
sine omni dilatione cor ejus, sicque factum est, quod qui
vivus quæ Dei erant injuste arripuerat, oppetens mortem
retinere non potuit; sed se et illa simul amisit. Uxor
quoque et filii ejus, eo mortuo, invaserunt eandem terram
similiter; sed quemadmodum honorem Deo non dederunt,
nec animæ suæ pepercerunt, sic ultio divina exarsit super
eos; et infra unum annum omnes miserabiliter interierunt. Tunc Siverthus, Ingulfi frater, dedit episcopo suam
terram, contra voluntatem Ægelwini alderman, aliorumque
quamplurium.

36. *De Brandune et de Livermere.*

ÆLFGARUS emit omnem octavam acram in Brandune, et
III. hýdas apud Livremere, a quodam comite qui dicebatur

----

[1] Wiggaro; *E.*

Scule, pro duobus dextrariis et duobus dorsaliis de pallio et L. aureis.

Æthelwoldus episcopus addidit supradictis xx. libris x. aureos, et dedit Wihtgaro,[1] pro amicitia quæ inter eos erat.

37. De Suthburne.

ÆDGARUS rex et Alftreth dederunt S. Æthelwoldo manerium, quod dicitur Suthburn, et cẏrographum quod pertinebat, quod comes qui dicebatur Scule dudum possederat; eo pacto, ut ille regulam S. Benedicti in Anglicum idioma de Latino transferret: qui sic fecit. Deinde vero B. Æthelwoldus dedit eandem terram S. Ætheldrythæ, cum cyrographo ejusdem terræ.

38. De Wdebregge.

BEATUS Æthelwoldus comparavit iii. hẏdas apud Wdebrẏgge, et appendicia quæ pertinebant, a Wlfleda relicta Wlstani, pro xv. libris, coram testimonio totius hundreti.

39. De Stoche.

QUÆDAM matrona quæ dicebatur Alftreth, cœpit deprecari regem Ædgarum, ut B. Æthelwoldo venderet x. hẏdas apud Stoche, quod prope est de Gyppeswic, et duo molendina, quæ sunt sita in australi parte; cujus preces valuerunt apud eum: nam episcopus dedit regi pro illa terra et pro molendinis, c. aureos, et postea optulit eandem terram, et eadem molendina S. Ætheldrẏthæ.[2]

Ædgarus[3] quoque rex divini muneris dignationem in se transisse cognoscens, gloriam potestatis morum gratia compensabat cujus potestas regni fuit augmentum, cujus auctoritas ecclesiæ munimentum, cujus vita virtutis instrumentum, cujus opera publicum erant adjumentum. Unde hoc tertium suæ largitatis munus ecclesiæ adiciens præce-

---

[1] Withgaro; E.
[2] Ætheldrẏthæ. Unde et privilegium regis; G.
[3] Ædgarus .... memoriam, desunt; L. E.

dentis exemplo privilegii ea qua illud causa, gemina lingua insignivit[1] et hoc fine consummans propositum æternam sibi propagavit memoriam.

Item. Privilegium Ædgari regis.

℟[2] FLEBILIA fortiter detestanda titillantis seculi piacula diris obscœnæ horrendæque mortis circumsepta latratibus, non nos ⸴ patria indeptæ pacis securos, sed quasi[3] fœtidæ corruptelæ in voraginem casuros provocando ammonent, ut ea toto mentis conamine cum[4] casibus suis non solum despiciendo, sed etiam velut fastidiosam[5] melancoliæ nauseam[6] abominando fugiamus; tendentes ad illud propheticum, " Divitiæ si affluant, nolite cor apponere."[7]   Qua de re infima quasi peripsema quisquiliarum abjiciens, superna ad instar pretiosorum monilium eligens, animum sempiternis in gaudiis figens, ad adipiscendam mellifluæ dulcedinis misericordiam perfruendamque infinitæ lætitiæ jocunditatem, ego Eadgar, per Omnipatrantis dexteram totius Britanniæ regni solio sublimatus, quandam ruris particulam, decem videlicet cassatos, in loco qui celebri Æt[8] Stoche nuncupatur vocabulo, sanctæ Dei ecclesiæ ad reverentiam B. Petri apostolorum principis nec non B. Etheldrythæ perpetuæ virginis dedicatæ, loco qui celebri Elig[9] nuncupatur onomate ; ob æternæ beatitudinis remunerationem perpetua largitus sum hereditate, quatenus rus præfatum ad usus monachorum inibi degentium, uti Æthelwoldus episcopus suo famulatu optinuit devote deserviat.   Prædicta equidem tellus cum omnibus utensilibus, pratis videlicet, pascuis, molendinis, ac suburbanis, supradictæ jugiter subjiciatur ecclesiæ. Sit autem prædictum rus omni terrenæ servitutis jugo liberum, tribus exceptis, rata videlicet expeditione, pontis arcisve restauratione.   Si quis igitur hanc nostram dona-

---

[1] insignium ; *G.*
[2] This formula is frequent in the charters of Athelstan.
[3] " sed quasi," desunt ; *E.*

[4] in ; *E.* [5] fastidium; *E.* & *G.*
[6] nausium; *E.* & *G.*
[7] Ps. lxii. 10.
[8] deest, *E.*   [9] Heli ; *E.*

tionem in aliud quam constituimus transferre voluerit, privatus[1] consortio sanctæ Dei ecclesiæ æternis barathri incendiis lugubris jugiter cum Juda Christi proditore ejusque complicibus puniatur, si non satisfactione emendaverit congrua, quod contra nostrum deliquit decretum.

His metis[2] præfatum rus hinc inde giratur. Ðiſ ſẏnꞇ þaꞃa x hẏba lanb ȝemæꞃa æt Stoce. Ðæt iſ þonne æꞃeſꞇ oſ pæꞃe hẏpe andlanȝ ſꞇꞃeameſ æt eſcmanneſ ẏꞃe; 7 ſpa ſoꞃþ on mibbe peaꞃbne ſꞇꞃeamþ hẏꞇ cẏmþ oꞃbꞃunnan; 7 ſpaſoꞃþ on Ðeoſſord 7 þanon on Haliȝpille on Healdeneſho oſ þæm ho on Pottaſoꞃda on Haȝeneſorda bꞃicȝe, oſ Haȝeneſoꞃba bꞃicȝe, on þoꞃſe pade into meꞃſc mẏlne, oſ meꞃscmẏlne into þeꞃe bꞃiȝe.

Anno Dominicæ incarnationis nongentesimo septua- A.D. 970. gesimo scripta est hæc carta, his testibus consentientibus quorum caraxantur inferius nomina.

Ego Æbȝaꞃ Rex totius Britanniæ præfatam donationem cum sigillo sanctæ crucis confirmavi. ✠	Ego Wulſꞃic Episcopus. ✠
	Ego Wulſſiȝe Episcopus. ✠
	Ego Ælſſiȝe Episcopus. ✠
	Ego Æſcpiȝ Abbas. ✠
Ego Dunſꞇan Dorobernensis ecclesiæ Archiepiscopus ejusdem regis donationem crucis signo consignavi. ✠	Ego Oſȝaꞃ Abbas. ✠
	Ego Ælſꞃic Abbas. ✠
	Ego Ælſſꞇan Abbas. ✠
	Ego Æþelȝaꞃ Abbas. ✠
Ego Ælſſꞇan Episcopus consignavi. ✠	Ego Kẏneꞃeaꞃb Abbas. ✠
	Ego Ælſheah Abbas. ✠
Ego Æþelpolb Episcopus consensi. ✠	Ego Folbꞃiht Abbas. ✠
Ego Oſulſ Episcopus. ✠	Ego Lobpine Abbas. ✠
Ego Winſiȝe Episcopus. ✠	Ego Bꞃihꞇnoth Abbas. ✠
Ego Oſpalb Episcopus. ✠	Ege Oſpaꞃb Abbas. ✠
Ego Ælſpolb Episcopus. ✠	Ego Bꞃẏhꞇeh Abbas. ✠
Ego Æbelm Episcopus. ✠	Ego Ælſheꞃe Dux. ✠
Ego Ælſpolb Episcopus. ✠	Ego Ælſheah Dux. ✠
Ego Ælſſꞇan Episcopus. ✠	Ego Oꞃbȝaꞃ Dux. ✠
	Ego Æþelſꞇan Dux. ✠

[1] privetur; *E.*   [2] His metis, &c. . . . . . ; ex *L. E.*

Ego Æþelpine Dux.	Ego Æþelſıʒe Miles. ✠
Ego Bnýhtnoþ Dux.	Ego Wulfſtan Miles. ✠
Ego Oſlac Dux.	Ego Bnýhtnıc Miles. ✠
Ego Wulfſtan Miles.	Ego Leoſa Miles. ✠
Ego Æþelpanð Miles.	Ego Þnınʒulſ Miles. ✠
Ego Eanulſ Miles.	Ego Oſulſ Miles. ✠
Ego Ælſpanð Miles.	Ego Ðuneſenþ Miles. ✠
Ego Oſpeanð Miles.	Egꝺ Þeannıc Miles. ✠
Ego Oſulſ Miles.	Ego Leoſnıc Miles. ✠
Ego Ælſpıne Miles.	Ego Æðpıʒ Miles. ✠
Ego Eaðpıne Miles.	Ego Leoſpıne Miles. ✠
Ego Ælſnıc Miles.	Ego Aþulſ Miles. ✠
Ego Ælſhelm Miles.	Ego Oſſenþ Miles. ✠
Ego Ælſſıʒe Miles.	Ego Ælſhelm Miles. ✠
Ego Wınſıʒe Miles.	Ego Sıʒeſenþ Miles. ✠
Ego Wulſʒet Miles. ✠	Ego Oſʒoð Miles. ✠

Ðıſ ıſ ÐÆRÆ x hıða lanð BOC ÆT STOCE ÐE ÆÐLÆR cýnınʒ LE BOCÆÐE LOÐE 7 SCE ÆÐEL-DRÝÐÆ INTO ELIL ON ECE ýnſe, HIS SÆULE TO ÆLYSEÐÞHESSE. EÆLSWÆ ÆLFÐRÝÐ ÞIT LEÆRN ÐOÐE ÞIS LEBEÐÐÆ.

40. De Dyrham.[1]

INTER alia vero magnifica confessor Domini Æthelwoldus expetitum a rege Ædgaro Dyrham cum omnibus quæ ad eandem villam pertinebant, ecclesiæ de Ely adjecit et sanctæ Ætheldredæ gratanter obtulit.

41. De Suthburne, et Wdebregge, et Stoche, et VI. Hundretis.

FECERUNT quodam tempore conventionem inter se episcopus et abbas et Ægelwinus alderman, ut ipse Ægelwinus tenere deberet de illis Suthburn et Wdebrýcge et Stoche, et VI. hundreta quæ pertinent ad Suthburn: qui sic fecit, reddiditque eis, pro his ministeriis, X. libras quotannis, in termino Rogationum.

[1] deest, L. E.

42. *De Northwolde.*

THURVERTHUS abstulit cum rapina Deo et S. Ætheldrythæ XII. hỹdas apud Northwalde ; nam hæc terra erat pars terrarum quas B. Æthelwoldus comparavit a rege Ædgaro, dans ei pro his Eartingan.

43. *De Pulnham.*

DIRIPUIT etiam idem Deo et S. Ætheldrythæ, Pulnham, quam Æthelwoldus episcopus emerat a rege Edgaro pro XL. libris. Quas terras, videlicet Northwalde et Pulnham, per transgressionem amisit Waldchist, et omnia quæ habebat, tempore Ædmundi regis ; et fuerunt in manu regis Eadmundi, et Eathelredi, quousque ipse Eathelredus dedit easdem terras Eadgivæ matri suæ ; post cujus mortem acquisivit easdem terras Wlstanus a rege Ædgaro. Sed et Eadgiva et Wlstanus acquisierunt, et emerunt plures terras et plura bona quam unquam Waldchist habuisset, et his duobus maneriis addiderunt. Hæc igitur duo maneria prædictus Thurverthus vi cœpit et optinuit.

A. D. 940—946.

44. *De Wetinge.*

APUD Wetinge comparavit Æthelwoldus episcopus III. hỹdas ab Eagelwardo, pro VI. libris. Deinde vero quidam, nomine Steapa, per sua munera tantum fecit, quod episcopus caruit utrisque, videlicet et terra et pecunia.

45. *De Horningesheie.*

EMIT quoque episcopus ab Ethelstano Ægelwardi fratre, duas hỹdas apud Horniggeseie, pro VIII. libris : nunc vero caremus et illa terra et pecunia.

46. *De Grantedene.*

ÆTHELWOLDUS episcopus emit Grantedene pro ducentis aureis, ab Henrico de Waneting, coram testimonio Eadgari

regis, et Alferi alderman, et Ægelwini et Brihtnothi et
Alfrici Cyld et Ringulfi et Thurverthi, et aliorum sapien-
tum qui tunc ibi aderant: sicque facta est illa conventio
coram illis, quod siquis unquam in alio tempore facere
vellet calumpniam super illa terra, Henricus et hæredes sui
episcopo ducentos aureos redderent, ipsique discordiam
cum calumpniatoribus haberent. Quamvis hæc conventio
sic facta fuisset, tamen cáret ecclesia de Ely nunc et illa
terra et pecunia.

47. De Massewrthe.

ÆDGARUS rex et Alftred dederunt S. Ætheldrythæ terram de Meassewrthe, quam Alfgiva, cum moreretur, dimisit
ei.

48. De Killinge.[1]

ÆTHELWOLDUS episcopus emit ab Ædrico Daco suam
terram de Chillinge, pro xx. libris, et pecuniam quæ erat
in ea emit pro xi. libris. Recepit igitur Ædricus apud
Ely c. solidos ab episcopo coram hundreto, et xv. libras,
quæ restabant, detulit illi Ægelsius, qui tunc erat præpositus episcopi, et dedit eas ei coram tribus hundretis in
quibus Chillinge jacet; aderantque ibi Wlstanus de Dalham, et Ringulfus, et fere omnes meliores de illis finibus.
Dataque est ei ibi pecunia coram testimonio trium hundretorum.

49. De Horningeseie.

A. D. 975.   POST obitum vero Ædgari regis, dum esset rex Ædwardus et fere omnes sapientes sui apud Kyngestune,
rogavit Ægelwinus alderman Æthelwoldum episcopum, ut
dimississet eum habere Chÿllinge, eo pacto ut e converso
ille mutaret sibi tantundem terræ, quæ ei esset proprior
et copiosior: de pecunia vero, quæ erat in terra, pro libitu
fecissent. Quod cum concessissent episcopus et abbas,
Ægelwinus alderman tradidit eandem terram Ringulfo.

---

[1] Chÿllinge ; E.

Deinde petierunt episcopus et abbas ab eodem Ægelwino, ut adquietaret eis, et absque calumpnia habere faceret duas hẏdas apud Horningeseia a filiis Wlfrici, quas, ut supra diximus, episcopus emerat ab Æthelstano. Quo audito, Ægelwinus cœpit semper bene promittere se hoc facturum; sed verba sua pondus non habuerunt, nec promissa ad effectum pervenerunt.

Æthelwoldus episcopus emit a quodam suo optimate, Lefsio, duas hẏdas apud Ceagnesworthe[1] pro IIII. libris: quæ terra est in vicecomitatu de Bedeforde, pertinens ad Hohtune. Brihtnothus igitur abbas dedit Lefsio primam partem pecuniæ, scilicet, LX. solidos apud Heatfelde, coram testimonio Alfwardi[2] de Stodham: deinde vero, cum moreretur idem Leofsius XX. solidos qui restabant, fecit abbas dari et partiri clericis pro anima sua. Sed et revelatio[3] Leofsii restabat, nec data erat episcopo. Sic emit episcopus illam terram, et tamen per rapinam et violentiam ei ablata est.

Hyda quoque et dimidia ei ablata est apud Earningeford, quæ per pugnam et per furtum facta erat transgressioni obnoxia.

50. *Quæ ornamenta rex Edgarus dedit ecclesiæ de Ely.*

TALIA quoque ac tanta venerandus rex Ædgarus, et Deo devotus Æthelwoldus episcopus non solum apud Ely; sed et in multis Anglorum locis, ampliora atque præcipua agentes, ecclesiam Dei plantabant et illustrabant. Et si quid honestatis et gloriæ valet humanum ingenium meditari, de laudibus et munificentia benigni regis hujus commentetur ad magnificentiam summi Regis cujus dona sunt omnia bona opera gratulabundus applausibus regi adclamet in rege cujus æterna dispositio pro libitu suo mutat regna et transfert imperia: cujus mancipium prædictus rex se esse cognoscens, sponsam illius, ecclesiam undique per Angliam, sed potins illam de Ely obsequiis sullimavit;

King Edgar's gifts to the Church.

---

[1] Ceangueswrthe; *E.*   [2] Alfwaldi; *E*   [3] relevatio; *E.*

et ne quis possessiones aliquando ruinæ vexaret incursus, privilegiis munivit, et multiplici donorum largitate insigniter decoravit. Et ut in reliquos latius bonorum operum funderetur exemplum, affectum piæ devotionis multipliciter extendit. Enimvero chlamydem suam de insigni purpura ad modum loricæ auro undique contextam illuc contulit, de qua infula facta est, et in ecclesia velut recens hactenus servatur. Dedit etiam de sua capella capsides et phylateria cum nonnullorum reliquiis sanctorum in sanctificationem loci, et ad decorem domus Dei indumentorum quæque insignia. Ecclesia igitur cœtu monachorum stipata, in hoc mare magnum et spatiosum Dei providentia secure et quiete navigabat, sola pars iniquorum diu ablata protervis eam querimoniis expugnare nitebantur : sed pie et misericorditer Dominus custodit omnes diligentes se, et omnes peccatores disperdet sicut ex sequente colligitur capitulo.

51. *Quod Sancta Crux Christi loquelas edidit in protectionem monachorum.*

A miracle. TEMPORE autem gloriosi regis Edgari, tanta clericalis ordo quibusdam in locis confusione agebatur, ut non solum a vita secularium excellentius nihil haberet, verum etiam improbis actibus longe inferior jaceret. Qua de re pastores ecclesiarum turbati, sed potius Edelwoldus præsul Wintoniensis et Oswaldus[1] Wigornensis, Dunstanum ut proprium primatem adeuntes res male gestas exponunt, correctionis concilia perquirunt. At ille in homines nefandos suæ auctoritatis proferens sententiam, " Aut ca-" nonice," inquit, " est vivendum, aut de ecclesiis exeun-" dum:" ex quo factum est, ut complurium ecclesiarum clerici, dum contemnerent proposita conditione corrigi, auctoritate pontificis sunt expulsi, et monachi introducti. Qui rege adito, vel quos regis gratia proximos effecerat, Dunstanum injuriarum accusant, virtutis se amatores pro-

---

[1] Wlstanus; *E.*

nuntiant, ut in presentia regis conveniatur orant. Dunstanus itaque his quæ rationabiliter postulabantur con-
traire nolens, coacto concilio Wintoniam venit : ubi ex
sententia totius consilii de adversariis victoriam cœpit.

Intererat tantæ controversiæ Brithnodus sanctæ Elyensis
ecclesiæ primus abbas, cum cetera religiosorum turba :
auxilium de cœlo non de terra, a Deo non ab hominibus
præstolabantur. Cumque inimici Domini ex jure nihil
sibi superesse conspicercnt, usi auxilio regis et principum,
ad preces se vertunt, quibus episcopum flagitant, quatinus
intromissæ personæ de ecclesiis expellantur, expulsæ
restituantur. Dubitante ergo viro Dei, nullumque ad
rogata responsum porrigente, res mira et seculis inaudita
contigit. Ecce corporis Domini forma, ex lapide incisa,
vexillo crucis infixa, atque in editiore domus parte locata,
humanos exprimens modos, omnium voces compescuit,
dicens : " Absit hoc ut fiat, absit hoc ut fiat."[1] Ad quam
vocem rex omnesque majores natu, fere usque ad alatio-
nem spiritus perterriti, clamore pariter et Dei laudatione
aream complent. Tunc Beatissimus Dunstanus archiepiscopus, et S. Ethelwoldus pater et monachorum patronus,
de sede sui episcopatus atque de Ely eos expulerat, et
monachos in utrisque collocaverat, atque S. Oswaldus
Wigornensis præsul qui de sua similiter sede clericos
ejecit, et monachis instituit, adversum quos propugnatores
extiterunt fortissimi. Necnon bonæ memoriæ dux
Brithnodus et Ælwinus Orientalium Anglorum comes,
cum fratre suo Ælwoldo in conspectu regis constanter
restiterunt; et se nequaquam ferre posse dixerunt, ut
monachi ejicerentur ab ecclesiis qui omnem religionem in
regno tenuerant. Taliter pars inimica invidentium bono,
Dei virtute est projecta, ut in eis compleatur quod in

---

[1] In margine, *E.* Isti versus
scripti sunt juxta crucem argenteam in refectorio Winton. :—

" Humano more crux præsens
edidit ore

Cœlitus afflata, quæ prospicis
hic subarata,
Absit hoc ut fiat, Absit hoc ut
fiat, Absit hoc ut fiat,
Judicastis bene, mutaretis non
bene."

M

psalmo legitur. " Vultus autem Domini super facientes
mala, ut perdat de terra memoriam eorum:"[1] ac contra
de istis bene dicitur. " Clamaverunt justi et Dominus
exaudivit eos, et ex omnibus tribulationibus eorum liberavit eos:"[2] ut qui in domo Dei sunt in prosperis, et
in adversis, discant spem in Domino firmam habere, quia
qui linguas infantium[3] facit disertas, et omnia cooperatur
in bonum,[4] huic elemento immobili loquelas edere jussit
in protectione suorum fidelium, ad gloriam nominis sui,
qui omnia quæcunque voluit fecit in cœlo et in terra, et
disponit omnia suaviter. Itaque horum singuli pro inaudito et insperato eventu, Deum laudibus undique ex-
tollunt atque collaudant. Denique ad propria quique
remeare festinant, quod viderant et audierant gratanter
ubique prædicant. Hujus etiam admirandæ rei conscius,
et donorum auditor cœlestium, testis veridicus factus[5]
Brithnodus abbas, dum ad suos in Ely remeavit, Deum in
operibus suis benedicunt,[6] qui non derelinquit præsumentes
de se, et de propria virtute gloriantes humiliat, ubi nomen
ejus invocatum est super nos, qui facit mirabilia magna
solus.

52. *Quo tempore ecclesia dedicata fuit vel a quibus.*

Abbot Brith-
noth restores
the monas-
tery.

INTERIM abbas Brithnodus circa ecclesiæ fabricas insta-
bat, munificentia regis fultus atque auxiliis sancti præsulis, quam, non ut piger operator sed cum summa intentione, a Danis quondam subversam, ad perfectum erigere
laborabat: ex parte enim lapsa velut nova, non sine
grandi labore, licet plurimo tempore decurso, tamen pro-
pere quam sperabat, consummatione adimplevit; ac deinde
tectis reparatis, quæ igne fuerant consumpta, templum
rursus ædificatum non minus eximium aut eminens quam
prius apparuit. Tandem, deprecatione fratrum, tam abbas quam episcopus Æthelwoldus dedicationis diem obti-

---

[1] Ps. xxxiii. 17.
[2] Ps. cvi. 6.
[3] Ps. viii. 3.

[4] bonum diligentibus se ; *A. S.*
[5] Sanctus ; *E.*
[6] benedixit ; *A. S.*

nuerunt a beatissimo archipræsule Dorobernensi Dunstano,
tempore assignato die sequenti purificationis S. Mariæ;
cum quo multi pontifices et ecclesiarum pastores ad tam
festivam solempnitatem celebrandum convenerunt. Imprimis officinas monasterii benedictionibus repleverunt, et
sua auctoritate locum, et quæ alicujus fidelium largitione
ibidem collata fuerant, scripto consignantes, adhibitis
excellentissimi regis Ædgari privilegiis, cum quibus universa confirmaverunt. Post hæc, dedicationem incœpe-
runt in benedictionibus dulcedinis: in capite ecclesiæ
titulum B. Petri apostolorum principis ponentes, et in
Australi parte memoriam Sancti Dei genitricis semper
virginis Mariæ; et diem exultabilem solemniter cele-
brantes juxta ritum dedicationis templi, in hymnis et con-
fessionibus Deum[1] benedicebant. Sicque post sanctarum
missarum veneranda officia edentes et bibentes in Domino,
continuis VII. diebus festum agebant; ac deinde in lætitia
magna unusquisque remeavit ad propria. Emundatus est
locus ille, divina operante clementia, ex omni fœditatis
squallore et negligentiæ; immaculatum Deo[2] illîc sacrificium quotidie offertur in odorem suavitatis unum, et
angeli congaudent atque lætantur archangeli et collaudant
in cœlis Filium Dei. Corpus autem beatissimæ virginis
reginæ Ætheldredæ in ecclesia secus altare majus, in loco
quo transtulerat illam S. Sexburga, invenit venerandus
pater Æthelwoldus; quam certissime intentatam et inconspectam, non sub terra delitescentem, sed desuper eminentem reliquit: et quidem hoc illi ad majorem gloriam
accrescit, quod nemo ipsius tumbam pandere, nemo inspicere præsumpsit. Qui vero illam aliquando intueri tenta-
bant, sicut in miraculis[3] ejusdem legitur, absque mora,
oculis de capite evulsis, miserabiliter interierunt.

The Conse-
cration of the
monastic
buildings
and of the
Church, by
Dunstan, on
the Feast of
the Purifica-
tion.

[1] Domino; *G.*
[2] Domino; *G.*
[3] The miracle is in Lib. i. c. 41, and this reference looks like a sepa-
rate work already collected on that
subject.

53. *Quod abbas Brithnodus transtulit corpus almæ Virginis Withburgæ ad Ely.*

Abbot Brith-
noth carries
the remains
of Withburga
to Ely.

REGNANTE Deo amabili Edgaro regum Albionum candidissimo, cujus beato tempori sanctæ virginis Wirthburgæ translationem dedicamus, refloruit vigor ecclesiarum et splendor reluxit sanctorum. Tunc liquido resplenduit illud oraculum quod gemma Anglorum Dunstanus antea Glestoniæ audierat de cœlo super ipso nunc pacifico sceptrigero, tunc infante nato; hoc erat. "Pax Anglorum ecclesiæ exorti nunc pueri et Dunstani nostri tempore:" cujus principatu numquam Anglica secula feliciora videre tempora, cum unius regis fortissimi atque optimi universa Britanniæ cum adjacentibus insularum regibus esset monarchia. Ab evangelici vero protoparentis nostri Augustini ejusque collegarum beatissimo adventu, nullius memoria plura sanctorum quam sub hoc principe immicuere sidera; inter quos hunc suum orbem illustrarunt præfulgide Dunstanus et Ethelwoldus, quasi minor Petrus et minor Paulus: superior metropoli Cantiæ præsidebat, alter vero Wentano præsulatui. In fundandis vel reparandis monasteriis velut procinctum Dominici belli et castrorum agebat hic ergo theoricus architectus. Inter plurima ædificia sua, regale monasterium quod in Ely insula antiquitus a gloriosa regina et perpetua virgine Etheldreda constructum, sacro virginum contubernio pollebat, reparatum opibus pristinis ac novis nobilitavit; monachili

A.D. 970.

cœtu munivit: Dominum Brithnodum præpositum suum abbatem primum instituit.

Inter alia vero magnifica expetitum a rege Edgaro monasterium in Dirham cum pretiosissimo thesauro suo Withburga adjecit; cui nimirum in omnibus his gratia transferendi parabatur. Hinc unanimi consilio instant tam sacratissimus præsul quam devotissimus abbas, qualiter sine tumultu illud præclarissimum monile ecclesiæ, illa splendidissima margarita virgineæ glebæ, adhuc liquido intemeratæ, ad sublimiorem thalamum transiret, quatenus

decentior aula hanc[1] celsius decoraret, ut hæc illam suæ
præsentiæ ornamento ac splendore clarius illustraret.
Cumque habuissent benevoli regis donativum ac favorem,
placuit maxime devotis precibus supernam benignitatem
et ipsius virginis voluntariam exposcere opitulationem, ut
sine confusione explerent sacram intentionem. Præveniens itaque fidelis prædo faciem Domini in confessione
et psalmis et abstinentia, cum fratribus solertioribus pro-
viso tempore venit cum militari manu ad præfatam ecclesiam in Dyrham : venit ad hæreditatem sibi traditam.
Suscipitur in domum suam; nemo quærebat aliam adventus sui causam. Ille cum posset ex regia auctoritate
potenter ac violenter agere, maluit reverenter ac providenter
propositum implere ne seditio aut tumultus surgeret in
plebe. Invitat cives ad larga convivia, exercet plebia
jura, illis dimittit meritoriam aulam, sibi vindicat ad vigi-
landum et adorandum secretariam ecclesiam : idoneus ad
sanctum sacrilegium, ad fidele furtum, ad salutarem rapinam, ad Jacob benedictionem supplantandam. Jam ergo
nox saturos ad hospitia et stratus suos invitabat, et amplis
alis Dei prædonem cum suis monachis et clericis in sacrum
facinus vigilantem velabat. Quantis tunc genuum flex-
ionibus et precum vaporationibus almam virginem sibi
comitem fore imploraverit, ad exponendum sermo torpescit.
Tandem fide armati, cum thuribulis orationum ac thymia-
matum instant: tumbam reserant; inventamque toto corpore vernantem acsi dulci sopore quiescentem, justo tre-
more atque admiratione salutant: quam, refirmato operculo, lacertis, lapsibus[2] ac vectibus sublatam, paratis
vehiculis[3] excipiunt cum debita reverentia, et efferunt cum
assidua psalmodia, cum triumphali lætitia, sicut exultant
victores capta præda. Occurrunt et ambiunt succenturia-
tim milites et ministri, armis et animis si quid obsisteret
parati.

Ita per viginti milliaria terrestri via progressi, ad

---

[1] ac ; *E.*
[2] latenter rapiunt ; *A. S.*

[3] paratum vehiculum ; *A. S.*

fluvium in Branduna devenere; ingressique naves cum illo vitali ferculo, remis et armamentis navalibus certatim incubuere. Illud vero admirabile signum nequaquam decet præteriri, quod in itinere per totam fere noctem stella splendidissima super illud præfulgidum corpus cominus rutilabat, et claros radios effundens jugiter comes ibat vel præcedebat. Illis namque iter per undam agentibus, ecce populus Dirhamensium associatis sibi affinibus ple-bibus fugientes consequitur armatus; nam Dirhamenses parochiani jam omnibus sopore gravatis, dum suspecta in oratorio explorant abbatis hospicia, inveniunt reserata limina, summa, nullo præsente, silentia, ablatam beatæ matris suæ Withburgæ tumbam, ipsam simul hospitali-bus insidiis abductam. Fit clamor dirus plangentium, inhorruit clangor tubarum non secus quam si patria arderet, aut hostilis exercitus cædes et incendia patraret. Unica gloria provinciæ quærebatur, technis ac fraude abstracta, ac velut arca Dei a Philisteis captiva abducta. Protinus omnes in arma prosiliunt et ad prædam excutiendam unanimi impetu proruunt. Itaque bipartito agmine utramque ripam a dextris et a sinistris occupant, et velut obsidione præter fluvialem viam includere decertant. Jactant convitia, in-temptant spicula, exprobrant simulatoribus perfida sacrile-gia; clamoribus, terroribus, minis ac probris implent aera. Vix abbati, vix ipsi, quam nulla tetigit corruptela, glebæ parcunt virginali. Sed deficit et evanescit ut fumus inanis conatus desolatorum, quos absterret, cui tam claro sidere favebant æthera, neglectæ prius virginis majestas, simulque Eligensis præceptoris facultas; qui, tanquam surdus, non audiens perstrepentes, divinumque auxilium crebris ob-tinens orationibus, impellit nautas et navim exhortationi-bus, ut miles urget equum calcaribus. Deique protectione evadunt festo reditu, confusis persecutoribus.

Excursis ergo viginti milliariis per undam usque ad Tidbrithseseye, hoc est ad Tidbrithti insulam, triumphali jam securitate, dulce et suave onus composito vehiculo deducunt per terram, canentes Domino laudem et gloriam.

Veniens ergo nova gloria ad sibi cœlitus provisam elegiam, longum est exponere quanto populorum concursu et occursu, quanto monachorum et cleri concentu, quanto omnium gaudio ac triumpho suscepta sit ipsam beatissimam germanam ac monasterii primiceriam. Etheldredam, aliamque præcelsam sororem reginam Sexburgam, comitante matrem regia filia Ermenilda, cum omni choro sanctarum animarum quas Domino peperere ; credas omnes fideles anima obviam excessisse, et dulcibus ulnis atque amplexibus venientem collegisse, inque suum thalamum, quo perpetuo maneat, invitasse ac collocasse. Congaudent angeli sororiæ pudicitiæ, virginum concives et amici, et collaudant sponsum gloriæ conventu solempni. Hoc solempne tripudium translationis suæ intulit festiva Withburga Eligensi regioni, scilicet octavo Idus Julii, A. D. 974. Ædgaro summo Davitica virtute et Salomonica pace Anglico 8th July. Oceano imperante, Dorobernensi vero auriga Dunstano totam patriam irradiante, et Beato Ethelwoldo Wentano præsule instar aureæ aquilæ in condendis ecclesiis amplifice coruscante.

54. *Quibus insula metis cingitur et quanta auctoritate innititur.*

Ecclesia namque, ut domum Dei decet sanctitudo, in longitudinem dierum sub religiosorum contubernio collacata, et jam res ecclesiæ augmentari cœperant, nec solus ad omnia Brithnodus abbas intendere suffecerat. Unde fratrum concordia atque favore, virum honestum ex eis, Leonem nomine, sibi commilitonem extrinsecus posuit ; in rebus quidem agendis providum atque sollicitum, cui rei familiaris commisit præposituram. Eratque præcipue terræ cultor et curam habebat circa plantationes et semina fructuum diversorum.[1] Hic velut Martha sollicitus erga plurima, promptus ad omne opus[2] bonum

The boundaries of the Island.

Concerning Leo the Bailiff.

---

[1] Eratque .... diversorum. In margine ; *E.*

[2] deest, *E.*

citius ut jubentis susceperat imperium, ipso etiam suo
abbati non parvum adjumentum in operibus tribuit.
Etenim fines regionis Elge sua industria metiri inchoavit,
et tanquam munitionibus obsedit; præcavens in futurum
dolosa machinamenta, ne aut incircumcisus aut immundus
quærens plusquam sua sunt, prave et perverse Dei servos
quieti vacantes iniqua exactione lacessando pertransiret
terminos eorum, quod sæpins contigisse meminerat. Unde
vocatis simul hinc et inde vicinis, utrorumque accolarum
discussa portione atque divisa, possessionum ecclesiæ, ad
perpetuam evidentiam, secationem fecit ipso in invio et in
aquoso paludum medio, quæ vulgo usque ad hanc diem
Anglice Abbotesdelf, Latine autem Abbatis fossa sonat,
ut esset tanquam firmamentum in luto aquarum, ne quis
circumpositos titulos utriusque partis temere proriperet
aut conscenderet : sed et insulam per girum cum auctoritate regis Ædgari taxato signavit limite, et a seculo in
seculum illius statutum nequaquam valet infringi.   Nitebatur frater ille in augmento commodorum, et quicquid
emolumenti exegissit totum in commune tradidit, habens
illud terroris Ananiæ et Saphiræ semper præ oculis;
erant enim illis omnia communia, sicut fuisse narratur de
ipso nascentis ecclesiæ primordio.   Crucem vero fecit
argenteam, quæ crux Leonis præpositi nominatur, in
qua, forma corporis Christi ingenio artificis cavata,
sanctorum reliquias Vedasti et Amandi continebat,
quam Nigellus[2] episcopus tulit, et plura quæ loco congruo
juxta seriem temporis referemus.   Aliud quippe opus
gessit præcipuum et utile, quod ad præconium ejus credimus enarrandum; hortos quoque et pomaria circa ecclesiam late plantavit nascentium, et ipse peritus considerans
locum insignem atque venerandum obsidione arborum
decentius apparere, quæ multum loco et amœnitatis et
commodi tribuunt, et quæque ab eo plantata sunt, et

---

[1] deest; *G.*
[2] Nigel was bishop, 1133—69.
He went to Rome about 1144, and
plundered the church of Ely before
his departure. See lib. iii.

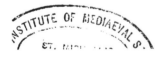

insita, sicut ligna silvarum in altum erecta, cerneres, et
omni citius fructuum ubertate repleri. Hæc ad historiam
non incongrue adducentes, ad proposita manum vertimus.
Regio autem Elge per milliaria VII. in longum extenditur,
a Cotingelade viz. ad Littleport vel ad Abbotesdelf, nunc
Biscopesdelf dicitur, et IIII^{or} in latum a Chirchewere ad
mare de Stretham; sed terminus[1] duorum centuriatuum,
qui ad Ely ab antiquo pertinent, amplius comprehendi
noscuntur, hoc est de medietate pontis de Tid usque ad
Upwere, et de Biscopesdelf, usque ad flumen juxta Burch
quod vocatur Nen, ut in capite libri primi contexitur.
Et hæ sunt dignitates et consuetudines ecclesiæ de Ely, Privileges granted by King Ædgar to the Church at Ely.
concessæ et confirmatæ a rege Ædgaro et omnibus subse-
quentibus regibus Angliæ usque hodie S. Æctheldredæ
infra insulam et infra duos centuriatus insulæ; scilicet
omnia placita et jura quæ pertinent ad coronam regis; et
omnes homines duorum centuriatuum insulæ de quindecim
in quindecim diebus debent convenire ad Ely vel ad
Wicheforda, quæ caput centuriatuum insulæ dicitur, vel
ad Modich[2] quæ quarta pars est centuriatuum, ad discer-
nenda jura S. Æctheldredæ; et nemo infra insulam habeat
terram vel jus aliquod nisi S. Æctheldreda; et nullus baronum[3] regis infra duos centuriatus insulæ habeat curiam
suam, sed calumpniator et calumpniatus ad prædicta loca
venient et ibi judicabuntur. Similiter in quinque centuriatibus et dimidio de Wichelave, et uno atque dimidio de
Dyrham, et in trilinguo de Winestune: et si quis in terra
S. Æctheldrethæ, cujuscunque homagii sit, sive externus
sive indigena, calumpniatus fuerit et judicatus ad aquam
et ignem, nec alias sed in Ely quod Deus indulserit reci-
piet, neque super hoc secularis aut ecclesiastica persona
rectitudinem exiget; soli autem ecclesiæ per manus[4] sa-
cristæ, qui archidiaconi[5] vices in insulam gerit, persol-
vetur; unde quidam litterarum peritissimus senio atque

---

[1] terminis; *E.*
[2] Modic; *E.*
[3] baronorum; *E.*

[4] desunt; *E.*
[5] archidiaconii; *G.*

canitie venerandus attestari perhibetur, textus quidem hic
est. "Venerabili domino et amico charissimo Alexandro[1]
priori Elyensi, Henricus[2] archidiaconus Hunteduniæ[3] sàlu-
tem. Noverit dilectio vestra nunquam Nicholaum[4] archi-
diaconum Cantebrigiæ aut prædecessores ejus potestatem
exercuisse, vel quicquam accepisse ab aliquo reo, qui sub-
isset aquam vel ignem infra insulam Elyensem, sicut mea
fert memoria, et ab illis quos diligenter super eadem re
conveni et ejusdem rei scientes didici. Vale." Sed neque
episcopus neque judex hactenus super insulam se intro-
mittit, vel rem sanctæ inquietare præsumit, ex autoritate
apostolicorum et regum interdici videtur, sed a quocunque
potissimum elegerint ordinari vel sua sanctificari episcopo
faciant. Hæc de scriptis et brevibus ecclesiæ, nec autem
a me ut commenta concepi, sed tanquam flens dico, mo-
neus et obsecrans, ne quis possessiones sanctæ extra ecclesiam distrahere, sive dignitates ejus sibi vendicare præsumat, judicium enim portabit quicunque est ille. Testis
mihi est Deus quanta animadversione mulctantur quotidie,
non solum ipsi qui talia præsumpserunt, verum in quar-
tam et quintam eorum generationem ira furoris Domini
imminere cognoscitur, et hæreditate præripere gestientes
sanctuarium Dei, ipsi nunc degeneres innumeris possessionum agris minime contempti, alienis sua relinquere, ac
graviter egere Christo vindice compelluntur.

55. De his qui bona ecclesiæ fecerunt, et qui mala.

The condi-
tion of the
Monastery.

REX namque Ædgarus, et Dei pontifex Ædelwoldus
qui cœnobium Eliense honore ac dignitate plurima vene-
rati sunt, sed et manus cujuslibet dantis vel vendentis,
sive prætii numerus jam plane designatur, necnon et alii
benefici viri sua largiter impenderunt: inter quos Wlstanus vir venerandus de Dalham et Brithnodus alderman,

[1] Alexander was the prior 1154, and died before 1169.
[2] Henricus Huntenduniæ, the historian.
[3] Huntenduniæ; E.
[4] See cap. 34, lib. iii.

Deo amabilis et hominibus, in restauratione et postea, loco
multa beneficia contulerunt. Verum hi quantum ad statum ecclesiæ roborandum pro pietate impenderunt, ma-
lignæ mentis quidam si non viribus, fraudibus surripere
non verebantur. Maxime Ælwinus Ramesiensis cœnobii
fundator monasterium de Ely lacessere calumpniis ac rebus
minuere, contempta Dei reverentia et sanctarum illic
quiescentium, sicut in libro terrarum quem librum Sancti
Æthelwoldi vocant legitur, ut sibi de rapina oblationem
aptaret, præsumpsit; parvipendens illud Sapientis,[1] "Quod
qui de fraude sibi facit oblationem, quasi qui filium
victimat coram patre." Etenim defuncto rege Ædgaro, A. D. 975.
prædictus Ælwinus cognominatus alderman et fratres sui
terram de Hethfeld calumpniati sunt. Enarrata autem
ac ostensa sua calumpnia, eandem terram invadentes sibi
vendicaverunt. Videntes vero fratres ecclesiæ se nullatenus illam terram vel relinquere vel[2] absque magno detrimento posse dehabere; utpote alias non habentes silvam
unde suos usus explere possent, requisierunt prædictum
Ælwinum, et facta cum eo conventione prædictam terram
mercati sunt ab eo, dantes pro eo duas terras quas Wulstanus de Delham cum moreretur dedit Sanctæ Ætheldredæ, videlicet xxx. hẏdas apud Hemingeforde et vi. in
Winniggetune, unde eisdem terris usque ad hanc diem
ecclesia caret, atque pro tali conventione ab abbate recepit
III. hẏdas apud Wambeford et v. apud Gillinges: pollicens et promittens semper se facturum necessitates ecclesiæ: sed pollicitatio ejus caruit effectu. Qui etiam pro
emendis terris aurum et argentum multum ecclesiæ perdere fecit.

56. *Qualiter martirizatus est primus abbas noster.*

QUODAM igitur tempore sanctum Brithonodum abbatem A. D. 981.
ad regis curiam Ædeldredi contigit pro ecclesiæ negotiis The death
of Abbot
proficisci; cis Geldedune, per silvam quæ Nova Foresta Brithnoth.

---

[1] Probably misquoted from Ec-   [2] vel relinquere vel; desunt, *G.*
clus xxxiv. 20.

vocatur, ibat, ubi, ut fertur, ad usus naturæ remotiora loca
repetiit. Cavens, ut erat homo simplex et magnæ verecundiæ, undique circumspexit. Reginam forte sub quadam arbore offendit Elstredam suis veneficiis vacantem,
per fantasias enim et artem magicam velut in equinum
animal versa, putabatur intuentibus esse equam non
mulierem, ut insatiabilem exardescentis luxuriæ intemperiem saturaret, discurrens huc atque illuc cum equis ac
dissiliens, se ipsis irreverenter exhibuit, contempto Dei
timore ac regiæ dignitatis honore o'm gloriæ suæ ita contemptibiliter intulit.[1] Quo viso, non absque luctu et
pavore ingenti in talibus se perceptam a viro sancto ingemuit; peritissima vero in arte mechanica, ut fertur,
habebatur. Sed vir Domini ex hujuscemodi rebus nimium
turbatus quantocius inde recessit, et ad regis curiam deveniens, magnifice susceptus, ecclesiæ suæ negotia citius
adimplevit. Itaque munificentia regis perfunctus et exhilaratus, ad sua redire viam repetiit; et ne reginam,
licet abhorrens, declinaret, ad ejus descendit aulam, quam
fortuitu ab omnibus vacuam penitus invenit; tamen celeriter reginæ illius innotuit adventus. Illa vero petivit ut
cum festinatione ad eam solus veniret; et quod cum eo de
salute animæ suæ nonnulla secrete tractare habuerit mandavit. Cui ingresso plures . enormitates lasciviæ nimis
favorabiliter et inverecunde locuta est, precibus et promissis illum, veluti sanctum Joseph, mulier impudica si
posset incontinentiæ sibi nodis alliceret; æstimans fraude
maligna sanctum Dei in scelere secum commisceri, quoniam per illum metuerat detegi a malitia, quam illam
exercere invenit. Ille viribus et verbis obstat, negat, et
abhorret. Unde in furorem commota, evocatis ex suo
nequam famulatu ancillis, et quia conceperat dolorem,
peperit iniquitatem, beatum virum neci tradere jussit,
nolens esse superstitem quem fore dubitavit snorum aliquando scelerum proditorem. Excogitat quoquo modo

---

[1] per fantasias .... intulit. Manu antiqua, in superiori margine; *E.*
desunt, *G.*

illum extinguat, corpore a vulnere reservato immune, et
nec[1] apparente læsione. Admonet eas mucronum copulas
in ignem fervere, et sub assellis sancti abbatis imprimi
usque dum spiritum excutiant. Quo facto, clamant,
lugent fautrices[2] intrinsecus velut tali infortunio pavefactæ.
Unde ministri abbatis et qui cum illo venerant adcurrunt: monachi eum subita morte præventum ab eis audiunt et ingemiscunt. At illi ex eventu nimium dolentes,
et voces lugubres emittentes, corpus domini sui vehiculo
imponentes, in Ely ad suam detulerunt ecclesiam : nullum
vulneris in eo comperientes indicium, sepulturæ tradiderunt. Martirizatus est itaque primus sanctæ Elyensis
ecclesiæ abbas, unius mulierculæ suffocatus machinatio-
nibus, optans magis incidere in manus hominis quam
legem Domini derelinquere; cujus anima cum sanctis
omnibus semper regnatura æterna in cœlis promeruit
gaudia. De regina vero sinistrum nemo aliquid vel saltem
mutire, sive malum in ipsam præsumpsit inferre sermonem. Poterat hoc verbum cunctos latere diutius, nisi
quod eadem de sceleribus, de suis veneficiis, et nefandis
operibus Dei miseratione compuncta, et maxime de interitu gloriosi regis Edwardi privigni sui, quem palam
cunctis suis circumventum insidiis, ut proprius ejus filius
Æilredus levaretur in regem, injuste peremisse confessa est,
pro quo cœnobium sanctimonialium de Werewelle ex suis
opibus fecit, ubi omnibus diebus vitæ suæ in luctu et
pœnitentia permansit, et quali morte Brithnodum Elyensem abbatem interfecerit, ut præsignatum est, gemens et
anxia ostendit ; in quo loco[3] tam in rebus quam in possessionibus multa deinde beneficia contulit.

57. *Post obitum primi abbatis quis ei substituitur.*

ANTIQUORUM exemplis provocati, quorundam sanctorum, maxime abbatum, quorum cura cœtus noster in

The appoint-
ment of
Ælsius, the
second
Abbot.

---

[1] non ; *E.*
[2] desunt; *G.*

[3] deest, *E.*

sancta religione profecit; sed et regum atque virorum, quorum munificentia locus noster effloruit, et beneficiis excrevit, memorias elabi non sinimus; sed ex historiis sub conveniente brevitate quædam decerpentes, ut nec prolixitas quenquam fastidiret, nec plena veritas minus innotesceret attendimus. Qualiter vero primus Elyensis ecclesiæ abbas vita discessit præcedens lectio designavit, quem S. Dunstanus Dorvernensis archiepiscopus, et S. Ædelwoldus Wintoniensis episcopus jubente rege Ædgaro benedixerunt. Quo defuncto, alium nomine Ælsium prædictus Ædelwoldus, jubente rege Ædelredo, in loco ejus
A.D. 981. constituit, et ipse benedixit. Hujus autem regis tempore ipsa ecclesia de Ely plurimum crevit; et licet idem rex bellorum frequentias haberet, patris sui Ædgari largitatem erga eandem retractans ecclesiam, voluit et ipse memoriam suam regali in ea munificentia propagare. Paterna igitur probitate accensus ad dilatandum eam possessionibus se accinxit, sequentique privilegio suam in ea donationem confirmavit.

58. *Privilegium regis Ædelredi super villam de Lithleberi.*

Ðis is þara xx hida boc æt Lýtlanbýrig þe Æþelred cýning gebocede ⁊ hit gode sealde ⁊ sce Æþeldriþe ⁊ hire halgan cinne into Elig.

Charter of King Ethelred.

☧ UNIVERSA secularium opum patrimonia incertis nepotum hæredibus relinquuntur, et omnis mundi gloria, appropinquante istius vitæ termino, ad nichilum reducta fatiscit, sicut per quendam sapientem dicitur; "Mundus hic cotidie transiens deficit, et omnis pulchritudo ejus ut flos fœni marcescit:" iccirco terrenis caducarum rerum possessionibus indeficientia supernæ patriæ gaudia, Domino patrocinante, lucranda sunt. Quamobrem ego Æthelredus totius Britanniæ cæterarumque gentium in circuitu persistentium basileus, quandam ruris possessionem, xx. videlicet mansas, in loco qui celebri æt Lyttlanbyrig[1] nuncupatur vocabulo, Domino ejusque genitrici Mariæ, et B. Petro Apostolorum principi, nec non S. Ætheldrỳthæ virgini præcipuæ, ac reliquis virginibus sibi cognatis, ad monasterium scilicet quod in Elig situm est, ad usus monachorum ibi degentium, perpetua largitus sum hæreditate, ut illo perpetualiter cum omnibus utensilibus, pratis, videlicet, pascuis, silvis, pertineat. Sit autem prædictum rus omni terrenæ servitutis jugo liberum, tribus exceptis causarum laboribus, rata videlicet expeditione, pontis, arcisve restauratione. Si quis igitur[2] hanc nostram donationem in aliud quam constituimus transferre voluerit, privatus consortio Sanctæ Dei ecclesiæ, æternis baratri incendiis lugubris, jugiter cum Juda Christi proditore ejusque complicibus puniatur, si non satisfactione emendaverit congrua, quod contra nostrum deliquit decretum. His metis præfatum rus hinc inde giratur.

Ðiſ ſỳnban þalanð ȝemeɲa ınꞇo Lỳꞇlanbỳɲıȝ. þæꞇ ıſ æɲeſꞇ. oſ þam ſoɲðe ðe ıſ Æþelſanðeſ ceaſꞇeɲſoɲða ȝemæɲa. ⁊ Icelınȝꞇune ȝemæɲa ⁊ Lỳꞇlanbỳɲıȝ ȝemæɲa, ſſa anð-lanȝ ſꞇỳɲıce ınꞇo þam ſmalanſoɲða ꞇo ſꞇɲæleaȝe meɲe. oſ þam ſmalanſoɲða ꞇo cɲoceſþoɲne. oſ cɲoceſþoɲne anð-lanȝ ſceaceɲðene ınꞇo þeɲe ealðan ðelle. oſ þeɲe ðelle ꞇo þam hæcce ınꞇo þam ƿulſpỳꞇꞇe. oſ þam pỳꞇꞇe ꞇo boꞇulſeſ heale leaȝe ſuðſeaɲðe. oſ þeɲe leaȝe ınꞇo pullaſeſ leaȝe. oſ pullaſeſ leaȝe. anð-lanȝ ınꞇo Leoſſıeſ pỳꞇꞇe. oſ leoſſıeſ pỳꞇꞇe ſſa uꞇ ꞇo þam ſelba ınꞇo þam ealðan ȝehæȝe. oſ þam ȝehæȝe ınꞇo Spelbeoɲhȝe, oſ Spelbeoɲhȝe ınꞇo ſꞇỳɲıce on Icelınȝꞇune ȝemeɲæ. ⁊ Caſꞇeɲſoɲða ȝemeɲæ. ⁊ Lỳꞇlanbỳɲıȝ ȝemeɲæ.

Anno[3] Dominicæ Incarnationis millesimo quarto scripta est hæc carta. Indictione secunda. His testibus consentientibus quorum inferius nomina caraxantur.[4]   A.D. 1004.

---

[1] celebri Lithanberi ; *E.*
[2] deest ; *E.*
[3] Anno vero ; *E.*

[4] Indictione . . . . . caraxantur ; desunt, *G.*

Ego Æþelreðus rex Anglorum præfatam donationem cum sigyllo sanctæ crucis confirmavi. ✠

Ego Ælfstanus ejusdem regis filius una cum fratribus meis corroboravi. ✠

Ego Ælfricus Dorovernensis ecclesiæ archiep. ejusdem regis donationem cum trophæo agiæ crucis consignavi. ✠

Ego Wlfstanus Eboracensis ecclesiæ archipræsul consensi. ✠

Ego Ælfeah Wintoniensis eccl. Pontifex adquievi. ✠

Ego Lyuingus[1] Epis. consolidavi. ✠

Ego Orðbryhtus[2] Epis. expressi. ✠

Ego Æþulfus[3] Epis. subscripsi. ✠

Ego Ælfgarus[4] Epis. non renui. ✠

Ego Wulfgar Abbas. ✠

Ego Ælfsinus Abb. ✠

Ego Germanus Abb. ✠

Ego Ælfere Abb. ✠

Ego Kenulf Abb. ✠

Ego Ælfric Abb. ✠

Ego Ælfric Dux. ✠

Ego Ælfelm Dux. ✠

Ego Leofwine Dux. ✠

Ego Æþelmer M. ✠

Ego Orðulf M. ✠

Ego Wulgeat M. ✠

Ego Æðric M. ✠

Ego Wlfcytel M. ✠

Ego Ælmær M. ✠

Ego Æþelmer M. ✠

Ego Goðwine M. ✠

Ego Sywearð M. ✠

59. *De Thacstede.*

Venerabilis fœmina, Ætheliva nomine, dedit Deo et S. Ædeldredæ et illius beatæ prosapiæ quæ in Ely requiescit, terram de Thacstede cum omnibus ad eandem villam rite[5] pertinentibus, et quascumque habebat sanctorum reliquias. Hujus vero donationis multi testes fuerunt, qui ad eam convenerant tempore mortis illins. Insuper Ælsius abbas de Ely et Lefsius monachus ejus, sed et nobiles de provintia et filius ejusdem fœminæ Brixius, et filia nomine Ædytha, atque alii qui in testamento ejus

[1] Lyving, bishop of Wells.
[2] Ordbriht, bishop of Selsey,
[3] Æthulfus, bishop of Hereford.
[4] Ælfgar, bishop of E. Anglia?
[5] deest, *E.*

sunt, quod Anglice scriptum in ecclesia adhuc habetur in testimonium.

60. *De Cỹngestune, Rodinges, Undeleia, Withleseia et Cotenham, et de terra Lundoniæ quæ dicitur Abbotes-hai.*

TUNC quidam valde locuples Leofwinus nomine filius Æthulfi, cognita fama dulcedinis, caritatis, et hospitalitatis, et maxime erga Dei cultum devotionis in Ely, locum in magna cœpit habere reverentia: fertur vero illum fuisse[1] in maximo lapsum delicto, in quo non diu jacens, sed Dei gratia in se citius reversus, nimium formidare cœpit. Inter ipsum namque et matrem suam lis aliquando exorta fuit, unde iracundiæ stimulis exagitatus[2] et sævientis animi impetum difficile valens cohibere, juxta illud, " Ira impedit animum, non possit cernere verum," sed arrepto mox stipite matrem tundendo graviter sauciavit.[3] Quæ elisa diutius doluit: sed tali infortunio ex vulneris ictu spiritum exhalavit. Ille nimirum amplius factum expavens, consilium a sacerdotibus et viris prudentibus inquirit, et ab eis responsum est, præsentiam Domini apostolici Romæ consulendum fore qui unicuique secundum qualitatem culpæ congrue et discrete medicamentum pœnitentiæ novit imponere. Post hæc Romam perrexit, flens et ejulans coram beato Petro et sanctorum ibidem reliquiis deprecans, ut a se judicium Domini ad instar Ninivitarum suis meritis averterent, atque delicti enormitatem prout gessit, domino papæ non sine dolore aperuit. De quo injunctum est illi in pœnitentia, suum primogenitum pauperculæ ecclesiæ in monachatum alicubi tradere, et eam de copiis possessionum suarum ditare et pro animæ commodo suas opes pauperibus Christi abundantius erogare. Et dum domum rediit, quod salubriter concepit efficaciter implevit, et larga elemosinarum dona egenis undique

---

[1] deest ; *E.*   [2] exagitati ; *E.*   [3] satiavit ; *E.*

erogavit. Plura locis pauperioribus distribuit, maxime
erga ecclesiam de Ely suam munificentiam informare
cupiebat, ubi primogenitum suum nomine Æthelmerum
cum his qui inferuntur possessionibus, teste cýrographo
Anglice descripto, devotissime optulit ; videlicet, Cinges-
tune, Rothinges, Undeleia, et quæ ad eam pertinent piscationes, et terram in Lachingehethe, quam Oswaradala
vocant et tertiam partem de Withleseýa, et terram de
Estereie, et Cothenham, et terram de Londonia quæ
usque ad hanc diem Abboteshai dicitur : et Glemesford et
piscationes[1] de Upstaue, atque annuam firmam de villa
regia de Æthfelda, et plura quæ in eo scripta sunt concessit ; sed et muneribus amplioribus munificenter aptatis
locum interius exteriusque ditavit.   Post hæc servum
Domini Ælsium abbatem et fratres qui cum eo fuerant
coram archiepiscopo Wlstano atque episcopis et abbatibus
ac plurimorum cœtu virorum et mulierum adjuravit, ne
possessiones quas pro redemptione animæ suæ et uxoris
atque parentum suorum Deo et Sanctæ genitrici ejus
Mariæ, nec non beatæ virgini Ædedredæ et illius sanctæ
prosapiæ donaverat et optulerat, non auro, non argento,
non qualicunque commodo de ecclesia distraherent vel
mutarent : sed ob illorum memoriam in ecclesia firmiter
perseverarent, ac statuta consisterent.   Fratres vero spo-
sponderunt e contra pro illo semper in secunda feria, et
in tertia feria pro uxore et filiis, et cognatione sua missas
celebrare, egenos alere, nudos vestire, ut in testamento
ejus Anglice descripto legitur.   Adjecit igitur adhuc ille
Deo acceptus bonum quod inceperat, atque muros ecclesiæ
dilatare et ad Australem plagam ampliare incœpit, et suis
expensis reliquo operi unitos consummavit.   Fecit quoque
in uno porticu altare ad honorem beatissimæ Dei genitricis, et desuper, tronum ad longitudinem hominis, in
quo imago ipsius habens filium in gremio de auro et argento gemmisque insigniter operata, inæstimabilis prætii

---

[1] piscationem ; G.

magnitudine videbatur : quam rex Willelmus insulam
bello suæ ditioni optinens ac plurima ornamenta ecclesiæ A.D. 1071.
tulit atque contrivit. Complevit autem iste vir laudabilis
dies suos in senectute bona, et allatum est corpus ejus
ad Ely atque sepultum in ecclesia sacræ virginis Ætheldredæ, quam bonorum suorum fecerat hæredem : cui sit
vita Deus et peccatorum remissio. Amen.

61. *De Bregeham, Hengham, Weting, Rathlesdene et Mundeford, cum piscationibus circa Theoford.*

QUÆDAM vidua nobilis genere et dives valde, sed quod
magis est tantum virtutum augmentationibus quantum
divitiis adcrevit, nomine Ælfwara. Hæc moriens testamentum suum coram multis sub cyrographo sermocinatione vulgi descripto, fecit confirmari. Dedit autem Deo
et Sanctæ virgini Ætheldredæ atque illius beatæ prosapiæ
abundanter de suis copiis possessiones et munera, ut quod
ei Deus misericorditer ad horam præstiterat, ipsa pro
mercede in æternam ei possessionem e contra gratanter
offerret : videlicet, Brigeham, cum omnibus ad eandem
villam pertinentibus, infra villam et extra, in terris et
aquis, in bosco et[1] plano. Insuper addidit Hengeham, et
Wetinge, et Ratlesdene, et Mundeford, et scrinium cum
reliquiis quod gradatum feretrum vocabant et duas cruces
mirifice[2] operatas ex auro et argento, et gemmis prætiosis
quas Nigellus[3] episcopus postea tulit atque contrivit. Sed
et terram de Teodford et piscationes circa easdem paludes,
et cuncta quæ habuit præter illa quæ scripto suo excepit,
quod nunc usque apud nos est, ecclesiæ tradendum constituit. Corpus vero ejus in Ely delatum reconditur, et
nomen illius super sanctum altare descriptum cum fratrum
nominibus, perpetuam in ecclesia memoriam habet.

---

[1] deest ; *E.*   [2] deest ; *E.*   [3] deest ; *G.*

62. *De venerabili duce Brithnotho, qui dedit S. Ædeldredæ*
Spaldewich et Trumpintune, Ratendune et Hesbèri,
Seham, Fuulburne, Theveresham, Impentune, Pampewrde,
Crochestune et Fineberge, Tripelave, Herdewich et Sumere-
sham cum appendiciis ejus.

DE Brithnotho viro singulari et glorioso succedit memoranda relatio, cujus vitam justam[1] et gesta non parvis præ-
coniis Anglicæ commendant Historiæ, de quibus pauca
qualicunque stylo cum venia lectoris excepimus. Res
enim magna est, et major relatio dignissima, quam nos
exigui et elingues arido sermone non sine pudore narramus. Itaque vir iste nobilissimus Northanimbrorum dux
fortissimus fuit, qui ob mirabilem sapientiam, et corporis
fortitudinem, qua se suosque viriliter protegebat, Anglica
lingua Alderman, id est, Senior, vel Dux, ab omnibus,
cognominabatur. Erat sermone facundus, viribus robus-
tus, corpore maximus, militiâ et bellis contra hostes regni
assiduus, et ultra modum sine respectu et timore mortis
animosus. Præterea sanctam ecclesiam et Dei ministros
ubique honorabat, et in eorum usus totum patrimonium
suum conferebat: murum quoque pro religiosis conventibus semper se contra eos opponebat, qui loca sancta inquietare conabantur. Nam avaritiæ et vesaniæ quorundam primatum, monachos ejicere, et prius ab Ædgaro et
S. Ædelwoldo ejectos in ecclesias revocari[2] studentium, vir
iste religiosus in synodo constitutus cum magna constantia
restitit, dicens; " Nequaquam ferre se posse ut monachi
ejicerentur de regno, qui omnem religionem tenuerunt in
regno." Vitam autem suam ad defendendam patriæ libertatem, quamdiu vivebat, impendebat: totus in hoc
desiderio positus, ut magis moreretur, quam inultam patriæ injuriam pateretur. Fiebat siquidem eo tempore
frequens inruptio Danorum in Angliam, quam diversis in
locis navigio venientes graviter devastabant. Brithnodo

---

[1] deest; *E.*　　　　　　　[2] revocare; *E.*

autem duci omnes provinciarum principes quasi invincibili
patrono pro magna ipsius probitate et fide sese fideliter
alligabant, ut ejus præsidio contra inimicam gentem securius se defenderent. Igitur cum Dani quodam tempore
apud Meldunam applicuissent, ipso audito rumore, cum
armata manu eis occurrens, pene super omnes pontem
aquæ interemit.[1] De quibus pauci vix evadentes propriam
patriam ad hæc narranda navigarunt. Post hanc autem
victoriam, Brithnodo duce cum alacritate in Northanimbrorum[2] reverso, Dani nimium hoc audito tristati, classem
denuo reparant:[3] Angliam properant, et ad ulciscendam
suorum necem quarto[4] iterum anno, Justino[5] et Guthmundo
filio Stectani ducibus, ad Meldunam applicant. Quem
portum naeti, ut audiunt Brithnodum ista in suos perpetrasse, statim mandant se ad ulciscendos eos adventasse,
ipsumque inter ignavos habendum, si non audeat cum eis
conferre manum. Quibus nunciis Brithnodus in audaciam
concitatus, pristinos socios ad hoc negotium convocavit, et
cum paucis bellatoribus, spe victoriæ et nimia ductus
animositate, iter ad bellum suscepit, et præcavens et pro-
perans, ne hostilis exercitus saltem unum passum pedis se
absente occuparet. Dum igitur iter agendo ad abbatiam
Rameseiæ appropinquaret, et ab abbate Wlsio sibi suis-
que hospitium et procurationem quæreret, responsum est
ei, quod locus ille tantæ multitudini non sufficeret, sed
tamen ne omnino abiret repulsus, sibi et vii. de suis, quod
petebat ministraret, ad quod fertur eleganter respondisse;
" Seiat dominus abbas, quod solus sine istis nolo prandere,
quia solus sine illis nequeo pugnare." Et sic discedens,
iter ad Elyensem ecclesiam direxit, præmandans abbati
Ælsio se per insulam cum bellicis copiis transiturum ad
pugnam, et si ei placeret, apud eum cum suo exercitu
cœnaturum. Cui abbas pari voluntate conventus sui
respondit; " se in opere charitatis nulla numerositate ter-

Brithnoth's
answer to
Abbot
Wlsius.

---

[1] pene omnes super pontem
aquæ; *G.*
[2] Northannimbriam; *E.*

[3] repperant; *E.*
[4] quasi; *E.*
[5] deest; *E.*

reri, sed magis de ipsorum adventù gratulari." Receptus ergo cum omnibus suis, regali hospitalitate procuratur, et pro sedulo monachorum obsequio ad magnum loci amorèm succenditur. Nec videbatur sibi aliquid bonum unquam fecisse, si hoc monachorum beneficium irremuneratum reliquisset. Cogitans itaque apud se illos causa sui non parum fuisse gravatos, in crastinum causa suscipiendæ fraternitatis venit in capitulum, et gratias agens abbati atque conventui de tam liberali eorum charitate, ad compensandam eorum largitatem dedit eis statim hæc capitalia maneria, Spaldewich et Trumpintune, Ratendune et Hesberie, Seham et Acholt, exponens negotium ad quod ibat, aliaque maneria sub hac conditione concessit, scilicet, Fuulburne, Theveresham, Impetune, Pampeworthe, Crochestune et Fineberge, Tripelave, Herdwic, et Sumeresham cum appendiciis ejus, et super hæc triginta mancas[1] auri, et[2] xx. libras argenti, ut si forte in bello occumberet, corpus illius huc allatum humarent. Hanc quoque donationem cum duabus crucibus aureis, et duabus laciniis pallii sui pretioso opere auri et gemmarum contextis, binisque cyrothecis artificiose compositis, ecclesiæ Elyensi investivit. Deinde commendans se orationibus fratrum, cum suis properavit ad bellum. Quo perveniens nec suorum paucitate movetur, nec hostium multitudine terretur. Sed statim eos adgreditur, et per xiv. dies ardenter cum eis congreditur. Quorum ultimo die paucis suorum superstitibus, moriturum se intelligens, non segnior contra hostes dimicabat, sed magna strage illorum facta, pene in fugam eos converterat, donec adversarii paucitate sociorum ejus animati, facto cuneo, conglobati unanimiter in eum irruerunt, et caput pugnantis vix cum magno labore secuerunt; quod inde fugientes secum in patriam portaverunt.

The abbot and monks bear the body of Brithnoth to Ely. Abbas vero audito belli eventu, cum quibusdam monachis ad locum pugnæ profectus, corpus ipsius inventum ad hanc ecclesiam reportavit, et cum honore sepelivit; in loco autem capitis massam ceræ rotundam appo-

---

[1] marcas; *G.* [2] deest; *E.*

suit: quo signo diu postea in temporibus[1] recognitus, honorice inter alios est locatus. Fuit autem vir iste pius et strenuus diebus Edgari, Edwardi regis et martyris, et A. D. 991. Ædelredi regum Anglorum, et mortuus est anno regni ipsius Ædelredi XIV.; ab Incarnatione vero Domini anno nongentesimo nonagesimo primo.

63. *De Domina Ædelfleda*[2] *uxore prædicti ducis, quæ dedit*[3] *nobis villam de Ratendune, et de Saham, et de Dittune, et Chefle.*

UXOR quippe ejus, nomine Ælfleda Domina, eo tempore quo vir idem suus interfectus est et humatus, manerium de Ratendune, quod erat de dote sua, et terram de Saham, quæ est ad stagnum juxta Ely, et Dittune, et unam hýdam in Chefle, et torquem auream, et cortinam gestis viri sui intextam atque depictam in memoriam probitatis ejus, huic ecclesiæ donavit.

64. *De Hadham et de Cheleshelle.*

HUJUS autem soror nomine Ædelfleda, uxor Ædelstani ducis, rebus, dote, atque hæreditate suorum opulentissima, unde inter affines ipsa nobilior apparuit, sed dum incertis mundi opibus videbatur inhærere, circa sanctæ religionis cultum pie sollicita, exemplo B. Annæ, in viduitate post obitum viri sui jugiter permanebat; insuper sanctas nostras intima delectione et veneratione crebro requisivit, et ad eas cum devotione excubias frequentabat: unde sana et incolumis cum plurima munerum largitione abbatem Ælsinum et fratres ecclesiæ convenit: ob insignem familiaritatis gratiam ad magnum loci amorem trahebatur. Dedit[4] illis Dittune et Hedham et Cheleshelle, et ea in testamento suo Anglice confirmari fecit, sed sorori suæ prædictæ Ælfledæ,[5] dum viveret, villam de Dittune concessit habendam.

---

[1] temporibus nostris ; *E.*
[2] Ædelfreda ; *E.*
[3] dedidit ; *E.*

[4] Dedit autem ; *E.*

[5] Æthelfledæ ; *E.*

65. *De sanctæ memoriæ Ædelstano episcopo qui dedit nobis*
Dregestune.

Quam venerabilis olim extiterit locus iste, testatur
etiam Ædelstanus Helmamensis episcopus, vir ecclesiastica devotione præcipuus, et præcipua largitate erga
ecclesiam istam munificus. Qui crebris sanctarum hîc
quiescentium virtutibus et[1] fratrum religione ad diligendum hunc locum attractus, Brithnodum et Ælsium, primum videlicet et secundum loci hujus abbates, totumque
conventum, de societate fraternitatis, et[2] sepultura sui
corporis, diu ante obitum suum adhuc sanus et incolumis
cum multa munerum largitione convenit; cui et monachorum professiones, et faciendos ordines, et cætera episcopalia, ob insignem familiaritatis gratiam, abbas uterque
apud se concessit. Erat enim talis ecclesiæ istius libertas,
ut quemcunque episcoporum mallent, ad hæc facienda
convocarent; unde magis alios episcopos quam Lincol-
niensem ad facienda pontificalia jura vocabant, ne Lincolniensis ecclesia, in cujus diocesi sita est ista Elyensis,
calumpniosis exactionibus sub episcopali potestate posset
eam aliquando gravare. Quare, ob indicium antiquæ dignitatis, servatæ sunt hucusque in scriniis nostris priscorum
fratrum scriptæ professiones, quæ factæ sunt in præsentia
domini Ædelstani Helmanhensis episcopi, nulla vero in
præsentia alicujus episcopi Lincolniensis. Ipse ergo[3] tali
honore magis animatus et delectatus, propria pecunia, ut
carta ipsius testatur, totum manerium de Dringestuna,
libera emptione comparatum, in æternam possessionem
Elyensi conventui hæreditario jure donavit; et ut firmior
esset donationis hujus munificentia, aliis etiam magnificis
muneribus eam amplificavit,[4] et amplificatam sub multis
testibus roboravit; quæ singillatim verbis ipsius annotare
non erit inutile. " Præterea," inquit, " concedo vobis pro

---

[1] deest; *E.*
[2] de; *E.*
[3] vero; *E,*
[4] magnificavit; *E.*

salute animæ meæ, omnia capellæ meæ insignia, scilicet,
crucem episcopalem et majorem turrem xx. librarum inter
aurum et argentum," quam Nigellus episcopus postea
cœpit atque comminuit, et plura quæ loco suo retexentur
" et calicem cum patena x. librarum argenti," sed factione
Godcelini clerici cognomento de Ely post multum temporis aufertur, " et meliorem sacerdotalem vestem meam,
et I. turribulum v. librarum et I. cappam cantoris, et unum
bonum pallium, et XL. mancas[1] auri, et singulis annis quinque libras ad indumenta monachorum, et quicquid boni de
cætero potuero, vobis ministrabo, ut gratior Deo et huic
sanctæ ecclesiæ sit societas mea, et studiosior sit apud vos
mei memoria." Deinde multo post tempore defunctus,
condictum sepulcri locum huc allatus accepit, et deinceps
inde remotus, et[2] in seriem aliorum translatus, feliciter
requiescit: fuit autem contemporaneus B. Ædelwoldi sub
piissimo rege Ædgaro, qui locum istum monachili ordini
assignarunt, monachis et divitiis ampliarunt.

66. *De Wivelingeham.*

SEQUITUR vir bonus Uva nomine, qui de opibus sibi
creditis sic disponere appetebat, quatenus post metam
hujus vitæ, non detrimenti sed emolumenti causa sibi
forent. Dedit autem Deo, et suæ almæ virgini Ædeldredæ,
villam de Wivelingeham et terram de Cotenham, jure
perpetuo possidendam, cum omnibus quæcunque ad eam
pertinebant; sed et aliis ecclesiis in possessionibus et
muneribus abundanter donavit, et cum testamento usitato
sermone corroborari fecit, ne in æternum distrahi videretur, quod Christo Domino pro æterna gloria commutaverat.
Hoc enim pactum in plurimorum præsentia testium sub
cyrographo scriptum est, et pro munimine in ecclesia de Ely[3]
hucusque habetur. Horum primus Leofsinus alderman,
et abbas Ælsinus, et fratres ecclesiæ de Ely, et alii plures,
qui in ipso cyrographo nominantur.

[1] marcas; *G.*   [2] dcest; *E.*   [3] de Ely, desunt; *G.*

67. *De Stevechesworde, et Merch, et Chertelinge et Dullingeham, et una virgata, in Suafham.*

Hujus quoque frater fuit Oswius nomine, cujus mores Deo et seculo probatos, omni honestate ordinatos, omni ordini gratos, largæ eleemosinæ et donationes in ecclesias et pauperes proferebant: nec erat animus ejus aliunde occupatus, nisi ut Deo placeret, et omnes beneficiis superaret; cui erat uxor Leofleda dicta, quæ in cunctis conjugis sui profectibus applaudens, ipsa beatitudinis præmia expectans, eleemosinæ largitatem frequentabat. Dederat illis Deus utriusque sexus propaginem, quam de copiis bonorum atque possessionum divites fecerant atque sublimes. Ex quibus Ælfwinum nomine Deo et S. Ætheldredæ in monachicum obtulerunt, atque[1] ad vestimentum ejus villam de Stevechesworde statuerunt, et post vitam ejus ecclesiæ perpetim absque impedimento[2] adjaceret. Præterea ecclesiam de Ely plurimum provexerunt, et his possessionibus ampliare volebant, videlicet, de Merch, et Chertelinge et Dullingeham, et una virgata in Swafham.

A. D. 995—
1006.
Horum testes fuerunt Elwricus Cantuariensis archiepiscopus, et Escuwius[3] Merciorum episcopus, cujus sedes, quæ nunc est Lincolliæ, in Leircestria fuerat, et episcopus Orientalium Anglorum Ædelstanus, de quibus supra meminimus, atque duo fratres ejus, prædictus Uva, alius Ædericus, et plures qui in scripto illius Anglice descripto habentur.

68. *De Caeddeberi.*

Quomodo enim de duobus fratribus dictum est, sic et de tertio nequaquam præterire debemus; hic autem Deo acceptus, Ædericus nomine, bona sua, velut apes prudentissima, collegit, et collecta ecclesiis dispersit et pauperibus. Exemplo autem suorum germanorum concitatus est,

---

[1] deest; *E.*   [2] absque impedimento, desunt; *E.*
[3] Escuwinus; *E.*

atque beatissimam dominam suam Ædeldredam tota mentis devotione venerari cupiebat, et multa rerum munificentia decorari, filiumque suum amatissimum Ædelmerum illic in sancta religione tradidit, et cum eo terram calciatoriam, videlicet, Ceaddeberi, jure perpetuo adjicere voluit, ut et ipse et uxor ejus cum genere suo benedictionem a Domino mererentur. Hoc quoque Anglice in suo testamento scriptum est, et penes nos in munimentum libertatis hucusque servatum, quod etiam inter alia in latinum transferre studuimus.

69. *De villa de Hoo.*[1]

IN diebus namque beatissimi martyris Ædwardi regis, A.D. 975–978. dominus villæ de Hoo, cognomento Godwinus, morbo percussus est toto corpore, tantumque inquietudinis depressus est magnitudine ut spem vitæ haberet, minimæ sanitatis recuperandæ. Sed iste de carnis infirmitate in spem meliorem confortatus optime, dominum Elsinum Elyensem abbatem accersivit, monachatum ab illo petivit et accepit, secumque pro mercede optulit, in benedictionem Sanctæ Etheldredæ scilicet, memoratam possessionem de Hoo; et sub cýrographi firmitate in multorum testimonio confirmavit, ut deinceps a nemine posterorum sive emptione seu commutatione ab usibus fratrum distrahi liceret, quod in redemptione suæ animæ Deo et sanctis ejus illic donaverat. Deinde non multo post tempore defunctus, sepelitur in cemiterio ecclesiæ.

70. *De Hecham.*[1]

DEINDE parvo evoluto tempore frater jam dicti hominis, Ælmerus nomine, quandam partem terræ sui juris, Hecham usitative nuncupatam, quam paterna hereditate possederat, Deo Sanctæque Etheldrethæ cum suis convirginibus largiendo gratanter optulit, atque Æthelstani Orientalium episcopi ac plurimorum testimonio in cyrographo designavit,

---

[1] desunt capitula lxix. and lxx.|; *G.*

ut perpetim domnus Alsinus abbas fratresque ecclesiæ de
Ely, quomodo suis necessitatibus utilius providerent de
hoc instituerent.

71. De Ædnodo pontifice.

SEQUITUR Ædnodus, vir in Christo famosus et monasticæ religionis cultor egregius, qui a B. Oswaldo Eboracensi archiepiscopo et glorioso duce Ægelwino, in Rame-
siensem ecclesiam, quam ipsi construxerant, de Wigornensi
monachatu ad officium abbatis assumptus est. Ubi cum
in omni honestate sub Christo floreret, et gregem Domini
fideli cura salubriter gubernaret, facta est cuidam fabro
divina revelatio de corpore B. Yvonis, et sociis ejus simul
cum ipso apud villam de Slepa quiescentibus: apparens
enim fabro in episcopi specie B. Yvo, et se et socios suos
in eadem villa ab antiquissimo tempore jacuisse indicavit,
et ut Ædnodo id indicaret imperavit. At ille statim
evigilans viro Dei visionem revelavit, et de oblata suo
tempori gratia nimis eum lætificavit. Qui tantam sanctorum gloriam non passus est diutius in cœno latitare, sed
convocato clero et populo, ad effodiendum cœlestem thesaurum cum ecclesiasticis apparatibus properavit, et B.

Yvonem propriis manibus, cæteris cæteros ferentibus, ipse
usque in Rameseiam portavit, et postea in ipsa Slepa
ecclesiam in nomine ejusdem sancti ædificavit. Nec multum postea defuncto Lincolniensi antistite, in episcopum
promovetur: pro qua potestate nihil minuit de antiqua
religione, sed quanto altior tanto melior effectus, circa
condendas ecclesias et augendas congregationes assiduus
insistebat. Quarum unam apud Chateriz ob amorem
Sanctæ Dei genitricis Mariæ, et Ælfwennæ sororis suæ,
cognomento Dominæ, ad ponendas ibi cum ipsa sanctimoniales construxit, et rebus necessariis ampliavit. Ipse
quoque corpus B. Ælfegi martyris et archiepiscopi, apud
Grenewicum a Danis lapidatum, pietate succensus et fide
armatus collegit, atque Londoniis sepelivit. Tandem vero

The transla-
tion of Yvo.
A.D. 1001.

Foundation
of a monas-
tery at
Chatteris.

martyris gloria pro gloriosa conversatione decorandus, in
bello quod fuit inter Ædmundum regem et Canutum apud
Assandun, dum missam cantaret, a Danis Canuti sociis,
prius dextera propter annulum amputata deinde toto corpore scisso, interfectus est cum abbate Wlsio : qui, secundum Chronicam, ad adorandum Dominum pro milite
bellum agente convenerant. Hujus corpus cum ad hanc
Elyensem ecclesiam a suis fuisset allatum, ut confestim
hinc ad Rameseiam ubi abbas fuerat deferretur. Ælfgarus vir sanctus qui tunc temporis relicto Helmanensi
episcopatu hic ex toto se dederat, corpus illud, ad augen-
dam loci hujus dignitatem, inebriatis custodibus, in secreto
loco sepelivit; tum quia illum sanctas nostras valde dilex-
isse cognoverat, tum quia martyrem eum esse credebat.
Qui et ipse de veteri sepultura inter alios translatus,
magno nobis honori habetur. Passus est autem anno Incarnationis[1] millesimo sextodecimo, et fuit in diebus Ædel- A. D. 1016.
redi et Ædmundi regum temporibus.

72. *De Ælfgaro confessore Domini.*

DE prædicto Algaro talis instat narratio, quod prius
sacerdos et confessionarius B. Dunstani Cantuariensis
archiepiscopi fuit; cui ad laudem suæ sanctitatis hoc suf-
ficit, quod a tanto viro in tantum officium est assumptus.
In quo ministerio constitutus, quale meritum habuerit
apud Deum ex subsequenti visione datur intelligi. Sicut
enim in vita S. Dunstani legitur, anno, quo idem sanctus
migravit ad Dominum, lucescente aurora Dominicæ Ascen- A. D. 988.
sionis, quæ dies tertia præcessit ipsius transitum, præfatus
sacerdos, dum sacris officiis in ecclesia Salvatoris pervigil
insisteret, mentemque cœlesti contemplatione suspenderet,
raptus in suprema mirabili visione, conspicit B. Dunstanum in pontificali throno sedentem, et clero jura ecclesiastica dictantem. Nec mora, videt irruentem per omnes
ecclesiæ jannas angelorum multitudinem, stolis candidis et

---

[1] ab incarnatione Domini; *G.*

coronis aureis rutilantem, Cherubin, ac Seraphin sese pro-
clamantem, et quasi divina nuntia deferentem. Cumque
per ordinem astarent pontifici, verba salutationis pro-
ferentes, " Salve," inquiunt, " Dunstane noster, et si paratus es ad nos venire, nostro consortio gratiosus adjungere."
Quibus ille, " Scitis," inquit, " O beati spiritus, hodie
Christum cœlos ascendisse, nosque tantæ diei hodiernum
obsequium debere, atque populum Dei officio nostro indi-
gere, ut hac vice non possim vobiscum abire." Tunc illi,
" Paratus igitur esto proximo die sabbati nobiscum Romam transire, et ante sanctum sanctorum, tu[1] sanctus,
æternaliter cantare." Quibus illo id libenter annuente,
confestim qui apparuerant, disparuerunt. At sacerdos
tantarum rerum contemplator, rei exitum tacitus expectabat; donec idem sanctus ipso Ascensionis die, missarum
agens solempnia, post evangelium de tanta solempnitate
populum alloqueretur, suamque præsentiam mox illis rapi-
endam prænuntiaret. Tunc ergo demum cognita visionis
veritate, palam omnibus, cum magno gemitu, quæ viderat
indicavit. Qui postea pro illustri vita factus Helmhe-
mansis episcopus, prædecessoris sui Ædelstani exemplo
adeo specialem devotionem Elyensi conventui, quamdiu
vixit, impendit, ut episcopatum relinqueret, et in hac congregatione reliquo vitæ suæ tempore permaneret. Quem
honore dignum æstimantes, de antiquo sepulcro inter
cæteros reverenter transtulimus. Vixit autem vir sanctus
temporibus Ædelredi, Ædmundi et Canuti, regum Anglorum, et defunctus est anno millesimo vicesimo primo ab
Incarnatione Domini, sub ipso rege Canuto.

A. D. 1021.

73. *Quis dedit villam de Wratinge.*

Longo igitur retroacto tempore fuit quidam miles divitiis abundans, nomine Ælfelmus, qui ecclesiam S. Ædeldredæ cultu veræ religionis florere, signis quoque et virtutibus ad merita illius admodum coruscare prospiciens

---

[1] deest : *E.*

in beneficiis ejus et honore attentus et benevolus extitit :
cujus limina frequenter visitans, diversis generibus exeniorum ,obsequens, jura, negotia et causas illius fideliter
patrocinans, tanquam debitum inde salarium recepturus.
Audierat fortasse illud proverbium, " Deum placat qui
sanctos suos honorat." Ingruente autem resolutionis suæ
tempore, suorumque saluti spiritualiter providens, orationibus beatæ virginis quadam obligatione se familiarius
commendavit, dans illi in eleemosynam villam de Wara-
tige in[1] perpetuum[2] possidendam, exceptis duabus hidis :
executor illius Dominicæ exhortationis : " Facite vobis Luke xvi. 9.
amicos de Mammona iniquitatis, ut cum defeceritis, reci-
piant vos in æterna tabernacula."

74. *Quod istæ possessiones traditæ sunt ecclesiæ cum Leof-
sino futuro abbate, scilicet Glemesford, Herdherst, Berchinges, Feltewelle, et Sneilewelle.*

TUNC quippe temporis in monachatum educandus bonæ
indolis puer susceptus est Leofsinus, abbas futurus, cum
quo etiam parentes ejus, juxta seculi nobilitatem divitia-
rum copiis affluentes, honorifice postulationem fecerunt ;
sicque filium suum in monasterio offerentes, amantissimum
videlicet adhuc ætate parvulum, Dei servitio mancipaverunt,
et certe non absque meritis, etenim ex bonis sibi præstitis
dare voluerunt cum illo donationem pro mercede sua,
videlicet Glemesford, Hertherst, Berchinches, Feeltewelle,
Scelford et Sneillewelle possessiones nominatas.

75. *Cum Ælfwino episcopo hæ possessiones in ecclesia datæ
sunt ; Walepol, Wisebeche, quæ est quarta pars centuriatus insulæ, et Debenham,[3] Brithewelle,[4] Oddebrigge.*

EODEM tempore Ælfgaro Helmhamensi episcopo, cujus A. D. 1021.
supra meminimus, ad cœlestia regna translato, Ælwinus[5]

---

[1] deest ; *E.*
[2] perpetue ; *E.*
[3] Debeham ; *E.* ·

[4] Britewelle ; *E.*

[5] Ælfwinus ; *E.*

Elyensis ecclesiæ a puero monachus, vitæ sanctitate et gratia morum honestatis, successit in ministerium ejusdem episcopatus. Cum ipso enim in ecclesia oblato data est Walepol, Wisebeche, quæ est quarta pars centuriatus insulæ, cum suis appendiciis, et Debeham, Brithwelle, Oddebrigge, a generosis parentibus coram venerabilibus testibus : et licet teneræ ætatis adhuc fuisset, habitum monachatus suscipere promta voluntate parabatur, ut quod junior ad profectum animæ institui conciperet,[1] jam senior factus diu inolitum abuti minime videretur. Unde fideliter completur in eo, quod scriptum legitur in Jeremia: Thren.iii.27. " Bonum est viro, cum portaverit jugum ab adolescentia sua." Cumque totam vitæ suæ seriem cum summa prudentia et gravitatis modestia usque in virilem ætatem perduxisset, pro religionis suæ fama, jubente rege præfato Æthelredo, ad episcopale culmen sublimatus, matris suæ Elyensis ecclesiæ oblivisci non potuit; sed bonis pro se puero primum eidem loco collatis, jam episcopus factus plurima superaddere curavit, ut postea docetur.

76. *Quod Ælsinus abbas intulit in Ely reliquias S. Wendredæ virginis, et quod optinuit pretio a rege Ædeldredo Cadenho et Strethle, et duo Lintunum.*

PRÆDICTUS vero abbas Ælfsinus mentis liberalitate insignis, nec deerat ei vel nobilitas generis vel honestas secularis; unde apud memoratum regem non minus carus et honoratus extiterat, sed maxime circa Dei cultum assiduus intenderat. Quantum ei[2] ad utilitatem et sublimationem suæ spiraret ecclesiæ, omni[3] discretæ patet intelligentiæ: nam ipsum locum sublimius augere cupiens, etiam reliquias sacræ virginis Wendredæ a vico de Merch intulit in Ely, et in scrinio ex auro et lapidibus decenter aptato imposuit, et quidem super hæc omnia regem convenit, et, taxato pretio, has emit ab eo possessiones, ut ex præsenti innuitur carta.

---

[1] inciperet; *E.* [2] enim; *E* [3] deest; *E.*

77. *Inde hoc munimentum regis.*

SUMMO et ineffabili rerum dispensatore in æternum
regnante, omnibus gradibus, qui in triquadro mundi cardine per theoricam vitam ad cœlestis ac indeficientis
beatitudinis jocunditatem pervenire satagunt, ultroneo
devotionis affectu cum tota mentis alacritate illuc incunc-
tauter adnitendum est : quod quidam sapiens sagaci mente
considerans, sic fida pollicitatione ait ; "Meliorem autem
illum judico et propinquiorem Deo, qui voluntate bonus
est, quam illum, quem necessitas cogit." Qua· de re infima quasi peripsima quisquiliarum abjiciens, superna
adinstar pretiosorum monilium eligens, animum sempiternis gaudiis figens, ad adipiscendam mellifluæ dulcedinis
misericordiam, perfruendamque infinitæ lætitiæ jocunditatem, Ego Æthelredus, per Omnipatrantis dexteram totius
Britanniæ regni solio sublimatus, quandam ruris particulam, videlicet XIX. cassatos, in tribus locis, quæ celebri,
Caddanno et Strethle, nec non et duo Lintunum, nuncu-
pantur vocabulo, Domino nostro Jesu Christo et S. Petro
apostolorum principi, castæque virgini Ætheldrethæ, ac
sacris sororibus ejus, una cum illa requiescentibus, æterna
largitus sum hæreditate, ad usus monachorum in Elyensi
monasterio degentium.   Sunt autem duæ ex iisdem XIX.
mansis in illo rure quod vocatur Cadenho, in Strethle X.
et in Lintune VII., pro quorum possessione prædiorum
abbas nomine Ælsinus, dedit regi præfato appensuram
novem librarum purissimi auri, juxta magnum pondus
Normannorum.   Prædicta equidem rura cum omnibus
utensilibus, pratis videlicet, pascuis, molendinis, et silvis,
ab omni terrenæ servitutis jugo sint libera, tribus exceptis, rata videlicet expeditione, pontis, arcisve restauratione. Si quis igitur hanc nostram donationem in aliud
quam constituimus transferre voluerit, privatus consortio
sanctæ Dei ecclesiæ æternis baratri incendiis lugubris jugiter cum Juda Christi proditore ejusque complicibus
puniatur ; si non satisfactione emendaverit congrua quod

o

contra nostrum deliquit decretum.   Scriptum est hæc car-

A. D. 1008. tula, anno ab Incarnatione Domini nostri Jesu Christi millesimo octavo.   Indictione[1] VI.

78. *Quod ecclesia de Ely locum administrandi in curia regis ex consuetudine optinet.*

Privileges of the church of Ely. ADJECIT itaque gloriosus rex Ædelredus[2] gloria et honore Elyensem decorare ecclesiam, sicut pollicitus fuerat quando eum illic cum matre et nobilibus regni S. Edelwoldus adduxerat, tempore fratris sui Ædwardi regis, ubi coram multitudine plebis ad sepulcrum beatæ virginis, cui affectu et multa dilectione deditus erat, se servum deinceps illins fore spopondit.   Qui postea suscepto regno, alterius regis se intelligens esse mancipium, sui regis præcepta regaliter observabat, et sponsam ejus ecclesiam, tanquam matrem suam, donis et obsequiis sublimavit,[3] et privilegiorum fune subligavit.   Sicque suum consummans propositum, æternam sibi propagavit memoriam, ut et finis esset sine fine, et ad eum, qui fine caret finem perveniret. Hinc igitur pius oculus suum ad sequentia transferat aspectum, et digno intuitu rerum magis quam verborum perscrutans seriem, jocundo regi per hanc dispositissimam illius benevolentiam congaudeat.   Statuit vero atque concessit, quatenus ecclesia de Ely, ex tunc et semper, in regis curia cancellarii[4] ageret dignitatem, quod etiam aliis, Sancti videlicet Augustini et Glastoniæ ecclesiis constituit, ut abbates istorum cœnobiorum vicissim adsignatis succedendo temporibus, annum tripharie dividerent, cum sanctuariis et cæteris ornamentis[5] altaris ministrando.   Abbas quoque Elyensis cœnobii semper in die purificationis S. Mariæ ad administratorium opus procedebat in ipso Februarii mensis initio; et sic ipse abbas, vel quem de fratribus destinaret, quantum temporis ei suppetebat, per quatuor menses, tertiam videlicet anni partem, cum summa

---

[1] Inedictione ; *E.*

[2] deest ; *E.*

[3] sublimabat ; *E.*

[4] 'cancellarii dignitas.'   There seems no mention of this elsewhere. It seems to imply the royal chaplaincy rather than chancery. Compare lib. II. c. 85.

[5] ornatibus ; *E.*

diligentia illic officium reverenter supplevit: deinde alii,
quos diximus, residuum anni per adsignata sibi tempora
explicabant. Hoc autem consuetudinis ab ipso renova-
tionis suæ tempore apud ecclesiam, ad magnam loci pro-
vectionem et libertatem, fuisse memoratur, nec ab aliunde
impeti aut subjici patiebatur, donec Anglia sub Normannorum jugo misere depressa, ex omni pristino spoliatur
honore; unde Elyensis ecclesia quondam famosissima,
inter filias Jerusalem speciosa, quæ fuerat libera, calami-
tatis nunc oppressa amaritudine, et princeps provinciarum
facta est sub tributo.

79. *Quomodo reliquiæ almæ virginis Wendrethæ*[1] *ex hoc*
loco sublatæ sunt, et quod[2] *regina Ymma, sicut sub rege*
Æthelredo hanc ecclesiam honoribus provexit, ita sub rege
Canuto, secundo sponso ejus, decore vestium adornavit.

DEINDE cum rex Æthelredus, licet inter frequentias
bellorum, ut a se iram Domini amoveret, quam per mortem fratris sui mitissimi regis Ædwardi incurrerat, et Dei
misericordiam optineret, ecclesiis undique Anglorum bona
gessisset, defunctus est Lundoniæ, post magnos labores, et A. D. 1016.
multas vitæ tribulationes, quas super eum venturas regalis The death of
in[3] consecrationis suæ die, post impositam coronam, pro- Æthelred II.
phetico spiritu S. Dunstanus prædixerat: "Quoniam," Dunstan's
inquit, "aspirasti ad regnum per mortem fratris tui, quem prophecy.
occidit mater tua, propterea audi verbum Domini. Hæc
dicit Dominus, non deficiet gladius de domo tua, sæviens
in te omnibus diebus vitæ tuæ, interficiens de semine tuo,
quousque regnum tuum transferatur in regnum alienum,
cujus ritum et linguam gens, cui præsides, non novit. Nec
expiabitur nisi longa vindicta peccatum tuum, et peccatum
matris tuæ, et peccatum virorum, qui interfuere consilio
ejus nequam." Corpus autem illius in ecclesia S. Pauli
honorifice est sepultum. Post quem cives Lundonienses
et pars nobilium, qui tunc temporis considebant Lundoniæ,
filium ejus Edmundum cognomento Ferreum Latus in

---

[1] Nothing seems known of this saint.   [2] deest; *E.*   [3] deest; *E.*

The election of Eadmund II. surnamed Ironside. A. D. 1016. regem levavere, qui solii regalis culmine sublimatus, Dei fretus adjutorio, audacter contra exercitum Danorum occurrit in montem, qui Assendum nuncupatur, strenui militis et boni imperatoris officium exequebatur. Hostes simul omnes protereret, si perfidi ducis Ædrici non essent insidiæ,. totusque fere globus nobilitatis Anglorum illic cæsus est, qui nullo in bello majus unquam vulnus quam ibi acceperunt, ubi Ædnodus Lincolliensis episcopus, Ramesiensis quondam præpositus, et Wlsius abbas, qui ad exorandum Deum pro milite bellum agente convenerant, interfecti sunt, et fratres de Ely, ut mos est ecclesiæ, qui

The relics of Wendreda are lost. cum reliquiis ascenderant illuc, prostrati sunt, et reliquiæ virginis almæ Wendrethæ, quas secum attulerant, ablatæ, nec usque nunc ecclesiæ sunt restitutæ; fertur enim quod tunc[1] ab ipso[2] Canuto sublatæ sunt, et in Dorobernia re-

Eadmund is murdered by Eadric and Cnut seizes the kingdom. positæ. Nec diu post hæc rex Ædmundus rediens Lundoniam, perimitur dolo prædicti Ædrici, veru ferreo in secreta naturæ transfixus, dum in secessu sederet, et sepultus est cum avo suo Ædgaro Glestoniæ, filiis ejus et fratribus nullam regni portionem existimantibus, sed Canutus ab omni Anglorum populo in regnum levatur. Infra[3] duos annos tres reges Angliæ præfuerunt, ut adimpleretur quod S. Dunstanus ad regem Æthelredum locutus

Cnut marries Ælfgifu the widow of Ethelred II. est in sermone Domini; cujus reginam Ælgivam, alio nomine Emmam, idem rex Canutus in conjugium accepit. Quæ sicut in illius[4] tempore Elyensem ecclesiam honoribus decoravit et .donis, ita et sub isto illam augmentare intendit. Insignem quoque purpuram aurifriso undique cinctam .fecit, et per partes auro et gemmis pretiosis mirifico opere, velut tabulatis, adornavit, illicque optulit, ut nulla alia in Anglorum regione talis operis et pretii inveniatur; opus quippe illius materiam præcellere videtur: atque .cæteris sanctis nostris pannum sericum unicuique, licet minoris pretii, auro et gemmis intextum optulit, quæ penes nos hactenus reponuntur. Fecit etiam indumenta

---

[1] deest; *E.*
[2] ipso rege; *E.*
[3] Sicque infra; *E.*
[4] alterius; *E.*

altaris, magnam pallam viridi coloris insignem cum laminis
aureis, ut in faciem[1] altaris per diem solennem celsius appareret; et desuper bissus sanguineo fulgore, in longitudinem altaris, et ad cornua ejus attingens usque ad
terram, cum aurifriso, latitudinem habens pedis, spectaculum decoris magni pretii administrat.

80. *De transitu Ælfsini abbatis, cui Leofwinus successit, et
ei Leofricus, ambo succedente tempore consecrati ab
Ælfwino Elmanhensi episcopo.*

PRÆTEREA Ælsinus supra memoratus Elyensis ecclesiæ The death of
Abbot Ælsi-
nus and the
appointment
of his suc-
cessor Oschi-
tellus.
abbas, gratia sanctitatis decoratus, obiit in observantia
mandatorum Dei, post multam gloriam et possessiones
ecclesiæ adquisitas. Complevit autem dies suos in senectute bona, et positus juxta prædecessorem suum, ejusdem
ecclesiæ abbatem primum, in mausoleo est conditus.
Decessit autem tempore regis Æthelredi, a quo ipse abbas A. D. 1019.
constitutus fuerat, ac plenus dierum locum pastore vacuum
reliquit. Cui Oschitellus, alio nomine Leofwinus appellatus, successit in locum, sed morte præveniente modico
præfuit tempore. Hujus vero mentionem in scriptis
nostris nusquam reperimus, nisi tantum in Chronico Anglico legitur, quod ille dejectus a suis, cum Ægelnotho A. D. 1022.
Dorobernensi archiepiscopo petente pallium, Romam perrexit, ubi in conspectu Benedicti papæ de sibi objectis se
purgavit criminibus, et sic in gratiam suorum recipi
meruit: post quem ipsius loci præpositus Leofricus in The appoint-
ment of Leo-
fricus.
regimen est assumptus, ambo diversis succedentes tem-
poribus. Unde factum est ut hos duos ibi abbates benediceret Ælfwinus[2] Elmanhensis episcopus, tam rege Canuto
præcipiente, quam toto conventu id petente.

81. *De Estre, Fanbrige, et Thirlinges.*

IN diebus Leofrici abbatis, regnante Canuto, quædam
femina, Godiva nomine, cujusdam comitis derelicta fuit;
quæ post ipsius obitum bona sua ecclesiis divisit, ut ad

_____
[1] facilem; *E.*   [2] Ælwinus; *E.*

meritorum suorum participes forent apud Deum. Ad
sponsam Domini Jesu Ætheldretham orationum excubias
actitans, loci amœnitate et fratrum devotione in maximum
erga eos accenditur amorem, unde de suo jure aliqua rura,
sed præcipua, Beatæ Virgini et Deo illic ministrantibus
donavit, et in testamento Anglice confirmavit, quorum hic
nomina memorantur, Æstre, Fanbrege, Terlinges.

82. *Privilegium Canuti regis, de mutatione villarum Chefle, et Dittune.*

De Dittune.   Ðiſ iſ ðictunes boc þe paſ gehpẏnſed piꝺ
Ceaꝼlea.[1]

Cnut's charter.

IN NOMINE Christi Salvatoris mundi in perpetuum regnantis, cujus sunt dispositione universi
ordines et potestates totius dignitatis et principa-
tus ordinati, qui jure cunctis principatur et dominatur,
utpote creator omnium. ЄꝄO CNUT[2] RЄX totius
gentis Angligenæ ejus[3] amore provocatus, et venerabilis
Orientalis episcopi Ælfwini, et abbatis Leofrici monasterii Elgensis,[4] et fratrum eorundem petitionibus incitatus,
ac pro remedio animæ meæ, feci commutationem apud
abbatem ejusdem monasterii, Leofricum scilicet, dan-
do eis reciproca vicissitudine villam, quæ proprio no-
tamine appellatur Dictun,[5] cum omnibus ad se jure atti-
nentibus in longitudine et[6] latitudine, ut mihi in potestate stetit, accipiens quoque pro ea villam silvosam, vocabulo Ceaꝼlea,[7] cum omnibus quæ ad eam attingunt, in
pratis, in pascuis, in silvis, et in quibuslibet negotiis.
A. D. 1022. Facta est hæc commutatio anno Incarnationis Dominicæ
millesimo vigesimo secundo, indictione quinta, epactæ
quindecim, concurrentes septem, die festivitatis S. Æthel-
rẏthæ reginæ et virginis, quæ sanctis suis. meritis cum
sororibus suis, videlicet, Wẏhtburga, Sexburhga, et filiæ
Sexburgis Ærmenhilda, illud monasterium patrocinatur et
regit. Siquis hanc nostram placitam vicissitudinem malo

---

[1] De Dittune . . . . . Ceaꝼlea, ex
L. E.
[2] Canutus; *E.* and *G.*
[3] ejusque; *E.* and *G.*

[4] Elyensis; *E.* and *G.*
[5] Dittune; *E.* and *G.*
[6] et in; *E.* and *G.*
[7] Chefle; *E.* and *G.*

molimine machinatur mutare, absque voluntate servorum Dei in[1] monasterio illo inhabitantium, sit pars ejus cum diabolo, participium sumens de omnibus pœnis ejus æternaliter, nec contingat ei perpetualiter vicissitudo, cujus vicissitudine possit sibi gaudium aliquod in hoc seculo vel in futuro sperare. His[2] astipulationibus fulcitur hæc commutatio.

Imprimis ego CNVT basileus totius Albionis gentis cum vivifico signo crucis corroboravi, æque perhenniter volo ut inviolabiliter ab omnibus fidelibus roboretur. ✠

Ego Ælꝼȝıꝼu Regina præscripti Regis cum omni alacritate mentis hoc sancivi, ut perpetualiter inconcussum sit. ✠

Ego Wlꝼꝛꞇanuꞃ Archiepiscopus Eboracensis civitatis Apostolica auctoritate confirmavi. ✠

Ego Æþelnoðuꞃ modernus Archipræsul Cantuariorum cum principalitate et decreto Petri principis Apostolorum confirmavi. ✠

Ego Ꝇenbꞃanbuꞃ Roꝛcýlbe Parochiæ Danorum gente confirmavi. ✠

Ego Bꞃıhtꝥolbuꞃ Epis. confirmavi. ✠

Ego Ælꝼꝛınuꞃ Epis. corroboravi. ✠

Ego Æþeꞃıcuꞃ Epis. consolidavi. ✠

Ego Ælmeꞃuꞃ Epis. consignavi. ✠

Ego Leoꝼꞃınuꞃ Epis. affirmavi. ✠

Ego Æþelpınuꞃ Epis. consensi. ✠

Ego Bꞃýhꞇꝥınuꞃ Epis. stabilivi. ✠

Ego Ælꝼꝥıȝ Epis. sancivi. ✠

Ego Ꝇobꝥınuꞃ Epis. corroboravi. ✠

Ego Ælꝼꝥınuꞃ Orientalium Anglorum Epis. qui hanc vicissitudinum petivi, ut fieret cum consensu ejusdem Regis CNVT, corroborando sancivi.

Ego Bꞃýhꞇꝥıȝ Abbas.

Ego Ælꝼꝛıȝe Abb.

Ego Ælueꝥe Abb.

Ego Æþelpınuꞃ Abb.

Ego Ælmeꞃuꞃ Abb.

Ego Ælꝼꝥeꞃbuꞃ Abb.

Ego Leoꝼꝥınuꞃ Abb.

Ego Æþelꞃꞇanuꞃ Abb. ✠

Ego Yꞃıc comes assentiendo corroboravi. ✠

---

[1] deest; *E.* and *G.*

[2] His . . . commutatio. &c. desunt; *E.* and *G.*

Ego Eᵹlaꝼ comes ratum duxi stabilire sapientum decretum. ✠	Ego Ðuꝼꞇanuꝼ M. ✠
	Ego Ðꝛýmm, M. ✠
	Ego ꝟulꝼꞽcuꝼ M. ✠
Ego Loᵭꝑꞽne comes quod dominus meus Rex statuit confirmo. ✠	Ego Ælꝼꞽnuꝼ Satrapa. ✠
	Ego Ælꝼꞽᵹ Satrapa. ✠
	Ego Ælꝼꞽcuꝼ Satrapa. ✠
Ego Loᵭꝑꞽcuꝼ M. ✠	Ego Loᵭꝑꞽnuꝼ Satrapa. ✠
Ego Æþelꝑꞽnuꝼ M. ✠	Ego Ælꝼꝛeꝛᵭuꝼ Satrapa. ✠

83. *De Berechinge.*

NUNC[1] restat edicere qualiter fidelis Domini Godiva
Ælfricum episcopum et Leofricum abbatem de Ely per
scripta salutavit, et quod de salute sua eis ostendere voluit,
sic quoque ait, " O domini mei, ego infelix mulier, quamvis circa salutem animæ meæ minus provide intendi, et
tempus exitus mei instat, cum adhuc licet operari, beatitudini vestræ insinuo quid ad dominam meam sacratissimam virginem Ætheldretham in Ely constituo fieri de
bonis meis atque concedo, hoc est terram de Berchinges,
quæ mihi juris est, parentum hæreditate, illic perpetualiter
impertior, ut apud eos mei jugiter memoria sit."

The gift of Godiva.

84. *A quo benedicitur abbas Leofsinus Elyensis et quæ bona illic gessit et quod ex nutu regis Canuti annua firma ecclesiæ constituitur.*

UT autem rex Canutus imperium suscepisset, prædecessorum suorum regum accensus devotione erga beatissimam
Ætheldretham, et loci sancti ministros, Leofsinum quoque
ejusdem ecclesiæ pastorem, qui Leofrico successerat et
diu absque benedictione fuerat, apud Walewich, ad se
accersitum, ab Egelnodo Dorobernensi archiepiscopo sacrari præcepit. Hic non suam sed Domini gloriam exposcens, summo studio locum provehere studuit, et ut neminem in congregatione monachum susciperent, nisi electos
in scientia et præclaros genere, quorum largitione ecclesia
sublimius ditaretur, et fratres solito deinceps victum et

A. D. 1016.

A. D. 1029.

The consecration of Abbot Leofsinus.

[1] Tunc; *E.*

vestitum abundantius haberent. Qui vero in mobilibus se
suscipi in eorum consortium rogarent, ad numerum monachorum frustratim, quicquid offerrent, divideretur, et juxta
panes cunctorum in refectorio, sive aurum sive argentum,
quique partes ex oblato perciperent, et sic pari consilio,
ad quodcumque opus erat, in commune locaretur. Taliter
locus extrinsecus in possessionum affluentia accrevit, et
decore vestium intrinsecus adornatur. Prohibuit maxime
nullum permitti de indigenis ministrare in loco, sed potius
de externis; dicens ab eis cavendum esse, optans illos,
quemadmodum in Evangelio Dominus suos præmuniri[1]
voluit discipulos, a fermento Pharisæorum. Addidit quoque ornamenta insignia in decorem domus Dei; inter quæ
albam præclaram cum amicto, cum superhumerale, cum
stola, et manipulo ex auro et lapidibus contextis, atque
infula rubea mirando opere subtus et desuper floribus
retro extensa, et velut quodam tabulatu gemmis et auro
ante munitur, cujus opus exponere non sufficimus. Vasa
enim aurea fecit et argentea in ministerium Domini, quæ
in seditione[2] postea Normannorum exposita sunt. Supra A.D. 1071?
gregem Domini pater iste instanter vigilias adhibuit, obse-
crando, increpando in mansuetudine, miscens temporibus
tempora, illud semper et potius affectans B. Benedicti,
"plus amari quam timeri." Statuit etiam nutu et favore The abbot,
with Cnut's
ipsius regis firmas consignando, quæ per annum ecclesiæ consent,
orders cer-
in cibum sufficerent, et potius electæ de vicis et arvis, quæ tain estates
of the mo-
abundantiore dulcedine et uberiore cespite segetes creare nastery to
provide the
noscuntur quorum hic nomina inseruntur. Inprimis Seel- yearly sup-
plies of food.
ford[3] duarum solvit firmam ebdomadarum, Stapelford unius,
Litleberi duarum, Tripelaue duarum, Havechestune unius,
et Neutune unius, Meldeburne duarum, Grantedene
duarum, Thoftes unius, et Cotenham unius, et Wivelingeham unius, Dittune duarum, et[4] Horningeseie duarum,
Stevecheworde duarum, Belesham duarum, Kadenhom quatuor dierum, Sæufham[5] dierum trium, Spaldwic duarum
ebdomadarum, Sumeresham duarum, Bluntesham unius,

---

[1] præmoniri; *E.*   [2] deditione.   [3] Sceldford; *E.*
[4] deest; *G.*   [5] Seufham; *E.*

et Colne unius, Hertherst unius, Drenchestune unius,
Ratelesdene duarum, Hecham duarum, Berechinge duarum, Necdinge[1] unius, Wederingesete unius, Brecheham
duarum, Pulleham duarum, Thorpe et Dyrham duarum,
Nordwolde duarum, Feltewelle duarum, Merham vero ad
vehendum firmam ecclesiæ de Nortfolche, et[2] ad suscipi-
eudum ingredientes et egredientes de monasterio. Et
hæc siquid minus statuto suis conferrent temporibus,
insula ad hoc deputata[3] reliquum, suppleret.

85. *Qua difficultate ad suam festivitatem rex Canutus in Ely pervenit, et de longe audiens monachos, cantilenam composuit.*

King Cnut
on his pas-
sage to Ely,
by water,
hears the
monks
chanting.
QUODAM igitur tempore, cum idem rex Canutus ad
Ely navigio tenderet, comitante illum regina sua Emma
et optimatibus regni, volens illic, juxta morem, purifica-
tionem S. Mariæ solempniter agere, quando abbates Ely,
suo ordine incipientes, ministerium[4] in regis curia habere
solent; et dum terræ approximarent, rex in medio virorum erigens se, nantis innuit ad portum Pusillum ocius
tendere, et tardius navem ineundo pertrahere jubet; ipse
oculos in altum contra ecclesiam, quæ haud prope eminet
in ipso rupis vertice sita, vocem undique dulcedinis re-
sonare sensit, et erectis auribus quo magis accedit
amplius melodiam haurire cœpit; percepit namque hoc
esse monachos in cœnobio psallentes et clare divinas horas
modulantes, cæteros qui aderant in navibus per circuitum
ad se venire, et secum jubilando canere exhortabatur;
ipsemet ore proprio jocunditatem cordis exprimens, can-
The Danish
king is said
to have ex-
temporised
in Anglo-
Saxon Verse. tilenam his verbis Anglice composuit, dicens, cujus exor-
dium sic continetur: " Meɲe ɼunȝen ðe Munecheɼ bɪnnen
Elẏ. ða Cnut chɪnȝ ɲeu ðeɲ bẏ. Roþeð cnɪteɼ noeɲ the
lanð. anð heɲe ɲe þeɼ Munecheɼ ɼænȝ." Quod Latine
sonat; " Dulce cantaverunt monachi in Ely, dum Canutus
rex navigaret prope ibi, nunc milites navigate propius ad
terram, et simul audiamus monachorum harmoniam," et

---

[1] Heddinge; *G.*   [2] deest; *E.*   [3] deputa; *E.*   [4] ministrationem; *G.*

cætera quæ sequuntur, quæ usque hodie in choris publice cantantur et in proverbiis memorantur. Hoc rex
agitans, non quievit cum venerabili collegio pie ac dulciter
concinere, donec perveniret ad terram, et quando cum processione, ut mos est principem aut celsiorem personam,
a fratribus digne susceptus in ecclesia duceretur; mox
bona a prædecessoribus suis Anglorum regibus ecclesiæ
collata, suo privilegio et auctoritate ad perpetuam munivit
firmitatem, et desuper altare majus, ubi corpus sacræ
virginis ac sponsæ Christi Ædeldredæ pausat in sepulcro,
in faciem ecclesiæ, coram universis, jura loci perpetuo
libera esse sancivit. Ad hanc igitur solempnitatem ipsum
regem aliquotiens præ nimio gelu et glacie inibi contigit
non posse pervenire, usquequaque paludibus et aquis
gelatis, sed sic a bonitatis suæ studio rex non mutatur,
licet nimium gemens et auxins fuisset; in Domino Deo
confisus, super mare de Saham, cum non cessaret vehemens
pruina, usque in Ely trahere se in vehiculo[1] desuper
glaciem cogitavit, sed, siquis eum præcederet, securius et
minus pavide asperum iter perficere, nec differre asseruit.
Casu enim[2] astitit ibi vir magnus et incompositus ex insula
quidam Brihtmerus Budde, pro densitate sic cognominatus,
in multitudine, et ante regem se progredi spopondit. Nec
mora, rex festinus in vehiculo secutus est, admirantibus
cunctis illum tantam audatiam præsumpsisse. Quo perveniens cum gaudio solempnitatem ex more illic celebravit.
Nam sicut in Sapientia legitur; "Fortis est ut mors dilectio, et dilectio custodia legum est;"[3] in sola dilectione
ac devotione Christi virginis Ætheldrethæ rex gloriosus
nitebatur, et completur in eo illud Dominicum; "Omnia
possibilia credenti."[4] Ad gloriam[5] B. Virginis narrare consueverat rex sic sibi accidisse, et a Domino concessisse,
quod tam[6] magnus rusticus et incompositus per viam
nullum offendiculum senserat, ut et ipse agilis, et medio-
cris staturæ, directe et intrepide subsequi licuisset. Et

The waters being frozen, Cnut goes to Ely in a sledge to keep the Feast of the Purification.

Brithmer undertakes to be the king's guide.

---

[1] vehiculo et; *E.*
[2] enim tunc; *E.*
[3] Cantic. viii. 6; Rom. xiii. 10.
[4] Marc. ix. 23.
[5] gloriam vero; *E.*
[6] deest; *E.*

quidem ipse liberalis[1] animi atque munificus, laborem viri rependere volens, ipsum cum possessione sua æternæ libertati donavit, unde filii filiorum ejus usque ad hanc diem liberi ex istiusmodi donatione et[2] quieti consistunt

86. *Quod Ælfwinus*[3] *episcopus monachos apud Betricheswrthe primum locavit et post, relicto episcopatu, ad nos rediens, hic suam sepulturam elegit.*

SANCTUS iste confessor Domini Ælwinus, vitæ merito et morum honestate ad episcopale culmen, ut prælibavimus, attingens, sua postulatione prædictum manerium de Dittune Silvestre pro Chevele mutuari, et huic loco perpetuo jure confirmari a rege Canuto impetravit. Hic etiam ipsius regis præcepto in Betricheswrde primum monachorum adduxit catervam, quosdam de sua ecclesia de Ely, quosdam vero de Holm illic collocavit, eisque affluenter subsidia detulit, auxilium impendente Thurchillo comite;[4] insuper[5] rebus[6] et ornamentis in priori[7] loco de sua[8] parte collatis quamplurimis eternæ libertati donavit,[9] præfecitque eis patrem et abbatem nomine Uvium, virum humilem, modestum, mansuetum et pium. Presbyteros vero, qui inibi inordinate vivebant, aut in eodem loco ad religionis culmen erexit, aut datis eis aliis rebus in alia loca mutavit. Et post multa beneficia sacris locis collata, demum relicto proprio episcopatu, ad contemplativam quietem in Elyense cœnobium reversus est, ubi usque ad ultimum vitæ permansit. Hunc etiam de antiquo tumulo tempore Nigelli episcopi inter reliquos honorifice transtulimus.

King Cnut founds, or rather re-founds, a monastery at Bury in honour of Eadmund.

87. *Quomodo vel quando et a quo corpus Wlstani confessoris Domini translatum est.*

A. D. 1135 —1154.

GLORIOSO itaque rege atque piissimo Anglorum Stephano post multa tempora regnante, in septentrionalem partem ecclesiæ nostræ, venerabilium reliquiæ virorum,

---

[1] licuisset. Rex namque liberalis, &c.; *G.*
[2] deest; *G.* [3] Ælwinus; *G.*
[4] Hic etiam ipsius ..... Thurchillo comite ; in margine; *G.*
[5] deest; *G.* [6] rebusque; *G.*
[7] eidem ; *G.*
[8] sua quoque ; *G.*
[9] eternæ libertati donavit, in margine superiori ; *G.*

quorum beneficiis locus noster adcrevit et quorum cœtus
noster in sancta religione profecit, cura Alexandri[1] prioris
de veteribus sepulchris translatæ sunt: quæ antiquitus in
profundo positæ, et magna difficultate tandem cum certis
signis inventæ, singulorum loculos cum scriptionibus no-
minum[2] acceperunt. Horum primus est in ordine vir The trans-
optimus Wlstanus, licet aliquorum, exigente narrationis Wlstan.
serie, supra meminimus. Vir optimus, bonis pollebat
moribus; primo monachus, deinde abbas, postremo B.
Oswaldo Eboracensi archiepiscopo tertius in sedem ponti-
ficalem successit. Omnes vero ipsius mores et actus religioni serviebant, nec deerat ei vel nobilitas generis vel
honestas secularis. Nam et sororis ejus filius Brithegus[3]
Wigornensis episcopus fuit, et plures alios generosos viros
propinquos habuit, et tam ex genere quam ex sanctitate
cunctis honorabilis habebatur. De quo id mirabile ferebatur, quod seeto matris utero in hanc lucem productus
fuerat, et vaccæ uberibus proximorum industria educatus.
Floruit autem temporibus Æthelrethi, Edmundi, et Canuti regum Anglorum, quibus singulis æque amabatur, ut
frater, æque honorabatur, ut pater, et ad maxima regni
negotia, utpote doctissimus consiliarius, frequenter voca-
batur, in quo ipsa Dei sapientia, quasi in quodam spi-
rituali templo loquebatur. Cui ob insigne meritum, rex
Canutus hunc honorem suo in tempore detulit, ut eum ad Cnut and
dedicandam ecclesiam ab ipso Canuto et Thurchillo comite cause a
in monte Assandun ædificatam invitaret; quam et ipsis erected at
præsentibus ipse cum multis aliis episcopis gloriose et in Essex, in
honorifice dedicavit. Qualis denique vir iste apud Deum the victory
semper extiterit, circa vitæ finem evidenter apparuit. over Ead-
Quodam enim tempore contigit eum hanc Elyensem[4] ecclesiam orationis causa visitare, cui fratres loci processiona-
liter cum magna ut decuit reverentia occurrerunt: cumque
jam in ecclesiam fuisset deductus, et in capite processionis

---

[1] If Alexander translated these
relics in the time of Stephen, he
must seemingly have been elected
prior before 1154.

[2] nomina; *G.*

[3] Brithegus; *G.*

[4] deest; *G.*

episcopali more baculo pastorali staret innixus, subito baculus pene ad medium sui terram intravit. De quo signo spiritualiter commonitus, futuram ibi sui corporis requiem pluribus audientibus Davitico vaticinio sic praenunciavit; " Haec requies mea in seculum seculi, hic habitabo."[1] Unde et locum istum quoad vixit vehementer dilexit, ornamentis ditavit, et plurima munimenta nostra primus inter primos subscriptione sua roboravit. Postmodum vero imminente vocationis suae die, cum jam dissolvi inciperet, corpus suum de Eboraco huc afferri praecepit, et locum sepulturae ubi baculus fuerat infixus, in veteri ecclesia obtinuit. Ad cujus tumulum saepe contingebant miracula, quae in veteri fiebant ecclesia; ita ut hactenus vivi reperiantur, qui a turpibus morbis ibi curabantur. Deinde constructa nova, quae nunc est, ecclesia, placuit fratribus de pristino eum loco removere, et corpus ejus infra sepulcrum visitare; quod quidem dissolutum invenerunt: sed casulam et pallium, auratis spinulis afixum, cum stola et manipulo invenerunt, ut mirum fuerit tanto spatio temporis sub putredine corporis potuisse illa saltem in aliqua sui parte durasse. Motus ergo de primo sepulturae suae loco pro necessitate novi operis, quod tunc construebatur, extra ecclesiam juxta cancellum in cimiterio fratrum interim fuit collocatus, donec ipso opere perfecto in meliorem locum, ut dignus erat, transferretur. Quod nos tandem post multos annos sub venerabili patre Nigello episcopo, Deo annuente, complevimus: primum eum in serie aliorum collocantes, quos subsequens narratio declarabit. Mortuus est autem plenus dierum, et appositus est ad patres suos, anno M.XXIII. ab Incarnatione Domini, v.

A. D. 1023. Kalend. Junii, feria secunda, benedictus Deus per omnia.

88. De Belesham et Wetheringesete et Stevechesworde.

Leofleda, the daughter of Brithnoth, after the death of her

Est villa frugifera pascuis et agris spatiosa, Belesham dicta, de jure Leofledae mulieris, uxoris Oswi, filiae[2] Brithnodi, cognomento Alderman, quorum supra meminimus.

---

[1] Ps. cxxxii. 14. | [2] filia; G.

Hæc juxta Martham, circa frequens ministerium adtenta, nudos vestiebat, miseros pascebat, ecclesiam tota anima honorabat, servis Dei, ubicunque poterat, beneficia impendebat. Et, appropinquante vitæ suæ termino scriptum Canuto regi hæc continens direxit. "Tibi domino dilectissimo, atque venerabili dominæ meæ reginæ, omnibus modis gratias refero, quod circa me ancillam vestram benigne agere voluistis, et mihi de substantiis meis, ex quo vir meus ablatus est a me, pro libitu disponere indulsistis. Nunc igitur ostendo in hoc libello, quod villam de Belesham Deo et S. Petro et sanctæ virgini Ætheldrethæ, cum omnibus ad eam pertinentibus, post diem meum concedo, pro anima viri mei, et liberis meis, seu vivis vel defunctis. Deinde duabus filiabus meis annuo Stevecheswoorthe,[1] dum vivant, tenere, Ælfwenne[2] et Ælfwithe,[3] et ultra dies suos in locum sanctum Ely libere dimittant. Aliæ vero filiæ, scilicet Leofware, vicum illud de Wederingesete sub hac conditione permitto, ut caste se conservet, vel virum legitime accipiat; ne ipsa et progenies nostra lupanaris contagii notetur infamia. Hæc et alia ego ancilla tua, tam ecclesiis quam domesticis, domine rex, tuo favore post diem meum esse dispono, et rata in ævum consistent: nemo ea præter te, quod absit, subtrahat vel minuat, et quicunque aliquid ex eis evellere temptaverit, maledictionem habeat domini nostri Jesu Christi, et cum Juda proditore auditionem malam audiat, "Ite maledicti in ignem æternum, qui paratus est diabolo et angelis ejus." Hæc scripto tripliciter consignantur, unum est apud Ely, aliud in thesauris[4] regis, tertium Leofleda habet. Quæ cum mortua fuit, corpus illins ad nos delatum, in cimiterio fratrum sepelitur. Qua sepulta, mox filia ejus præfata Ælthelswitha cum possessione de Stevecheworthe ecclesiæ se tradens, viri consortium aspernatur, illic jugiter professa est permanere; cui tradita est Coveneia, locus monasterio vicinus, ubi aurifrixoriæ

husband Oswi, bestows Belesham and Stevechesworth on the monastery of Ely.

---

[1] Stevecheworde; *G.*
[2] Elswenne; *G.*
[3] Elswithe; *G.*
[4] thesaurum; *G.*

et texturis secretins cum puellulis vacabat, quæ de proprio
sumptu albam casulam suis manibus ipsa talis ingenii
peritissima fecit; et soror ejus Leofware, nobilissimo viro
Lustwino sublimiter dotata, terram de Wedreringesete
ecclesiæ postmodum adjecit, et plura quæ de dono viri sui
sequenter inseremus.

89. De Dittune[1] et Burch, et Cnopewelle, et cæteris quæ scripto illo nominantur.

Cum de pluribus diximus, de hoc amico nostro Lustu-
wino prætereundum non est, quem maxime inter cæteros memorare debemus, cui præfata Leofwara matrimonio jungebatur.   Hi ambo Deo devoti, sanctarum
nostrarum virtutibus et fratrum religione ad diligendum
hunc locum adtracti, de fraternitate cum illis, de sepultura
corporis sui cum plurima possessionum largitione constituunt.   Ambo spe futurorum bonorum certi, ambo circa
sanctæ religionis cultum devotione intenti, sed potius erga
nos suam bonitatem extendere disposuerant, et de sua
hæreditate ecclesiæ nostræ, ut carta eorum demonstrat, in
jus perpetuum tradiderunt, quæ hic debite inseruntur.
Nam dederunt pro animarum suarum expiatione Deo et
S. Ætheldrethæ Dittune, non illam Silvestrem, et Cnop-
welle, præter dimidiam hidam, et tunicam ex rubea purpura per girum et ab humeris aurifriso undique circumdatam, atque has addidit possessiones, videlicet Burch[2]
parvum et Westune, Chidingtune et Pentelawe, Wimbisc,
Girdele, Hamniggefelde[3] et Estchentune,[4] cum suis pertinentiis.   Hæc quoque concessa sunt, et in libro testamenti sui descripta, coram multitudine plebis et gentis suæ.

90. Quam nefarie proditus sit Æluredus clito frater gloriosi regis Ædwardi.

A. D. 1036.
The murder
of Ælured
by Harold.
Circa idem tempus innocentes clitones Ælfredus[5] et
Ædwardus, Ædelredi quondam regis Anglorum filii, de

---

[1] Dittune Silvestee ; G.
[2] Burc ; G.
[3] Hamninggefelde ; G.

[4] Æstchendune ; G.
[5] Ælwredus ; G.

Normannia, ubi cum Ricardo avunculo suo manserant
tempore longo, multis Normannicis militibus secum assumptis, in Angliam, paucis transvecti navibus, ad suæ
matris colloquium, quæ morabatur Wintoniæ, venere.
Quod indigne graviterque ferebant potentes nonnulli, qui,
licet injustum esset, Haraldo fratri suo multo devotiores
extitere quam illis; maxime, ut fertur, comes Godwinus.
Hic quidem Alfredum cum versus Londoniam ad regis
Haroldi colloquium, ut mandarat, properaret, retinuit
et arctam in custodiam posuit,[1] quem nefario dolo suscipiens, factione iniquissima tradidit. Etenim ultro occurrit ei veluti ad honorem, officium suum benigne
promisit, oscula dans ad fidem ac dexteram. Mensam
præterea cum eo familiariter communicavit atque con-
silia. Noctis autem insecutæ medio, manus inermis ex
somno languidi post tergum restrinxit. Tali expungna-
tum suavitate, Lundoniam regi transmisit Heraldo, et de
comitatu aliquos similiter vinctos: reliquos partim in
ergastula deputavit separatos ab invicem distractione mi-
seranda, partim diro fine necavit horribiliter evisceratos.
Gavisus Heraldus in vinculis conspecto Æluredo, satel-
lites ejus quam optimos coram eo jussit decapitari, ipsum
orbari luminibus, dein equestrem nuditate turpatum in
Elgem insulam deduci, sub equo pedibus colligatis, ut
ibi exilio cruciaretur[2] et egestate. Delectabat impium[3]
vita inimici gravior morte; simul Edwardum omnino
absterrere intendebat germani calamitatibus. Ita deperiit
formosissimus juvenis, laudatissimus bonitate, regis proles,
et[4] regum nepos. Nec supervivere potuit diu, cui dum
oculi effoderentur cultro, cerebrum violavit mucro. Sociorum vero illius, ut diximus, quosdam disturbavit, quosdam cathenavit, et postea cæcavit, nonnullos cute capitis
abstracta cruciavit, et manibus ac pedibus amputatis

The baseness of Godwine.

The trea-chery of Ha-rold and his creature Godwin at Guildford.

[1] et arctam .... posuit, desunt;
E.

[2] ad mare deduci, sub equo pedibus colligatis, ut in Elga insula
exilio cruciaretur.—Pict. Quem

nefario .... violavit mucro, desunt; G. This passage is inserted in E. verbatim from Will.
Pictaviensis, p. 178.

[3] ipsum; P.   [4] deest; E.

P

multavit, multos etiam vendi jussit, et mortibus variis ac
miserabilibus apud Gildefordam sexcentos viros occidit.
Sed illorum nunc animas in Paradiso creditur gaudere
cum sanctis, quorum corpora tam crudeliter sine culpa
perempta sunt in arvis. Quo audito, regina Ælfgiva filium
suum Ædwardum, qui secum remansit, maxima cum
festinatione Normanniam remisit.[1] Deinde Godwini et
quorundam aliorum jussione ad insulam Ely clito Alfredus
strictissime vinctus ducitur; sed ut ad terram navis appli-
cuit, in ipsa mox eruti sunt oculi ejus cruentissime, et sic
ad monasterium ductus, et[2] monachis traditur custodiendus. Ubi brevi post tempore de hac migravit luce, et
in australi porticu in occidentali parte ecclesiæ corpus ejus
debito cum honore, anima vero Paradisiaca fruitur amœnitate. Quo in loco miræ et pulchræ visiones luminum et
virtutum sæpe contigerunt.

Ælfgiva,
driven out
of England,
flees to
Bruges: cf.
Encomium
Emmæ.

Ælured
expires at
Ely, and is
buried in the
south aisle of
the church.

91. Qualiter Ædwardus factus est rex, et quam pie bona sibi in infantia ab ecclesia collata rependere studuit.

Hardecanute
comes from
Bruges, and
accepts the
crown on
Harold's
death, A. D.
1039.
Eadward the
Confessor is
proclaimed
king on the
sudden death
or Harde-
canute.
A. D. 1041.

Nec multo post prædictus Edwardus de Normannia, ubi
pluribus exulaverat annis, venit Angliam, et a fratre suo
Hardecanuto rege, qui fratre suo Haraldo cognomento
Harefoh[3] successerat, honorifice suscipitur; post quem ipse
Lundoniæ levatur in regem. Jamque sublimatus in regno,
beneficiorum, quæ puer in Ely habuerat, nequaquam est
oblitus; digna enim recompendere præmia studuit. Illuc
enim delatus, in cunabulis a patre rege et matre regina
super sanctum altare oblatus fuerat, palla involutus orbi-
culata, brevibus circulis non plene viridi coloris; adhuc ibi
ostenditur, et sicut seniores ecclesiæ, qui videre et interfuere, narrare consueverant, cum pueris in claustro illic
diu alitus est, psalmos et ẏmnos Dominicos cum illis
didicit. Hujus quoque largitas supra omnium præce-
dentium regum munificentiam Elyensi se infudit ecclesiæ,
dans ei universa quæ in subjecto continentur privilegio.

---

[1] remisit, sicque Æluredus in Ely adductus monachis traditur custodiendus, &c. &c.; E.

[2] Deinde Godwini .... et, desunt; E.

[3] Harefah; E.

92. Carta ipsius super omnibus quæ possidet ecclesia.[1]

EDWARDUS Dei gratia rex Anglorum, cunctis Christi fidelibus perpetuam in Domino salutem. Cum rex et Dominus rerum omnium . Deus, nullo indigens cuncta possideat, agit ineffabili qua hominem dilexit caritate, ut ex his quæ usui humano creata largiter ministrat, ipse aliqua quasi donaria gratanter recipiat, quo se colentes ad suæ servitutis intentionem devotiores reddat, quos postmodum perpetua secum libertate regnare concedat. Qua servitutis intentione antiqui patres succensi, sua primum Domino studuerunt impendere, postmodum se, mutuantes terrenis cœlestia, temporalibus sempiterna. Quorum vestigia Eadgarus avus meus ac prædecessor sceptrigeræ potestatis, diligenter subsequens, et exempla perfectius implens, Eliense cœnobium et alia, illud tamen egregie præter cætera restauravit, restaurans ditavit, ditans omnimoda libertate quietavit, consultus adjutusque sedula S. Ædelwoldi summonitione, vel copiosa prædiorum augmentatione. Quod et S. Dunstano alacriter collaudante, cunctisque primatibus regni, privilegio firmatum est. Æthelredus quoque pater meus, suæ gubernationis tempore, quædam[2] eidem loco contulit, prioremque libertatem suæ suorumque concessionis privilegio solidavit. Horum ego Ædwardus Dei gratia successor, licet indignus, cum in his devotam circa Dei ecclesiam, religionem, vel religiosæ devotionis operationem, longe dispar conspicio, veneranda eorum statuta nequaquam infringere[3] præsumo, sed fortiter, quantum in mea efficacia est, defensare, et utcunque augere desidero. Unde et præfato cœnobio villam nomine Lachingehei[4] firme et hæreditarie subjicio, quo illorum aliquomodo jungar consortio, et sanctorum inibi multiplici meritorum laude quiescentium amplificer suffragio, libertatem ab eisdem ut diximus restitutam, ab

---

[1] This charter seems very suspicious; its style is very unusual.

[2] quædam prædia, in margine; *E.* and *G.*

[3] confringere; *E.*

[4] Lachingeothe; *G.* Lachingehethe; *E.*

ipsa autem regina virgine sanctissima prius habitatione
possessàm, possessione sanctificatam, sanctificatione venerabilem factam, inviolatam manere, et omnimode provehen-
dam censeo, quod et privilegii attestatione, meorumque
consensu fidelium, stabile præsentibus et futuris pro-
nuntio.   Summam ergo eorum, quæ illi loco hoc nostro
adjacent tempore, vel quali[1] legum consuetudine nomi-
natim subjecta, monstrabimus descriptione.

In comitatu Grantecestriæ, ipsa[2] insula cum duobus[3]
centuriatibus, et omnibus appendiciis ; extra, Suafahm,
Horningesei, Dictune, Havochestune, Neutune, Staples-
fort, Scelfort, Tripelau, Meldeburne, Erningefort, Grente-
dene, Steuicesuuorde, Belesham, Fuulburne, Teuuresham,
Vueslai, Trunpintune, Vuratinge, Sneiluuelle, Dictune,
Harduic, Mildeltune, Impintune, Cotenham, Vuivlinge-
ham, omnisque quartus nummus reipublicæ in provincia
Grantecestriæ, et aliquæ[4] terræ in ipsa villa.

In comitatu Sutfolc, Hertest, Glamesford, Hecham,
Ratesdene, Drincestune, Neddinge, Berchinges, Berc-
heam, Wederingesete, Leuuremere, Acholt, ad[5] Wichelau,
quinque et dimidium centuriatum ;[6] Sutborne, Meltune,
Chincestune, Ho, Stoche, Debham, Brihtuuelle, Odde-
bruge, Brandune.

In comitatu Nortfolc, Feltuelle, Brugeham, Medel-
uuolde, Crochestune, Watinge, Mundefort, Berc, Wesfelt,
Vinceham, Nortuuelle, Walepol cum apendiciis, Merham,
Derham, Torp, Polleham.   In comitatu Exessæ,[7] Hade-
stoc, Littelberig, Stratlai, duæ Rotinges, Ratendune,
Amerdene, Brocheseue, Estre, Fanbruge, Terlinges.   In
comitatu Herefort ; Hadham, Hatfeld, Cheleshelle.   In
comitatu Huntendune ; Spalluuic cum appendiciis, Sumeresham, Colne, Bluntesham.   Hæc et horum[8] appendicia, sive majora sive minora, insuper omnia, a quocunque
adjecta vel adicienda, bonorum testimonio possessa, cum

[1] deest ; *G.*	[5] deest ; *E.*
[2] tota ; *E.*	[6] centuriarum ; *E.*
[3] duabus ; *E.*	[7] Esexæ ; *E.*
[4] aliæ; *E.*	[8] aliorum ; *E.*

omni sacca et soca,[1] sine aliqua exceptione secularis vel
ecclesiasticæ justitiæ, illi monasterio damus, data quieta
clamamus, eadem qua sancti viri illud glorificaverunt libertate, quo neque episcopus, neque comes, neque alicujus
exactionis minister, sive[2] licentia vel advocatione abbatis
et fratrum, ullo modo se præsumat intromittere, vel rem
sanctæ aliquomodo inquietare, sitque in eorum ut super[3]
fuit arbitrio, a quocunque potissimum elegerint ordinari
vel sua sanctificari episcopo. Convenienti equidem dispositione regina hac utitur libertate, quæ regem et regnum
mundumque florentem deserens, insulam pro dotalicio
possedit, ubi sponso suo Christo integerrime servivit,
quod et caro florens in timulo[4] veste etiam incorrupta
ostendit. Hæc quemcunque voluit episcopum ascivit,
sed S. Wilfridus Eboracensis archiepiscopus, familiarior
extitit,[5] qui eam cum suo cœtu virginum consecravit.
Cum autem multo posteriori tempore, servitio Dei pene
deficiente, Ædgarus restauraret cœnobium, posito ibi
grege monachorum, abbates[6] præfecit, quos S. Ædelwoldus et S. Dunstanus Sanctusque Oswaldus ordinave-
runt, et quamdiu vixerunt quasi suis consuluerunt. Post
hos quosque meliores vinculo caritatis sibi adtrahebant,
e quibus aliquos secum in monasterio retinebant. Harum
ergo consuetudinem[7] cum non fuissem constitutor, malo
esse testis et fidelis conservator, quam perfidus et detestabilis eversor, Deum summum servatorem invocans, ut
qui hæc constituta sanctorum, nostrumque infregerit testamentum, sanctorum et omnipotentis, nisi pœniteat, in-

---

[1] Sac is the abbreviation of Sacu
litis and naturally was taken to denote the jurisdiction in litigious
suits. Sôc properly denotes the
district comprehended under such
privileged jurisdiction, as sôcmen,
sokmanni, denote the persons subject to it. In the earliest examples
we far more frequently find sôcn
and sôcne than soc. Sôcn is in-
quisitio, the preliminary and ini-
tiative in sacu, in other words, the
right of investigating, necessary to
and a part of the power of holding
plea. In sokna, id est in quæs-
tione sua. Ll. Hen. I[1]. § 20 ;
Kemble's Codex Diplomaticus, vol.
i. p. xlv.

[2] sine ; *E*. and *G*.

[3] semper ; *E*. and *G*.

[4] tumulo ; *E*. and *G*.

[5] ei extitit ; *E*. and *G*.

[6] quibus abbates ; *E*. and *G*.

[7] consuetudinum ; *E*. and *G*.

currat odium, induens maledictionem, sicut vestimentum, dum Judæ æmulatur opprobrium.

Quam sollicita[1] fuerit pii regis in sua largitate benignitas testatur sequens apostolici privilegium, quod individua societate, sub eodem contentum signaculo, regiam munificentiam Petri auctoritate confirmat. Voluit enim rex piissimus inde institutionis suæ habere firmamentum, unde totius ecclesiæ processit fundamentum, et tanquam in futuræ stabilitatis oraculum, non alterum quam Petri adhibere signaculum. Ut ergo fides vincat perfidiam, veritas falsitatem, et omnem de cætero justa possessio repellat calumpniam, Victor papa et nomine et auctoritate legitimæ donationi concurrit, significans invictum esse munus quod roborat.

93. *Privilegium Victoris papæ[2] de libertate loci et omnium quæ illic adjacent.*

VICTOR episcopus servus servorum Dei, Ædwardo regi Anglorum filio dilectissimo, cunctisque principibus regni salutem et apostolicam benedictionem. Privilegium apostolica et Romanæ ecclesiæ auctoritate antiquitus conscriptum, et multorum sæpius attestatione auctorizatum super cœnobium Elgense, quod gloriosi sanctæ ecclesiæ patres pio affectu, larga manu, constituerunt, vestræ piæ petitioni succincti[3] renovamus, ac perpetua stabilitate firmamus; imo firmatum conclamamus. Mandamus ergo et jure apostolico præcipimus liberam esse ecclesiam, et omnia quæ ibi continentur, vel adjacent, vel adjiciantur,[4] cellis, terris, agris, pascuis, paludibus, silvis, venationibus, aquis, piscationibus, libertatibus, servitiis debitis, decimis, censu, capitationibus, legibus, consuetudinibus, causarum discussionibus, correptionibus, emendationibus, sive ecclesiasticis sive secularibus, et omnino quæcumque scriptis vel testamentis ipsius loci vel testimonio bonorum hominum rememorari possint quæ

---

[1] Quam solicita .... quod roborat; ex *E.* and *G.*

[2] Pope Victor II. lived 1055—1057.

[3] succinte; *E.* and *G.*

[4] adjicientur; *E.* and *G.*

a regibus vel ab aliquo fidelium sanctis in illo monasterio collata vel concessa sunt, quo nemo ex his subtrahere vel diminuere, aut disperdere aliqua occasione, judicio vel potestate præsumat ; nec episcopus nec alicujus ordinis minister se intromittat. Siquis vero malignitatis spiritu commotus hanc libertatem loci illius infringere, nostrumque privilegium contempnere vel abjicere voluerit, a Deo et ab omnibus sanctis ejus sit condempnatus, et a nobis in quantum licet excommunicatus, et a consortio omnium fidelium separatus, nisi resipiscat. Fiat.[1] Fiat. Placet. Placet. Laudatis Laudamus. Hoc sit Stabile. Fiat. Fiat. Fiat.

94. *Quomodo Uulfricus factus est abbas.*

His vero diebus prædictus abbas Leofsius, cum multa suæ gessisset ecclesiæ commoda, morte obiit, et juxta patres suos in ecclesia sanctæ virginis Ædeldredæ collocatus est. Quo defuncto rex Edwardus Wlfricum cognatum suum abbatem ad jam dictum cœnobium apud Wintoniam assumpsit, ibique a Stigando Dorobernensi archiepiscopo[2] benedici fecit, tertio regni sui anno; ab Incarnatione vero Domini millesimo quadragesimo quinto; atque hujus scripti testimonio usitatæ locutionis ipsum in loco confirmavit.

The death of Abbot Leofsius, and the appointment of his successor Wlfric.

A. D. 1045.

95. *Stabilitas loci a rege roborata.*

EADWARD cýninc ȝnet ealle mine biſcopeſ. ⁊ mine eoꝑlaſ. anð mine ꝛcinȝeneuan, anð ealle mine þeȝenas on þam Sciꝑan þeꝛ ꝥa lanð to-liceat into Heli ſꝛeonðlice. anð ic kyþe eoꝛ. þat ic habbeȝeunnen Ulꝛꝛice þat Abboðꝛice in þeli on eallan þinȝan binnan buꝛȝan ⁊ butan. toll anð team. anð inꝼanȝen-þeoꝼ. ſiht-ꝑite. anð ꝼýnð-ꝑite. hamſocne. ⁊ ȝꝛiþ-bꝛýce. ſitte hiſ mann þeꝛ þaꝛ he ſitte. pýꝛce þeet he pýꝛce. anð nelle ic ȝe-þauian þæt æniȝ man oꝼ hanðe ateo. nan þaeꝛa þinȝæ þæſ ic him ȝeunnen habbe. Ȝoð eoꝛ ȝehealðe.

King Eadward's grant

[1] Fiat. Fiat...... Fiat, desunt ; *E* and *G*.
[2] Stigand could not then have been archbishop. He was bishop of East Anglia, 1043 ; of Wintonia, 1047 ; archbishop, 1052.

Item de eodem.

HANC quippe epistolam in Latinum duxi commutandam, et sic in historiam redigere. "Edwardus rex Anglorum episcopis, baronibus, et vicecomitibus, et omnibus fidelibus suis in quorum comitatu abbatia de Ely terras habet, salutem. Notum sit vobis, quod donavi Wlfrico abbatiam de Ely cum omnibus rebus ad eam pertinentibus infra burgum et extra, Toll et Team[1] et Infangantheof,[2] Fihtwite, et Fredwite, Hamsochne,[3] et Gredbrece,[4] et omnes alias forisfacturas, quæ emendabiles sunt in terra sua super homines suos, et nolo ut aliquis subtrahat ex his omnibus, quæ illi concessi. Deus vos conservet."

96. Quod ecclesia de Ely villam de Estre cuidam ad tempus tenere concessit.

The contest of the monks with Esgar to recover possession of Estre.

DE famosa villa de Estre alio nunc nomine Plassiz vocitata prætereundum non est, sed quam misere et injuste ab ecclesia S. Ædeldredæ distracta sit, secundum antiqua loci scripta in palam producere. Æsgarus quidam Stallere, Latine Dux dicitur, possessionem illam invadit, invadens possedit, possidens velut proprio abuti cœpit, jamque indebite possessor est factus, cui juste foret alienus. Abbas

---

[1] Toll and Team; the power of taking toll (perhaps exemption from toll) and of warranty. In the charters of the Saxons as well as the Normans, the word toll has a peculiar force: it denotes as well exemption from payment of toll as the right to levy toll, privileges which, after the Conquest, were held to be inseparable from one another.

[2] Infangenethef, and utfangenethef, A. S. Infangenne þeôf and ûtfangenne þeôf are the right to judge one's own thief when taken within the jurisdiction, or when

taken without the jurisdiction, and the privilege, perhaps considered still more precious, consequent upon that jurisdiction, viz., the receiving of the mulct or money payment for his crime.

[3] Hâm sôcn, Hâm-sokne, violation of the house, an aggravated breach of the peace, always in the Anglo-Saxon law punished with peculiar severity.

[4] Grithbrice, A. S. Griðbryce is properly the breach of covenant or agreement. Kemble's Codex Diplomaticus, vol. i. xlv. and xlvii.

vero præfatus Wlfricus, et fratres loci eum sedulo, licet
frustra, requirentes, cum nihil apud eum profecissent,
pium regem Ædwardum adeunt de indebita hostis pervasione conquerentes, illius suffragium implorant. Sed ille
rebus et honore sublimis, nec Deum nec hominem verebatur, regiis jussis nequaquam obtemperans, illum imitabatur,
qui dixit; " Ponam sedem meam ad aquilonem et ero similis   Isa. xiv. 13,
altissimo;" sed sicut ille de cœlo in infernum ruit, sic iste   14.
per superbiam et abusionem in scandalum et opprobrium
cadendus est, Normannis, Dei judicio, Angliam bello
citius optinentibus; qui usque ad diem mortis ejus, cum
pluribus aliis, in ergastulo carceris ferro astrictus, mox
retrudendus erat. Fratres autem cum in gratiam nec
prece nec promissis ipsius animum flecti cognovissent,
jaculo anathematis eum ferire adgressi sunt, nec sententiam
super eum ullo die prætermittebant. Quod ille diutius
parvipendens, licet magnus et potens in regno, uti regis constabularius, ab ecclesia eliminatus et fidelium consortio, ad
correctionem, vix tandem cunctis jam detestabilis effectus,
compulsus est pervenire. Quippe cordis sui ductus livore
et avaritia, donationes fidelium, quas Deo prompta voluntate pro sui et suorum redemptione adsignaverant, divertit,
et pro libito disponit; sed ecclesia jus suum continue re-
clamante, et testamentum donantis, et præscriptum regis
privilegium in ipsum publice ostendente, unde plurimum
objurgatus, necnon a rege correptus, in se reversus prece
nititur tandem optinere, quod iniqua manu rapere cunctatus
non est. Illi vero hoc cognoscentes, ut filii Dei, pacem
cum omnibus habentes, suis tunc petitionibus annuant;
dimiserunt ei quamvis ad sui incommodum, ita ut jurejurando post ipsius vitam ab omni suorum inquietudine
libera ad ecclesiam possessio rediret. Quod quidem factum est, et scripto Anglici sermonis designatum, atque
hoc ut cætera ex Anglico translatum in seriem adducimus
et hic textus ejusdem. Igitur abbas Wlfricus et conventus
Elyensis ecclesiæ statuerunt cum Esgaro Stallere,[1] quatenus

---

[1] Stallere, Stallarius, Constabularius. Ducange, Gloss. Paris, 1846.

idem Esgarus, cum Dei benedictione, et illorum permissione, terram de Estre habeat in vita sua, atque possideat, et post diem illius cum omnibus quæ in ea fuerint, libere ad ecclesiam revertatur. Hujus enim concessionis prædictus rex Ædwardus et regina, cum optimatibus regni testes existunt, sicut hactenus gestæ rei scriptum perhibet.

97. *Quomodo abbas Wlfricus quasdam ecclesiæ possessiones, nesciente conventu, fratri suo concessit, et de ipsius obitu.*

Abbot Wlfric secretly conveys to his brother several estates of the monastery. PORRO idem abbas gradum suum in honore primum servavit, et sollicite locum rebus cumulare studuerat. Nam cum quodam comite Elgaro nomine habuit conventionem, et manerium de Bercam[1] ab eo emit pro viginiti quinque marcis auri, et in præsignata regis carta, quam adquisierat, confirmari fecit, et quamvis hoc commodum suæ gessisset ecclesiæ, noluit intelligere ut in finem bene ageret, sed evanuit a cogitationibus suis, curis seculi se implicando, gloriam appetens humanam; unde in ignominiam et inproperium corruit. Habuit enim fratrem Gudmundum vocabulo, cui filiam præpotentis viri in matrimonium conjungi paraverat. Sed quoniam ille quadranginta hidarum terræ dominium minime optineret, licet nobilis esset, inter proceres tunc numerari non potuit, eum puella repudiavit; unde pudore nimium suffusus, ad abbatem rediit, conquerens infortunium sibi illatum, et ut ei aliqua ecclesiæ rura pro fraternitate committeret intentius exorat, ne nunc honoris nomine, præsertim optata matrimonii copula, frustraretur. Abbas vero nimium carnaliter amans fratrem, absque titulo et subscriptionis testimonio, hæc subjuncta maneria illi, sed tantum in præsto dimisit, partem videlicet de Merham cum curia villæ, Liveremere, Nachentune, Acholt, Bedenestede, Gerboldesham; et hoc non manifeste, ne monachis innotesceret: non prævidens aut præcavens quantum criminis et discriminis sit ad momentum etiam res

[1] Bercham; *G.*

sacras, et bona Domino oblata, laicorum manibus exponere,
ut perfecta matrimonii celebracione absque controversia
recipere deberet. Quod factum monachos diu non latuit,
qui eum ut decuit pro tali transgressione probris et objur-
gationibus proterve infestabant. Ipse vero multo magis
factum expavit, ad unum quem[1] exposuerat secessit locum,
Acolt vocitatum, mœrens coram omnibus, in Deum et
animam suam, contra professionem sui ordinis, peccatum
imo scelus perpetrasse, distrahens bona de loco sancto, quæ
pretium erant piorum in redemptionem animarum eorum.
Ibi dum aliquamdiu moras ageret, ex animi confusione ac
perturbatione in languorem decidit, sed remedium salutis
expectans, cum meliorari credidit, obiit, et in Ely ad sepe- The death of
Wlfric.
liendum deportatur. Illic namque mori salubre existima-
vit,[2] ut per mortem suam claresceret ecclesiam debere con-
quirere, quod negligenter et indigne consensum præbuit
extulisse. Post cujus mortem frater ejus supradictus
Gudmundus nequaquam easdem terras reliquit, sed facta
conventione cum abbate Turstano, qui ipsi successerat, ut Turstan suc-
ceeds to the
abbacy.
quamdiu viveret, teneret: sed citius Normannis regnum
obtinentibus, miles illorum quidam Hugo de Mumford
easdem terras invasit, et hactenus ecclesiæ detinuit.

98. Quomodo abbaciam de Ely Stigandus archiepiscopus tenuit, et quanta illic ornamenta tribuit.

Post decessum vero abbatis Wlfrici, Stigardus[3] Doro- The plural-
ities of
Archbishop
Stigand.
berniæ archiepiscopus, abbatiam de Ely, sed et episcopatus
atque abbatias sibi assumpsit plurimas, et gratia utriusque
domini sui, Ædwardi scilicet, et Haroldi regum, eas propriis pastoribus viduatas, quamdiu voluit in sua manu
tenuit, et quibus voluit personis conferebat. Nam Wintoniensem, Clastoniensem, S. Albani et S. Augustini
et Elyensem, ante Turstanum abbatem, abbatias in manu
sua receperat et velut proprias possidebat. Ipso quoque A. D. 1066.
suggerente, Haroldus, qui regnum sceptri tenebat, ipsum Harold II.

---

[1] quos; G.   [2] æstimavit; G.   [3] Stigandus; G.

appoints
Turstan to
the abbacy
of Ely.
Turstanum ab eodem Stigando benedici fecit. Etenim Stigandus, quamvis substituto illic abbate, causas
ecclesiæ agebat; sed quasdam illius optimas possessiones,
sicut Liber Terrarum insinuat, ad maximum loci dispendium retinuit: deditque tamen dona cœnobiis affluenter,
præsertim his quæ in manu sua cognoscitur tenuisse. In
Ely quippe vasa majora et minora de auro et argento in
ministerium sacri altaris contulit, quæ in deditionem
A. D. 1071.
Willelmi regis magni comminuta sunt et distructa; fecerat
quoque illic crucem magnam deargentatam desuper totam
Stigand pre-
sents a rood
to the church
at Ely.
cum imagine Domini nostri Jesu Christi ad magnitudinem
formæ illius, atque similis operis imagines juxta Sanctæ
Dei genitricis Mariæ et S. Johannis Evangelistæ, ex ære
fabrefactas, quas Nigellus episcopus, ac plurima alia, postmodum abstulit atque comminuit. Insuper albam fecit et
cappam cantoris, atque inestimabilis facturæ et pretii casulam, qua nulla in regno ditior aut pretiosior æstimatur,
quæ postea a prædicto rege sublata hactenus recuperari
non valuit.

99. De Osmundo episcopo.

NUNC dicendum est de Osmundo pontifice inter supradic-
tos pridem honorifice translato, qui de Sueththeda regione,
ubi episcopus extiterat, veniens in Angliam, Edwardo regi
aliquamdiu adhærebat, ejusque curiam cum magna ipsius
regis gratia sequebatur. Erat autem vir grandævus et
honorabilis, cunctisque regni primatibus pro reverentia sui
amabatur. Dum igitur versaretur in regali curia, fama
Elyensis religionis delectatus, locum ipsum visitare decrevit, volens ibi reliquum vitæ tempus transigere, si fratrum gratia cum sua voluntate concordaret. Quo perveniens, loci amœnitate et fratrum devotione detinetur, et in
plenam fraternitatem receptus, omnia episcopalia apud eos
eorum petitione faciebat, hoc enim solum omnes episcopi
huc se conferentes sibi retinuerunt, ut relicta cura episco-
patuum, solum episcopale officium exercerent. Duravit
autem piissimus vir iste apud hanc ecclesiam a temporibus

Wlfrici abbatis, qui eum susceperat, usque ad tempora Turstani abbatis, sub quo defunctus, episcopalia ornamenta, hic dum viveret, concessa nobis dereliquit, et tandem de veteri sepultura a nobis translatus in pace requiescit. The death of Osmund.

100. *De obitu regis Ædwardi, et quod Haraldus post eum regnum suscepit qui Thurstanum in Ely abbatem constituit.*

ANGLORUM decus pacificus rex Ædwardus, quamvis curis secularibus multum esset occupatus, abjectis tamen plerumque noxiis honoribus, divinorum studiorum erat indagator fervidus. Unde Rex Regum multa ei arcana revelavit et nonnulla de futuris, sicut seniorum relatione didicimus, insinuavit. Interim cum omnem vitam Deo dicatam in vera innocentia duceret, morte obiit Lundoniæ, et in crastino sepultus est regio more: ab omnibus, qui tunc affuere, non sine lacrimis plangebatur amarissime. Quo tumulato, subregulus Haraldus Godwini ducis filius, quem rex ante suam decessionem regni successorem elegerat, a totius Angliæ primatibus ad regale culmen electus, die eodem ab Aldredo Eboracensi archiepiscopo in regem honorifice consecratur, quia[1] Stigandus archiepiscopus Cantuariæ ab Alexandro papa, tanquam schismaticus, suspensus erat. Et mox accepto regno, Turstanum in Ely, mortuo nuper Wlfrico patre, ejusdem monasterii constituit[2] abbatem; virum probatæ virtutis et abstinentiæ, Anglice et Latine sufficienter a puero ipso in loco edoctum.[3] The death of Eadward the Confessor at London. A. D. 1066.

101. *Quod rex Haraldus post annum interemptus est a duce Normannorum Willelmo, qui jus regni bello optinuit.*

REX igitur Haraldus, mox ut regni gubernacula susceperat, leges iniquas destruere, æquas cœpit coudere, ecclesiarum ac monasteriorum patronus fieri; episcopos, abbates, monachos, clericos colere simul ac venerari; pium,

---

[1] quia . . . . erat, desunt, *E*; in margine; *G*.

[2] contulit; *E*.

[3] eductum; *E*.

humilem, affabilemque se bonis omnibus exhibere; .male-
factores exosos habere, et pro patriæ defensione ipsemet
terra marique desudare : sed per modicum tempus in parva
lætitia et jocunditate tenens imperium, regnum cum vita

The death of
perdidit.   Interea nuntiatum est ei Willelmum comitem
Harald.
gentis Normannicæ cum innumera multitudine fundibala-
riorum, sagittariorum, peditumque advenisse, et in loco
qui Pefnese dicitur, suam classem appulisse.   Unde rex

Harald
marches
from York
to London.
statim versus Lundoniam suum movit exercitum, magna
cum festinatione, et licet mediam partem sui exercitus
nondum congregaret, quam citius tamen potuit hostibus
concurrere[1] non formidavit, et cum eis prœlium commisit.
Ab hora vero diei tertia usque ad noctis crepusculum adversariis restitit fortissime, et se ipsum pugnando tam
fortiter defendit et tam strenue, ut vix ab hostili interimi
posset agmine.   At postquam ex his et illis quamplurimi
corruere, heu ipsemet cecidit, crepusculi tempore, et cum
eo nobiliores totius Angliæ.   Deinde comes Willelmus

King Wil-
liam's coro-
nation at
Westminster
on Christmas
day, 1066.
victor existens, in ipsa Dominicæ nativitatis festivitate a
prædicto Aldredo Eboracensium archiepiscopo in Westmonasterio consecratus est honorifice, prius, ut idem
archipræsul ab eo exigebat, ante altare S. Petri apostoli,

King Wil-
liam's oath..
coram clero et populo, jurejurando promittens, Se velle
sanctas Dei ecclesias ac rectores illarum defendere, nec non
et cunctum populum sibi subjectum juste ac regali providentia regere, rectam legem statuere et tenere, rapinas in-
justaque judicia penitus interdicere.   Et hic primus Normannorum in Anglia imperavit, eorum dico qui utroque
parente Normanni et in Normannia sunt educati.   Quod
quidem non subito eventu aut incerto casu, provido Dei
judicio ipsa rerum series indicat contigisse.   Et nunc de
Anglia quid dicam?   Quid posteris referam?   Væ tibi
est Anglia, quæ olim sancta prole fuisti angelica, sed
nunc pro peccatis valde gemis anxia.   Naturalem regem tuum perdidisti, et alienigenæ bello cum ingenti
tuorum sanguine fuso succubuisti, filii tui miserabiliter in

---

[1] occurrere ; *G.*

te occisi sunt, et consiliarii principesque tui victi seu necati /
vel exhæredati sunt. De ipso quidem prœlio testantur
adhuc Franci qui interfuerunt, quoniam licet varius
casus hinc inde extiterit, tamen tanta strages a fuga
Normannorum fuit, ut victoria qua potiti sunt, vere et
absque dubio soli miraculo Dei ascribenda sit, qui puni-
endo per hanc iniquum perjurii scelus Haraldi, ostendit se
non Deum esse volentem iniquitatem. Rex itaque factus
Willelmus quid in principes Anglorum, qui tantæ cladi
superesse poterant, fecerit, dicere cum nihil prosit, omitto.
Quid enim prodesset, si nec unum in toto regno de illis
dicerem pristina potestate uti permissum, sed omnes aut in
gravem paupertatis ærumpnam detrusos, aut exhæredatos,
patria pulsos, aut effossis oculis, vel cæteris amputatis
membris, opprobrium hominum factos, aut certe miserrime
afflictos, vita privatos ? Simili modo utilitate carere exis-
timo, dicere quid in minorem populum, non solum ab eo
sed a suis actum sit, cum id dictu sciamus difficile, et ob
immanem crudelitatem fortassis incredibile. Usus ergo
atque leges, quas patres sui et ipse in Normannia habere
solebat, in Anglia servari volens, de hujusmodi personis
episcopos, abbates, et alios principes per totam terram instituit, de quibus indignum judicaretur, si per omnia suis
legibus, postposita omni alia consideratione, non obedirent,
et si ullus eorum pro quavis terreni honoris potentia caput
contra eum levare auderet ; scientibus cunctis, unde, qui,
ad quid assumpti fuerint. Cuneta ergo divina simul et
humana ejus nutum spectabant. Monasteria quidem ɩ
totius Angliæ perscrutari fecit et pecuniam, quam ditiores
Angli propter illius austeritatem et depopulationem in eis
deposuerant, auferri, et in ærarium suum jussit afferri.[1] Stigand and
Et consilio statuto, Stigandus Doroberniæ archiepiscopus deprived of
degradatur, atque ejus frater Ægelmarus Estanglorum ment by
episcopus similiter Wintoniæ est degradatus ; abbates liam.
etiam aliqui ibi degradati sunt, operam dante rege, ut
quamplures ex Anglis suo privarentur honore, in quorum

[1] deferre ; *E.*

locum suæ gentis personas subrogaret, ob confirmationem scilicet´sui, quod noviter adquisierat regni. Ideo et non-nullos tam episcopos quam abbates, quos nulla evidenti[1] causa nec concilia nec leges seculi dampnabant, suis honori-bus privavit, et usque[2] ad finem vitæ custodiæ mancipatos detenuit, efferato properanter animo ·undique patriam de-vastare, homines trucidare, et multa mala non cessabat agere, suspicione, ut diximus, tantum inductus novi regni.

102. *Quod timore novi regis nobiles patriæ ad Ely confu-gerunt et diu, loci firmitate muniti, contra illum rebella-vere : unde rex, gravi indignatione commotus, cuncta ecclesiæ bona diripere jussit.*

The comites Ædwin and Morgar take refuge in the Isle of Ely and rebel against the Normans. COMITES vero Ædwinus et Morgarus, quia rex Willel-mus eos in custodiam ponere voluit, latenter e curia ejus fugerunt, et aliquandiu in Elyensi insula contra illum rebellaverunt. Verum ubi quod cœperunt sibi non pro-spere cessisse viderunt, Edwinus regem Scottorum Mal-colmum adire decrevit ; sed in ipso itinere a suis insidias perpessus occiditur. Morkarus, vero,[3] et Egelwinus Dun-holmensis episcopus, et Siwardus cognomento Barn, et Herwardus[4] vir strenuissimus, cum multis aliis, iterum Ely insulam navigio petierunt. Sed hoc audito, rex cum buthsecalis[5] in orientali plaga insulæ omnem illis exitum obstruxit, et pontem in occidentali duum miliariorum[6] longum fieri jussit. At illi ubi se viderunt sic esse con-clusos, levaverunt munitionem de cespite contra insidias exercitus regis, et pugnaverunt dies multos. Et ut cog-novit rex adesse Herewardum fortissimum bellatorem, et cum eo viros validos, congregavit virtutem multam nimis ad pugnandum contra eos, et cogitavit malum adversus locum sanctum, et disperdere eum ; eo quod locus ille ex sui natura munitissimus in medio terræ et inexpugnabilis

---

[1] nullos evidentis ; *E.*
[2] deest ; *E.*
[3] deest ; *E.*
[4] Herewardus ; *E.*
[5] buchsecalis ; *E.*
[6] miliarium in ; *E.*

consistit: saepe enim regnum fatigavit, et nunc novo regi
multas ferebat insidias, quoniam qui fugiebant a malis
additi sunt ad eos, et facti sunt illis ad firmamentum quibus ipse dux et princeps factus est; et ait ad eos, "Nunc
fratres mei[1] aemulate libertatem patriae, et date animas
vestras pro testamento patrum, quoniam abjectio et opprobrium facti sumus omnibus vicinis[2] regionibus, et melius est nobis mori in bello quam videre mala gentis et
sanctorum nostrorum." Et admovit rex castra adversus
insulam juxta torrentem Use, habens in comitatu multitudinem equitum et peditum, exitus eorum undique obsedit,
ut suae ditioni eos subjugaret. Factum est autem cum
diluculo ipsi in insula levassent oculos suos, et ecce populus cujus non erat numerus portantes struem lignorum,
et arenam in saccis, quatenus alveum gurgitis pervium
facerent, et comprehenderent munitionem; et obsessa est
insula anno millesimo sexagesimo nono ab incarnatione
Domini, regni autem ejusdem regis Willelmi tertio. Et
exivit Herewardus obviam illis cum paucis, et contriti
sunt ab eo; ceteri fugerunt ut se liberarent. Ipse vero
reversus est in Ely cum suis habentibus spolia multa, et
pervenit nomen ejus ad universos, et de proeliis ejus nar-
rabant in circuitu regni. Ut audivit rex sermones istos,
iratus jussit convenire de vicis et urbibus fortes et validos,
ad expugnandum eos. Et misit Herewardus speculari
exercitum; et renunciaverunt ei, dicentes, quia convenerat
de cunctis regni locis exercitus multus nimis comprehendere eos et sine misericordia neci tradere, et timuerunt
et clamabant ad eum qui secum fuerant, "Quomodo po-
terimus nos pauci jugiter pugnare contra invictam multitudinem." Surgens ergo Herewardus, ex adverso eos
supervenit; quosdam occidit, quosdam in aqua necavit;
sicque illa die suos a timore eripuit, et laetati sunt in insula, benedicentes Dominum qui fecit magna in Israel, et
victoriam dedit illis, et siluerunt paucos dies. Postea
convenientes majores domus[3] regis ad eum, dixerunt ei,

*King Wil-
liam enters
the isle of
Ely.*

A. D. 1069.

*Hereward's
victories
over the
Normans.*

---

[1] deest; *E.*   [2] vicinis regnis et; *E.*   [3] domos; *E.*

"Faciamus pacem cum hominibus istis; locus enim quem
obsidemus munitus est, et non prævalemus adversus eos :
propter testamenta[1] patrum suorum hæc nobis intulerunt."
Et placuit sermo in conspectu regis et principum: misit
ad eos pacem facere; et acceperunt illum, et juraverunt
illis et destiterunt prædam facere : tantum[2] non credebant
se illis, cognoscentes feritatem et intollerabile eorum dominium, neque vigilias suas circa aditus omittebant.
Proceres vero ruperunt fœdus, et pactum quod illis spo-
ponderent[3] irritum fecerunt, et quoscumque comprehendere
poterant, oculos eruebant, manus ac pedes truncabant.
Insuper Ægelwinus Dunholmi episcopus, qui unus erat
ex conclusis, dum illuc tenderet, ab hominibus regis capitur ; quem rex apud Westmonasterium custodiendum
misit, ubi nimio cordis dolore vita decessit. Elyenses
autem, hoc audito nimium ingemiscentes, simul consilio
statuentes, Herewardum sibi in auxilium revocant, in
ipsius tirocinio valde subnixi. Qui collectis undique consanguineis et ingenuis quos rex exules et exhæredes
judicaverat, non impiger adcurrit,[4] et confortata est manus
illorum adversus hostes suos; prædas longe lateque et
rapinas agens, cæsis multociens ab eis centenis et eo am-
plins, ad sua in insulam revertebantur : unde nonnulli
confidenter sub ipsorum se patrocinio cum substantiis
contulerunt. Sed neque aliquem in suo contubernio
admittebant, nisi prius fidelitatem supra corpus sacratissimæ virginis Ædeldrethæ jurejurando animis et viribus[5]
sponderent; quod non absque discrimine noverunt certissime eos posse fraudare : nam rex, ob causis instantibus,
illos tunc oppugnare destitit, ac incubuit ordinare de
regno; barbaris undique ex vicinis regnis, scilicet de
Scotia et Hibernia, de Walonia[6] et Denemarchia terra et
mari irruentibus, non valebat æque omnibus resistere.
Tamen quæcumque bona ac prædia ecclesiæ foris erant,

The death of Ægelwinus. A. D. 1071.

---

[1] testamentum ; *E.*
[2] tamen ; *E.*
[3] spopoderant ; *E.*

[4] occuiiit ; *E.*
[5] viribus secum agere ; *E.*
[6] Valonia ; *E.*

consilio Willelmi[1] Herefordensis episcopi aliorumque con-
siliatorum ejus, de quibus Psalmista ait, " Qui hominibus
placent confusi sunt," nimium accensus in iram, suis
divisit militibus.

103. *Quod Stigandus archiepiscopus fugiens a facie regis in
Eli devenit, et quomodo sancti Albani reliquiæ illuc sunt
delatæ.*

STIGANDUS interim sæpe dictus archiepiscopus per loca Stigand takes refuge at Ely.
diffugiens vagus latitabat, nec erat ubi se tute vel sua
recederet;[2] tandem cum summa thesaurorum ejus in Ely
transmigravit. Et ut cognovit grave sibi negotium imminere, occulte mandavit Egfrido, quem abbatem sancti
Albani antea constituerat, ut cum thesauris ecclesiæ illius
et cum reliquiis ejusdem sancti in Elyensem insulam
velociter properaret, ibidem expectaturus, donec audito
causæ ipsius exitu, pro qualitate eventuum, vel prorsus
ibi remaneret, vel domum rediret. At ille mandatum sibi Egfrid, abbot of St. Albans, comes to Ely with Alban's shrine.
opus constanter accelerans, sumptis secum duobus mona-
chis, Semanno et Ælrico, cum omnibus prædictis, insulam
et abbatiam Elyensem devenit, et in quadam, quæ tunc
erat, parva, in nomine Christi, ecclesia, feretrum sancti
corporis collocavit : ibi fere dimidio anno permansit.
Denique deposito ab archiepiscopatu Stigando et substi- King Wil-liam ap-points Lan-franc to the archbishop-rick lately held by Sti-gand A. D. 1070.
tuto ei Lanfranco, nec non abbate Paulo in ecclesia sancti
Albani ordinato, ipse Egfridus de recuperatione abbatiæ
suæ omnino jam desperatus, et nimio dolore ac ira commotus, cœpit moliri quomodo saltem ab illo cœlesti thesauro locum illum, injuste sibi sublatum, æterna privatione
puniret : malens tam sullime pignus secum retinere quam
totum perdere. Post multam igitur mentis suæ delibera- The relics of Alban are translated from the smaller church and deposited next the body of
tionem, tandem egit idem[3] cum præfato Turstano loci hu-
jus abbate, ut sub praetextu honoris, de parva illa ecclesia,
convocato populo, corpus sacrum in majorem ecclesiam
juxta corpus beatæ Edeldrethæ sollempniter transferetur;

---

[1] This must be an error of the
scribe for "Walterus." Walterus
Edithæ Reginæ capellanus, was

Bishop of Hereford A. D. 1060—
1079.   [2] reconderet; *E.*   [3] inde; *E.*

·Etheldretha
in the larger
church at
Ely. et postea oportuno tempore, quasi ipso nesciente, clam
sociis suis extractum, in perpetuam Eliensium custodiam
poneretur, et ipsemet in plenitudinem fraternitatis reci-
peretur. Lætus igitur inde Turstanus abbas, diem cele-
berrimum hujus translationis jussit toto populo nunciari;
quæ multis convenientibus et affluentibus undique populis[1]
cum omni ecclesiastico gaudio[2] consummatur. His ita
gestis rex in Normanniam festinavit, ducens secum archi-
episcopum, et multos alios de primatibus regni, quos
usque ad finem vitæ illorum in custodia tenuit.

104. *Quod rex Willelmus totam Angliam describi fecit,*
Anglis tributum importabile posuit, et de famis enormi-
tate qualis non fuit ab initio : et quod gens regis fraude
Herewardi in flumine sit necata.

King Wil-
liam causes
a return of
the whole
property in
England to
be drawn up. REX autem Willelmus, expletis negotiis et dispositis
bene omnibus pro quibus mare transierat, collecta undique per girum bellatorum multitudine, Angliam repe-
dare non distulit. Præmisit enim mandans majoribus
provinciarum atque custodibus suas munitiones contra impetum et ingenium Herewardi, et eorum qui in insula
morabantur firmiter tueri, et illorum exitus præpedire.
Et veniens, Anglis importabile tributum imposuit, totamque Angliam describi eodem anno præcepit, quantum
terræ quisque baronum suorum possidebat, quot feudatos
milites, quot carucas, quot villanos, quot animalia, immo
quantum vivæ pecuniæ quisque possidebat in omni regno
suo a maximo usque ad minimum, et quantum redditus
quæque possessio reddere poterat; et vexata est terra
multis cladibus inde procedentibus. Et factus est timor
et tribulatio omni animæ qualis non fuit ab initio. Omnis
rerum natura illo die contristata est, clades in hominibus,
pestis in animalibus, lues ac fames grassabatur in terra.
Namque Nordhumbriam devastare cum aliis provinciis
Angliæ præcepit,[3] atque homines trucidare : nulli parcebat
ætati.[4] Sicque Normannis incessanter operam dantibus

---

[1] undique populis, desunt; *G.*
[2] deest; *G.*   [3] deest; *G.*

[4] Vita Herewardi, c. 20—24.
Michel. Chron. Ang.-Norm. 1. p. 53.

suæ feritati, adeo fames secuta prævaluit, ut homines Pestilence
and famine
oppress the
country. equinam, caninam, catinam, et carnem commederent humanam. Rex vero semper cogitavit disperdere eos qui in Ely se concluserant, et eam deprædari, nec poterat. Unde nimium commotus, ad Alrehethe, ubi aquæ insulæ minus latæ sunt, per pontem quem pridem[1] paraverat suum iterum adplicuit exercitum ; tamen ad spatium quatuor stadiorum earum illic extenditur latitudo. . Jussit itaque omne genus materiarum et molis in flumen jactari, arbores multas, et ligna non modica ; pellibus ovium versi pelle excoriatis et arena repletis connexa infundi fecit, ut onus supergradientium levius sustentaretur et pondus. Quo facto tota multitudo irruens, supergressa est struem illam, aurum sitibunda, quod falso in insula credidit absconsum. Sed cum ipsa mox via, sibi valde inutili, simul omnes in imo demersi miserabiliter interierunt; atque in testimonium hujus rei ex ipsis fundaminibus sæpius arma extrahi cernimus. Et mirum in modum de tanta multitudine vix unus evadere potuit, regi amicus et miles fidelis. Qui mox ductus ad Herewardum, ne vita privetur in conspectu bellatorum illum suppliciter exorat, et non solum salvatus est, sed honorifice ab eo est[2] susceptus. Nomen illius inquirit, quem Dedam nominatum esse concipit. Quod rex considerans ex alto cordis dolore ingemuit, cum parvo superstante militum numero ad Brandunam recessit, omni spe deposita ulterius insulam debellare. Nec quidem custodias inde removit, facile præbens eis ad devastandum egressus.

105.[3] *Quanto præconio miles ab Herewardo dimissus mag-* The account
of the island
and of the
domestic
economy of
the monas-
tery given to
the king. *nificentiam loci extulerit ante conspectum regis.*

MILES itaque transvectus in insulam, non minus illic quam in aula regia deliciarum affluentia redundavit. Cumque diutius moras haberet, postulata demum et con-

---

[1] pridie; *E.* Via Etheldredæ quæ vulgo vocatur S. Audrey's causye is said to have been made in the time of Bishop Hervey, MS. Cot. Vesp. b. xv. f. 48. Pon-tagium calcete de Aldeihe was a charge upon the tenants of Dunham and perhaps other manors. Claud. c. xi. f. 38. [2] deest ; *G.*

[3] Vita Herewardi, c. 21.

cessa ab eis licentia, ad dominum suum regem redire disposuit, sed prius fide cum juramento data ne aliter quam
vidit aut compererat relationem de eis faceret. Et veniens,
a cunctis mirabatur, et in conspectu regis quæ apud insulam sunt requisitus est detegere. Gaudent quique commilitonem salvum recepisse, quem cum innumeris in
profundum laci gurgitis absorptum vehementer ingemiscebant. Tunc quippe rex cum primatibus regni consilium
tenuit quomodo sibi rebelles devinceret, seu in amicitiis
consentiret. Ipse vero quod quisque super hoc respondeat
tacite investigat, et sic tandem ora resolvit. "Si jubet
dominus meus rex, insinuo ego servus tuus quid penes
illos, quos putas in insula reclusos, cognovi et comperi.
Ad quodcumque volunt cotidie proficiscuntur, et multi-
tudinis occursum adire minime non timebunt. Catervæ
ibi plures sunt militum, animis et viribus roboratæ.
Horum princeps est vir fiorenti ætate Herewardus, bello
per omnia a juventute strenuissimus; inter ingenuos no-
bilitate et divitiis minime inferior, sunt cum eo nobiliores
patriæ Edwinus comes, Morchere, Thosti, et duo proceres, Orgarus et Turchetellus, illustres viri, quibus addi-
tur robustorum juvenum tam accolarum quam externorum
manus fortiter consistens ad pugnandum pro defensione
et libertate patriæ: malens potins, si contingat, occum-
bere quam ignotis deservire. Ab ipsis amici regis interierunt, et fideles qui eorum gladiis corruerunt, ac cædes
undique perpetrare et depredationes in regno non de-
sistunt. Et quamdiu cum illis pacem non fecerimus nos?
Deficimus cotidie, et angustiæ coartant, maxime panis
inedia; et quo effugiemus manus ipsorum? Locus ille,
ut novit domini regis majestas, ex Dei providentia naturaliter in se munitur, firmior valida munitione, opibus
magnificus, reliquiis gloriosus: qui floret ac floruit, sub
Christo præsule, presentia, beneficiis, beatarum feminarum Ædeldredæ, videlicet, Withburgæ, Sexbergæ atque
Ærmenildæ, quarum suffragiis confidenter nititur. Præpositus autem atque dispositor ipsius loci Turstanus no-

minatur, abbatis ministerium curans, summa veneratione
dignus, cœtum illuc monachorum regulariter degentem ad
cœlestis vitæ beatitudinem pertingere, et salubribus edocet
institutis, et sanctæ conversationis exemplo invitat. Ipse
etiam ex Anglorum magnifica stirpe genitus, apud villam
Wicheford nuncupatam, quæ caput est duorum centuriatuum insulæ, in monasterio[1] monachus factus, laudabili
conversatione vitam ab infantia huc usque servavit; sed in
hoc solum a bonitate videtur discordare, quod indigne tulit
sibi aliquem præponi de nostra gente debere, inde magis
offensus et timidus erga regem et regnum, quos secum
habet sua industria regit et continet." Et cum diutius
illos magnifice attolleret, comes Willelmus de Warenne,
cujus fratrem Herewardus perendie interemit, gravi indignatione succensus, illum munere deceptum et mendo-
sum esse asseruit; cæteri hortantur, suis delectati fabula-
tionibus, cœptis insistere, et si paveant vel alimenta eis
deficiant, ante regem pandere. Et ille de obsidione ait,
"nostra in insula non sollicitant, nec arator manum avertit
ab aratro, nec venator ibi venabula abjecit, nec auceps
aves decipiendo quiescit; sed suorum tirocinio tueri secure
arbitrantur. Et quid amplius. Si optatis audire quæ
novi et vidi, cuncta vobis retexam. Intrinsecus insula
copiose ditatur, diverso gramine repletur, et cæteris Angliæ locis uberiore gleba præstantior. Agrorum quoque et
pascuorum amœnitate gratissima, ferarum venatione insignis, pecoribus atque jumentis non mediocriter fertilis,
silvis, vineis non æque laudabilis, aquis magnis et paludibus latis velut muro forti obsita. In qua domesticorum
animalium habundantia est et ferarum multitudo, cervo-
rum, dammularum, caprarum, et leporum in nemoribus et
secus easdem paludes. Insuper luterium, mustelarum,
erminarum, et putesiarum, satis copia est, quæ nunc gravi
hieme muscipulis, laqueis, vel quolibet capiuntur ingenio.
De genere vero piscium, volatilium, atque natancium quæ
illuc pullulant quid dicam? Ad gurgites in girum aqua-

---

[1] monasterio illic; E.

rum illarum[1] innumerabiles anguillæ irretiuntur, grandes
lupi aquatici, et luceoli, percidæ, roceæ, burbuces et
murenas, quas nos serpentes aquaticas vocamus. Aliquando vero isicii simul et regalis piscis, rumbus, a pluribus capi memoratur. De avibus namque quæ ibidem et
juxta mansitant, sicut de cæteris, nisi fastidio sit, expri-
memus. Anseres innumeræ, fiscedulæ, felicæ, mergæ,
corvæ aquaticæ, ardeæ et anetes, quarum copia maxima est
brumali tempore vel cum aves pennas mutant, per centum
et tres centas captas vidi plus minusve: nonnunquam in[2]
laqueis et retibus ac glutine capi solent. Constat autem
insula per miliaria septem longa et per quatuor lata. Et
quamdiu illuc mansi, cotidie cum monachis in refectorio
suo habunde satis, more Anglorum, vescebar, miles semper
cum monacho ad prandium et ad cœnam refecit, et juxta
unumquemque clipei, lanceæ, parieti adhærentes pende-
bant, et in medio domus a capite usque deorsum super
sedilia, loricæ, galeæ, ac cætera arma quæ expediunt ad-
ponebantur; ut si necessitas evenerit, vices belli expedi-
tius peragere valeant. Ad superiorem vero tabulam senior
ille devotissimus abbas cum tribus prælibatis comitibus
recumbebat, et illi duo præclari viri Herewardus et Tur-
chitellus simul cum illo; unus a dextris et unus a sinistris
ejus. Chorus autem monachorum illic sub beati Benedicti magisterio regulariter degens, ferme omni tempore
tam dulciter laudes concinit, ut omnigenis vocibus odas
Domino reboare putares. Gloriam quoque et loci dignitatem ac prædiorum multitudinem longum est enarrare
quæ ad illud cœnobium pertinere noscuntur; quæ non a
cujuslibet conditionis persona sed apostolicorum, regum,
archiepiscoporum, episcoporum et monachorum auctoritate
firmitatæ, libere et quiete conclamatæ, quo nemo neque
episcopus, neque comes, neque alicujus exactionis minister
super res sanctæ presumat se extrinsecus vel intrinsecus
intromittere vel aliquo modo inquietare, multorum assertione scriptorum sine aliqua exceptione secularis vel eccle-

_____

[1] multarum; _E._   [2] deest; _E._

siasticæ justitiæ quicquam inde diminuat, nè omnipotentĭs Dei et sanctorum omnium maledictionem incurrat. Hæc autem coram vobis, domine mi rex, annuntio, non ut eos debellare statuas vel[1] desistas, utinam celerius tuæ ditioni subitias, vel in amorem vestro imperio concordes admittas."

106.[2] *Quomodo Herewardus figulum se fingens, malum sibi parari advertit.*

ET dum iste vix suum compleverat sermonem astitit unus ex his quos rex ob custodiam apud fossam de Reche antea posuerat, qui diceret, "Num vobis hæc vana et quasi deliramenta videntur? Hesterna die aliquos de insula egressos septem tantum vidi in militari habitu, corpore sullimes, animo incomparabiles, et visis nobis transierunt, nec ullo percussi formidine ab incepto destiterunt, ad Burewelle, quendam viculum, prope diverterunt, ac flammis injectis combusserunt. Quorum animositatem nos cum plures essemus indigne ferentes, regressum illorum præpedire, illosque comprehendere temptavimus. Illi autem videntes insidias esse, ad prædictam fossam usque ad nos, lento pede progrediuntur, et quod nunquam antea in tota Galliarum regione de tam paucis vidi, in sola Dei, ut credo, virtute confisi cuneum nostrum invadunt, sicque utrique ex punctis lancearum invicem obviavimus. Et diutius dimicantes nostri omnes tandem subcubuerunt, et vix evasi ego solus ut nuntiarem tibi." Sed his auditis rex velut alto vulnere sauciatus,[3] infremuit et dixit, "Nunc fortissimi viri et consortes regni nostri, quid super hoc fecerimus? Non prevalemus adversus eos nec prævenimus illorum insidias?" Cogitavit enim cum eis pacem facere, sed astantes ne fieret dissuadebant, qui res et bona eorum diripuerunt; veriti ne si in fœdus amicitiæ susciperentur, prædia et redditus possessionum absque dubio in eorum merito redirent mancipationem. Unde vehementer animum illius contra ipsos desævire commovebant, dicentes,

The king hears that Burwell is burnt,

---

[1] statuas vel, desunt; *G.* [2] Vita Herewardi. c. 22. [3] saciatus; *E.*

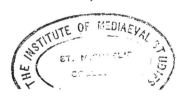

"Si hos diutius impune dimittatis qui adversus regnum tuum infestant et dolos machinantur domino nostro, nec humiliter conversi affectum pietatis implorant, nec de reatu suo indulgentiam, ut decet offensos, a majestate sullimitatis vestræ suppliciter deprecantur; nonnulli insolentes animositatis exemplo provocati, vestram excellentiam subsannare non formidabunt." Et dum hæc taliter conferrent, miles quidam Yvo, cognomento Tailbois,[1] indignatus ait, "Diu novi vetulam quandam, quæ, si adesset, sola arte sua virtutem illorum atque presidium in insula contereret, et quoscumque tremebundos redderet; et si rex adquiesceret, citius eam accessiri faceret." Laudant hoc astantes, et non renitendum sed potius amplectendum, et muneribus pluribus esse donandum, si quis ingenio seu quolibet modo inimicos domiṇi regis superatos reddat commonentur. Rex autem caput exagitans, qui faciat hesitat; his demum suasionibus animum optemperans, jussit anum prædictam secrete adduci, ne palam fieret.[2] Sed dum circa talia contenderent, Herewardum et qui cum illo erant ista latuerunt, tamen mala sibi parari animadverterunt. Unde habito simul consilio, de suis aliquem exploratum extra insulam destinare intendunt. Et ad hoc non invenientes idoneum, ipsemet Herewardus negotium suscipiens, iter arripuit, licet alii diutius renitentes ne tale quid præsumeret obstabant: memorantes in solo ipso post Deum totam spem salutis suæ pendere. Ille nimirum non adquiescens, sed ascensa sua equa quæ, ob velocitatem, arundo appellabatur, ad laborem sustinendum mirabilis, pro communi suorum tuitione periculo se objicit, ut per illum cæteri liberarentur, aut solus ipse pro omnibus periclitaretur. Et egresso illo modicum de insula figulus obvius factus est, ollas portans; quas suscipiens ab eo, tulit eas in humeris suis, fingens se figulum esse, lurida ipsius indutus veste. Sicque, tonso crine et barba, ad Brandunam, ubi rex contra insulam insidias tetenderat, devenit. Quo perveniens in domum mulierculæ accepit hospitium, in qua anus illa

¹ Taillebois; *E.*   ² Vita Herewardi, c. 23.

Yvo Taillebois proposes a plan for obtaining possession of the island.

Hereward in disguise learns the project of Yvo Taillebois.

venefica simul hospitabatur, quæ ad internitionem insulæ
fuerat adducta; quam Herewardus plurimo noctis spatio
audivit nescio quid secum mussitare: existimaverat enim
illum rusticum esse et suæ locutionis inscium, de eo minime curavit. Quæ consurgens media nocte, ad fontes aquarum, quæ juxta in parte orientali ejusdem domus decur-
runt, secessit: quam ille egressam clam sequebatur, sua
carmina atemptare concepit. Audivit namque responsa
nescio quæ inquirere a custode fontium illi haud cognito,
voluit eam perimere, sed inauditæ ipsius interrogationes
sui conaminis moras præveniunt. Mane autem facto, assumptis citius ollis, recessit inde, penes curiam regis, more
figulorum huc illucque vagando clamitabat, "Ollæ, ollæ,
bonæ ollæ et urnæ; omnia vasa hæc fictilia et optima."
Deinde a ministris regis ducitur in coquinam ubi[1] ollas
emerent. Ubi inter cæteros astitit, quidam præpositus ex
vicino veniens, testabatur se nunquam vidisse isti rustico
et egeno similiorem Herewardo facie. Quo dicto accurrunt undique clientes et garciferi, aspicere optantes Herewardum virum validum vel ei consimilem, atque infra
aulam inter tirones et proceres hic sermo innotuit. Et
diligentius intuentes, talem deformem rusticum fore diffi-
debant Herewardum probum, atque negabant. Ille sta-
bat velut stupidus, ad nulla respondit quæ Gallice interro-
gabatur, cum optime id intelligeret. Interrogabant enim[2]
si ipsum aliquando nefandum vidit vel agnovit. Quibus
demum Anglice sic dedit responsum. "Utinam ille vir Belial nunc adesset, in cunctis mihi infestus, bene vindicarer
de illo. Nam vaccam mihi ipse[3] abstulit unam et quatuor
oves unde misere coactus sum mendicare, et in tantam
erumpnam devolutus quod vix ex hoc jumento et ollis
cum grandi dedecore et labore infaustam vitam actito." Et
hæc illis invicem altercantibus, extitit quilibet missus a
conspectu regis, cibum regium accelerare jussit; unde jam
dicta interim quieverunt. Nec diu, coci et ganeones com-
medentes et bibentes plene inebriati sunt, atque aspicien-

Hereward goes to the king's camp and is nearly detected.

---

[1] ut; *E.*   [2] eum; *E.*   [3] deest; *E.*

tes ad[1] Herewardum, stolidum eum existimant: quém ap-
prehensum, circumpositas ollas suas, velata facie ejus,
comminuere impellebant.   Deinde extensum pugnis tundendo, pilos de mento illius crudeliter evellebant, ac si[2]
Indum agentes coronam ei radere appetebant.   Sed haud
secus quam speraverunt evenit, sine mora pœnas luituri.
Ad hoc quoque reluctando cum maturius non obtempera-
ret, unus ex illis arrepta[3] hastile de foco illi in caput dedit,
sed, resignato ictu, vicem eidem impressit, unde exanimis
ruit.   Quod videntes socii omnes in eum cum furcis et tri-
dentibus insurgunt, adversus quos se viriliter protexit,
uno ipsorum neci dejecto, plurimis etiam ab eo vulneratis.
Capitur, trahitur, atque custodiæ mancipatur.   Et dum in[4]
custodia teneretur, quidam compedes afferens in una manu,
comminatus est eum ligare; in alia gladium tenens: quem
Herewardus de manu ejus propellens arripuit, ipsum pro-

Hereward escapes from the camp and conceals himself in Sumersham wood.

prio armo celeriter extinxit, alios autem vulneravit.   Sicque per sepes in fugam elapsus, jumentum repperit et ascendit, quem turba juvenum fugientem insequi conabatur;
sed ipse magis velox in silvam de Summeresham sese in-
mersit, atque, lucescente luna, in insulam noctu devenit,
et præcepit armatos undique esse locis oportunis; ne forte
ab hostibus repente mali aliquid oriretur.   Quod rex domum remeans cum percepisset, animositatem invictissimi
Herewardi aprobavit, præcipiens attentius ut si aliquando
comprehenderetur, incolumis servari deberetur.

107.[5] *Quomodo Herewardus caute superveniens, machinas*
    regis subvertit atque combussit, et de plurimorum conju-
    ratione adversus dominum suum regem.

CONGREGARI enim tunc præceperat rex naves usque
quaque, et cum nautis ad adventum ipsius in Cotingelade
occurrere, ut collectam illic aggerationem lignorum et

---

[1] deest; *E.*   [2] sic; *E.*   [4] deest; *E.*
[3] arrepto; *E.*   [5] Vita Herewardi, c. 24.

lapidum ad Alreheðe[1] transferrent, iterum si fieri posset
temptabat licet in vanum calle insolito in insulam trans-
vadare. Adcurrunt undique piscatores cum scaphis jussum
regis implere parati; inter quos Herewardus in lembo
adventat artissimo, ut putabatur opus injunctum cæteris
præstantius accelerare nitens. Sed sol illo ante non occu-
buit die, donec ille latenter accedens, struem omnem igne
succendit. Mox veste qua fuerat indutus piscaria exuitur,
succinxit se arma bellica. Hortatus suos viriliter agere, Hereward's
datoque signo cum juvenibus validis hostium cuneos ad- fence of the
gressus est summo metu ac perturbatione castra replentes,[2] isle.
turres etiam ligneas quæ fuerant adversus illos erectæ
injecto igne combussit, rebusque prospere gestis, Deum
misericordem patria lingua laudabant. A terrore enim
unius centum, et a facie decem suorum mille hostium in
fugam convertuntur; alii raptis equis, nonnulli pedites,
pars per vias, plerique per deviam illic in marissam preci-
pites ruunt: quos Herewardus et sui non ignari regionis,
avide insequentes cedebant re a terga; sicque illo die feliciter cucurrit maturando triumphus. Prædicta quoque
illa venefica super cunctos in loco eminentiore ut liberius
suis incantationibus vacaret constituta, a timore velut a
turbine percussa, de alto lapsum dedit. Sicque fracta
cervice prior hæc, quæ ad aliorum internitionem venerat,
exanimata[3] interiit. Flamma etiam ignis vento ex adverso
surgente, procul ad instar duorum stadiorum in arundinetum distenditur, in quo discurrens monstrum horrende
visionis illic Normannorum turmas vehementer terruit,
atque hinc stridor incendii crepitantibus virgis salicum undique insonans, pene in amentiam verterat. Quod rex
eminus considerans, inestimabiliter luxit, et semianimis
effectus, manibus satellitum in tentorium delatus, ad
castrum Cantebrigie secessit, frendens et comminans locum
perpetuo infligere dampno. Jam enim deposuerat amplius
eum debellare. Et ascitis quotquot suorum prædia sanctæ
Ædeldrethæ invaserant, in hæreditatem jugiter habenda

---

[1] Alrehðe; E. [2] replevit; E. [3] examinata; E.

sancium,[1] prohibens ulterius cuiquam nisi ab ipso summoniti inde respondeant: quod apud coenobium in insula
confestim innotuit, unde nimium perturbati, Dei et beatæ
Ætheldredæ auxilium pro tanto discrimine suppliciter
invocant. Comprimo magnifica gesta Herewardi quæ
tenui orationis figura scribere placet, ut res pulcherrimas
dilucide lecturi intelligant. Rex namque sicut necessi-
tudo monebat agmina direxit quæ loca propinqua in-
siderent, ut si[2] ad[3] dimicandum illos elicere, aut facile
intercipere possent prædatum evagatos. Ipse ad negotium
aliud invitabatur, colloquii scilicet gratia regis Francorum Philippi Normanniam properare, tamen legatis
primum experiens si monachorum adlectione aditus insulæ posset inrumpere. Interea Herewardus et nobiliores
Angliæ quantum valebant, imperio, precario, pretio, com-
parabant, et Scottos in auxilium sibi converterunt; prompte
eis Guali associebantur, qui adversum Normannos queri-
tabant societatem. Dani[4] eis faventes juvare cupiebant,
ut de Normannis triumpharent, sed longe alium res
eventum habuit. Quoniam rem vere gestam memorabi-
mus, illos procul dubio subactos fore copiis Normannici
ducis, plerosque carcere, exilio, diraque[5] animadversione
potenter affliget. Soli illi in insula flecti[6] refugiunt, cum
urbes et castella quacumque per loca ipsi inclinanter
optemperant. Sed rex noster Willelmus nulli impera-
torum fortitudine vel secundus, cæde non parva temeritatem nimis ausam districte feriet, et ipsos ut cæteros
regionis nolentes obsequia præstare depellet. Interea
Angliam tempestas sævit bellica. Nam plerique con-
surgere palam in armis non confidunt, sed regionatim de
prœliis conspirationibus tractant, si quibus forte dolis
prævaleant ad nocendum. Verum Andegavi, Brittones,
Cynomanni, ob firmatam conspirationem detrectaverunt
militiam, pertinaciter[7] conquerentes, non posse obsequi
domino semper immoderata nimia præcipienti. Norman-

---

[1] sanctium; E.
[2] ut si, desunt ; E.   [3] sed ad; E.
[4] Insuper Dani ; E.

[5] alios diraque ; E.
[6] reflecti ; E.
[7] pertinaciam ; E.

norum quoque adeo labefactata est fides et mota, ut
adversum naturalem dominum suum prœlium procinerent
cum collectaneis et consanguineis, commonente comite
Radulfo de Waher ut ad conspirationem invicem conten-
ciose moverentur, accersito in id Herewardo[1] viro inclito et
valido aliisque præpotentibus Angliæ, Ædwino scilicet,
Morkaro, Ædelino, Waldevo,[2] Siwardo et Ædgaro; quorum obstinata studia patriam inquietaverunt seditionibus.
Ad hoc quippe tunc Herewardus, commissa in tuto insula,
versus[3] Anglos profectus est; cui adhæsit juvenum pars
valida, et quacumque pergebant in armis, contra nemo resistere præsumebat. Prædam habundantem inde contra
hunc[4] securi, minime sunt vim ullam noscere posse ar-
bitrantes. Hæc quidem de pluribus historiis rescindentes
ac simul sed breviter conjungentes, ex multis et magnis
pauca memoramus ac parva, ne prolixitas nimis procedat,
neu fide majora dicantur quamvis vera, in libro autem de
ipsius gestis Herewardi dudum a venerabili viro et[5] doctissimo fratre nostro beatæ memoriæ Ricardo edito, plenius
descripta inveniuntur.

108.[6] *Quam violenter locus de Enulfesbery abstractus sit
Elyensi ecclesiæ.*

INTER hæc namque tempestivæ commotionis incendia, The monas-
jus et debitum virginis Dei Ædeldredæ diripiunt omnes tery loses the
possession of
transeuntes viam. Quæstumque pietatis estimant, gaudent Enulfesbery.
et manu plaudunt, quotquot prævalent, inferre læsionem
bonis illius multiplicant. Ex quibus extitit unus ille
Gilebertus de Clara genere ac dignitate carnis præclarus,
sed tota anima atque virtute sanctæ Ætheldredæ domina-
tricis Elyensis ecclesiæ in cunctis adversarius, cui locum
de Henulvesberi subripiens sibi vendicare præsumpsit,

---

[1] "Vita Herewardi a Ricardo dño descripta. MS. Petrob. c. 20—24." Since published by Michel, Chron. Anglo-Norm. i. p. 53. Over the word dño Mr.

Petrie had written *dudum,* probably as a conjectural reading.
[2] Wandevo; *E.*
[3] versus est; *E.*   [4] hanc; *E.*
[5] ac; *E.*   [6] In margine; *G.*

indeque nostros violenter ejectos recedere compulit. Nonnullos vero[1] jugi inedia maceratos et diu afflictione gravatos de loco nequivit pellere, tamen sic domare illorum constantiam postremo cogitans jubet eos pertrahi foras et ultra mare apud Beccum perpetuo custodiæ mancipandos transmisit. Sicque monachis nostris a loco depulsis atque proscriptis, monachos inde adducens apud Henulvesberi contra rationis ordinem et injuste pro nostris locavit, quod illi licet indebite usque ad hanc diem pro voto optinent, et nos super hujus infestationis molestiam, judiciali disceptatione frustramur.

109. Quod monachi Elyenses clementiam regis adierunt et de atrocitate itineris exercitus et equorum ejus.

MONACHI igitur de Ely cognoscentes mala quæ in regno fiebant et in ecclesiarum rebus pervasionem fieri et diminutionem ab extermina[2] gente graviter doluerunt, magnificentiam templi Domini reminiscentes, et loci sancti sibi tale discrimen imminere veriti sunt, flentes unanimiter auxilium de cœlo et suæ in æternum patrocinantis Christi sponsæ dilectæ Ætheldredæ præsidium adesse poscebant.

The monks determine to come to terms with the king.

Et divina inspirante clementia salubre demum ineuntes consilium ad regem mittere constituunt, illius flagitare misericordiam et pacem. Invaluerat enim fames, ut supra retulimus, per totam regionem atque istic innumeris milibus hostilis collegii etiam horrea servata Egypti tantam inopiam non supplerent. Nam[3] reliquiæ ciborum in loco jam fuerant exaustæ, eo quod septimus erat annus ex quo seditionem adversus novum regem commoverunt, frumenti copia sufficere nulla diu poterat, furto enim vel rapto vesci monachorum ordini minime licuit. Et convocatis ad se primoribus qui urbem et aquarum exitus muniunt, ipsos inde abigere atque Normannorum catervis fore tradendos si consiliis eorum abnuant. His territi mox verbis, piguit eos gravissimi incepti ejus felicem exi-

---

[1] vero ex eis ; E.   [2] externa ; E.   [3] deest ; E.

tum nequaquam sperant, prœlia existimantes levia si his
malis conferatur. Urgebat eos fames valida, intus pavor
angebat nimius, nec ad comportandum rapinas egredi nisi
in manu valida audebant, enses Normannorum plus omni
periculo metuentes. Et arepto itinere in Warewich[1] vico
famoso reverenter regem cum debita supplicatione monachi requirunt, se suaque omnia ejus clementiæ commendantes. Stetit itaque abbas Elyensis Thurstanus cum
suis monachis coram rege magno Willelmo, orans et deprecans per misericordiam Dei ut averteret iram furoris
sui ab eis et a civitate sua, spondeus per omnia deinceps
fidele obsequium, et consistente satraparum caterva, optimum reputavit dicens, "majestatem illius tolerare supra se,
cum jus regni a Deo sit illi concessum. Verum et si
dignanter[2] eis attendat, finem laborum suorum haud dubi-
tauter assequi posse, et ingressum insulæ citius optinere
proponit; si tantum pro Deo et suæ animæ salute prædia
et bona per suos de loco abstracta restitui faceret." Et
spopondit rex. Audita sunt hæc et prolata in medio
baronum, et gavisi sunt. Dedit illi Deus gratiam in conspectu regis, præcepitque rex comiti Willelmo de Warenne
et Gileberto venerabili de Clara ut promissi fidejussores
existerent. Abbas vero, ut optavit, de possessionibus
ecclesiæ congregandis necessarie cum ipso contulit, ac
post in propria remeans prius eum instruens modum re-
bellationis, nec deterreri quamvis sit tociens ab inimica
gente repulsus, consilio namque suo et ausilio illis deesse,
unde eorum virtutem labefactari citius agnosceret. Tunç
quippe rex secessus regni providentius perlustravit, com-
muniens oportuna loca quo[3] rebellium excursiones retundere et contumatiam facilius perdomare posset. Hoc
tamen rumore percussus gaudio insolito exultat, quasi de
victoria jam securus triumphat. Congregatoque quantum poterat pedestri et equestri exercitu, promittit fautoribus honores ac dona, qua majorem hostium esse noverat
tendere disposuit, scilicet Ely. Accelerat, machinas parat,

---

[1] Warewic; _E._ [2] dignatur; _E._ [3] quorum; _E._

R

locus ut sæpe jam dictum est munitissimus erat, ad expug-
nationem indies laborat. Etenim expugnare quondam id
munimentum ingeniosa Chanuti fortitudo non valebat.[1]
Deterruit plures per solum palustre armatos incedere,
quod vix hominis aut cujusque animalis vestigia susti-
neret, ac facile concussum de longe ad jactum sagittæ
velut chaos in solidum titubans voraginem minare cerneres, ac brevissimo imbre resolutum rivis et amnibus
influunt, jugiter periculosis gladioletis sunt velatæ quæ
solum palustre fovere solent. Conjectari potest ex his
quam voraginosa sint earum ima quasi in abissum·præci-
pites.[2] Tactum vero serenitate aliquantula fissuris aperitur
amplis atque profundis. Præter contraria hæc sæpe nimio
imbre vexantur equites mixta interdum grandine, unde
fessi multotiens et prope abnuentes omnia advertunt dura
passi restare multo duriora in hoc itinere. Comperta sunt
nobis quæ recitamus eorum qui toleraverant eadem fideli
memoratu. Visum namque et vocem intercipiebant
angustiæ transitus atque flexuræ; anxius quisque pro sua
salute, domini parum aut amici meminit. Britones jam
et alii discesserant ob immanitatem laboris quos repatriare
volentes a navigio repulerat interdictio regis, subsecuti
sunt ultro suppliciter ad obsequium ejus redeuntes, pudore cogebantur ire cum regem ipsum peditem[3] agiliter
procedere conspicerent. Pontis autem usum aliquando
præstabant equi in paludibus enecti, rex vere constantiam
habens quam præstantissimus dux Julius Cæsar in tali
necessitudine finxisse putatur, neque nunc dignans suos
multo retinere hortatu, sive novis promissis velut inertes
atque invalidos, paucis tamen respondet, si præcepto suo
pareant ad reliqua ipsis utile fore contra si deserant, seque
quo causæ necessariæ vocant perrecturum, nec timere eorum discessu impediri quo minus[4] peragat inchoata equidem tranquillitatis regno comparandæ quæque difficillima
supervadere proponit. Tandem exercitum propius quam

[1] Etenim ... valebat; in mar-
gine; G.   [2] præcipite; E.   [3] deest; E.
[4] minus impigre; E.

opinio cujusquam promisisset ad aquas Ely usque perduxit incolumem.

110. *Quod abscedente Herewardo de insula, rex tandem ingressus est.*

AT tunc germani duo Ædwinus et Morcharus, qui nunquam in regis Ædwardi curia magis gratia et honore pollebant quam in liberi regis nostri Willelmi, cognito nunc illo debellatum ire ad Ely inopinato illum deseruere in ultionem suæ gentis, commune deliberant, non minus quam si princeps et dux eorum Herewardus adesset parati obsistere, simul qui hactenus occultius in armis manserant, modo necessarios ac vicinos pudebat non sequi, exeunt cotidie ratibus et per augustos calles, promiscue Anglos et Gallos trucidant, equos et arma per vicinia corripiunt, prædis continuo cumulant rerum abundantiam repertarum in loco. Spe namque meliore roborati militum suæ gentis circiter octo milia quæ exulabant apud Danos in proximo reditura cum Danis, ipsumque locum angulum ex omni terra Anglica commodissimum sciebant rebellibus, et a quoquam posse expugnari non formidabant. Normanni vero lacum Cotingelade dictum jam transierant, expugnari tamen posse firmamenta illa neutri opinabantur, sed rex indicit[1] rem experiendam esse, nec detrectandum bonis laborem qui tot malis finem studeant imponere, sanciendo exempla quæ timeant factionum cupidi, ac primum deinde fluviorum hostia classe occupavit, ne receptus in maritima pateret. Paludem vero iterum sterni pontibus præcepit, et qualiter aut de materia fierent rex[2] ipse prædocuit; sudor quoque ipsius assiduus intererat; fervidam instantiam ejus, pariter et militum, plus incendit quod supervenientes de insula plerosque interemerunt, et operis partem reciderunt: præter palustria, obstabant lacus multi et torrentes, nec pigebat regem ipsum ut confirmaret pavidos per flumen aliquod præire, quo pene ad galeæ conum de-

The king obtains possession of the isle.

---

[1] videlicet ; *E.*   [2] deest ; *E.*

mergebatur. Pervenitur tandem in proxima insulæ ad
stagnum horribile visu, infinitæ profunditatis, exuberans
undique ad alvei sui fastigia. Hostes in margine adverso
cespitibus ad muniendum se congestis transitum saxis ac
missilibus prohibere parant. Nimium perturbantur Normanni ancipiti obstaculo. Rex inchoata perurgens, naviculas per paludem attrahi fecit miro ingenio, maximo
labore simul erigi instrumenta bellica quibus adversarios
oppelleret. Motabatur humus infirma, minitans demer-
sionem omnibus quæ sustinebat. Oppugnabant equites
Galli mille loricati et galeati qui ad eos transierant,[1] milia
piratarum tria plura militis Anglici collecti de regionibus
mediterraneis, præterea vulgus insulanum. Cum deinde
balistis Normanni omni telorum genere impugnarent, ce-
dunt miseri et in profugium convertuntur. Consectari
festinans rex citissime invalido ac tremulo ponte exercitum traduxit; facto super naviculas perticis et crateri-
bus.[2] Sed transgressis lacuum eluctatio restabat difficillima per lacunas et gurgites luteos terram solidam vix
demum arripiunt. Tunc sonora victoriæ vox quam celerime
hostes de insula propulit, exardentes Normanni et circum-
venientes aliquot milia, momento deleverunt ea, ut vix
pauci diffugerent. Cor amisit absque vulnere pars hostium
non modica, prospiciens hunc admirandum ac terribilem
militem. Egit enim quod æternandum est laude cum
legione quam duxit irruens ac sternens magna cum au-
dacia. Non est nostræ facultatis nec promittit intentio
nostra, forcia illius facta universa narrare. Copia dicendi
valentissimus qui bellum illud suis oculis didicerat difficile singula quæque prosequeretur. Scriptor Thebaidos
vel Æneidos qui libris in ipsis poetica lege de magnis
magna canunt, ex actibus regis hujus, æque magnum plus
dignum conderent opus, vera canendo. Profecto si quantum dignitas suppeditaret carminibus edissererent con-
descentibus inter divos ipsorum stili venustate transferrent
eum. Nostra vero tenuis prosa titulando invictissime

---

[1] transtulerant; *E.*   [2] contrateribus; *E.*

excepit.

111. *Quam crudeliter rex suam injuriam vindicavit de ini-*
micis, et quod monachi fœdus cum eo firmum optinent,
dantes non modicas pecunias ad quod persolvendum aufer-
tur de ecclesia omne præcipuum in auro et argento.

ITAQUE rex ut insulam introierat paludis anfractus
itinere asperrimo circuivit, atque turbam inimicam obsidione circumdat in loco super omnes difficultates quas
ante superaverat terribili. Producuntur armati primo The cruelty of the king.
principes, deinde numerus aliquantus fama preminentium
vel dignitate aliqua, quosdam carcerali pœnæ, quosdam
oculorum, mannum, vel pedum privationi addixit, multitudinem vulgi dimisit inpunitam. Equos autem enectos
et quæque incommoda hujusmodi multuplo recompensa-
bat, copia illic inventa. Capitur Ædwinus et cum eo viri
innumeri validi, honoris et potentiæ nominati, et artissime
vincti. Condolet exercitus de effugio Morkardi; atque
regis familiares cum querimonia quod .dedicio repudiata
fuit succensentur, ipse et pauci vix evasere. Moxque rex
turbam magnam ad cœnobium direxit fores et ecclesiæ
hostia observare ne illuc oratum veniens, monachis re-
quirendi eum aditus paterent, debita supplicandi facie
occurrerent cum crucibus et sanctorum[1] reliquiis si facultas non deesset ut tali susceptus reverentia jure placari deberet, et noxam offensionis dimitteret. Ad monasterium
denique veniens longe a sancto corpore virginis stans
marcam auri super altare projecit, propius accedere non
ausus, verebatur sibi a Deo judicium inferri pro malis quæ
sui in loco patraverant. Ipse autem præsidio intra septa
monachorum delocato, et qui id opus conficerent de Cantebrigiæ Huntedoniæ et Bedefordiæ comitatu constituit,
et electis militibus quos de Gallia traduxerat, commisit
similiter castello de Alrehede[2] fidelibus Gallis munito, via

---

[1] sanctorum et; *E.*   [2] Aldrehethe; *E.*

regressus est qua intravit. Tanta illo die turbatio extitit ut celebratio missæ ibi nulla fieret. Dies illa erat sexto kalendas Novembris. Interea recedente rege hòstia ecclesiæ reserantur, et prædictus Gilebertus de Clara ingressus est ut videret officinas monachorum, ac circuiens universas ad refectorium devenit, quibus vescentibus sic ait, " O miseri et vecordes, num alia vice prandere non liceret, dum rex apud vos est et in ecclesia consistit ?" Quo dicto relictis mensis ad ecclesiam omnes cucurrere, sed regem non invenere ; unde nimium turbati, non habentes spem nisi in Dominum Deum, eundem Gilibertum poscunt ut eo mediante pacem stabilem obtinerent, quia pactum cum illis factum memor injuriarum dissolvit,[1] malum proponens adesse malo. Hic suscepto negotio regem super hæc[2] convenit et cum difficultate implevit, sic tamen ut monachi coram eo venientes prece vel precio quomodo

The monks promise to pay 700 marks to the king. possent furorem ejus mitigarent. Et introducti ad regem apud Wichefordiam ubi tunc hospitabatur, vix per illum et per alios magnificos viros[3] in gratiam sunt recepti promittentes ei precium pecuniæ, septingentarum scilicet marcarum argenti. Tunc quidem monachi preciosa quæ[4] in ecclesia sumentes, cruces, altaria, scrinia, textus, calices, patenas, pelves, situlas, fistulas, cifos, scutellas aureas et argenteas, ut prætaxatum explerent pecuniæ numerum. Ac die statuto apud Cantebrigiam ipsam pecuniam regiis numerare debuerant ministris, sed dolo numulariorum dragma fraudata minus recti ponderis examinata invenitur habuisse. Quod rex ut comperit graviter indignans spem eis omnem quietis et pacis ulterius negat. Solito enim acriores intromissum et securum furiæ accendunt, ultionem sui velut per injurias diminuti exacturum. Oritur toto ambitu multa miseria, tumultus, prædæ, rapinæ sæviunt vastitatem minantes, pàci vel securitati nullus locus

The fine is raised to 1000 marks. relinquitur. Exinde monachi dolore illato et jam renovato devincti, pactum denno ineuntes eum eo novum tres-

---

[1] dissolvit, rex malum proponet addere malo ; *E.* [2] hoc ; *E.* [3] deest ; *E.* [4] quæque ; *E.*

centas prioribus septingentis adicere marcas, videlicét millenarium supplere pollicentur ut gratia ejus cum loci libertate ac bonorum redintegratione potirentur. Ob hoc totum quod in ecclesia ex auro et argento residuum fuit, insuper imaginem sanctæ Mariæ cum puero suo sedentem in trono, mirabiliter fabrefactam, quam Ælfsinus abbas fecerat de auro et argento, comminutum est, similiter imagines sanctarum virginum multo ornatu auri et argenti spoliatæ sunt, ut præcium pecuniæ exsolvi queat, sed nichilominus speratæ quietis fiducia caruerunt.

112. De transitu abbatis Thurstani.

EXIMIUS abbas Thurstanus qui cœnobio præerat scientiæ et bonitatis gloria decoratus, verens et amans Deum, dum inter sævas bellorum turbines et seditionum discrimina fluctuaret, a bonæ intentionis opere non est arreptus. Ipse etenim mundanorum perfectus contemptor, ima sibi et tribulationes libenter sustinuit, officium grande et onerosum non appeteret si divinæ predestinationi et fratrum voto concordi liceret obsistere, tamen præpeditus tali molestia, sed expedita jam mente in cœlis conversabatur. Ingenti etenim concutiebatur dolore cernens debilitari res sanctæ ecclesiæ unde bonorum suorum raptores instanter arguere cœpit, ut correctos[1] et conversos uti obnoxios sibi conciliaret, pervicaces atque resistentes, post publicam admonitionem resipiscere nolentes, sed potins sanctuarium Dei per potentiam sibi in hæreditatem vendicantes, anathematis jaculo ferire non distulit. Non solum autem hos sed quoscumque de illis nascituros simili rapina res loci detinentes perpetua maledictione dampnandum instituit. Decrevit etiam contra eos inter sacrosancta misteria missæ perpetualiter orationes fieri, psalmum ad te levavi, Pater noster, et orationem ecclesiæ tuæ quas Domine preces placatus intende, quod ad internitionem illorum contigisse a generatione in generationem nemo hujus temporis ambigit.

---

[1] correptos; E.

Complevit autem dies suos in senectute bona et adpositus
est ad patres suos anno ab incarnatione Domini millesimo
septuagesimo sexto, et undecimo suscepti ordinis sui gradus anno regnante sæpedicto Willelmo.   Hunc idem rex
in consilio evocatum deponere disposuit, loco ejus monachum quendam Gemesciensem[1] cupiens subrogare sed pru-
dentiam ipsius vitæque insignem conversationem experiens, et licet de loco non amoverit, gravissimis semper
illum lacessivit injuriis.

113. *Quomodo rex Theodwinum in Ely instituit abbatem, qui nolens suscipere nisi totum illic restituisset ablatum.   Quo ingressus post modicum ex hac luce subtractus est absque benedictione officii sui locum sua
presentia vacuum Godefrido viro illustri atque prudenti
reliquit.*

REX igitur citius cognito prædicti abbatis decessu ad
Ely misit, et quicquid optimum in ornamentis et variis
rebus ibi fuisse didiscerat, in thesaurum suum jusserat
asportari.   Similiter pondus argenti et auri multum quod
prope monasterium in loco vocabulo Wintewrde repertum
erat, unde fratres vasa altaris demolita et dampna loci re-
parare cogitabant, vestemque insignem quam bonorum
executor Stigandus archiepiscopus in decorem Dei domus
paraverat, qua nullo terrarum regno ditior casula haberi
memoratur, rex idem sanctæ Ædeldredæ abstulit et in
thesauris Wintoniæ reposuit, unde nunc usque ecclesia
caruit.   Deinde adcitum ad se monachum Theodwinum
Gemesciensem, curiis Normanniæ satis cognitum, quem diu
in Ely præficere cogitaverat in regimen tunc loci delegit.
Hic abbas industria sua priusquam abbatiam intraret ad
eam revocavit totum quod in auro et argento et lapidibus
ante illius promotionem rex inde abstulerat, nolens eam
ullo modo suscipere, nisi rex quæ jusserat auferri juberet
referri.   Restitutis itaque spoliis ecclesiasticis Eliensem

_____
[1] Gemescientem ; *E.*

abbatiam multum profuturus, sed parum victurus accepit,
et loco suscepto cappam nivei candoris valde insignem
parari fecit, sed et tabulam ex auro et argento admirandi
operis, in cujus medio thronus cum imagine Domini et per
girum imagines ex argento, penitus deauratæ atque hinc
inde zonæ lapidibus præciosis exornatæ, super divitias
regionis Angliæ præcipuum estimabatur (quam Nigellus
postea episcopus comminuit et omne preciosum de ecclesia)
multoque preciosiora gessisset abbas prædictus, si tempus
proximum de vita illum non demeret. Nam post duos
anuos et dimidium quibus honeste et utiliter vixerat sine
abbatis consecratione defungitur, Godefridum monachum
qui individuus ei comes. adhæserat, tanquam vicarium suo
loco relinquens. Quo[1] defuncto, statim assunt regis satrapæ
et quæ habebantur in thesauris templi domini et beatæ
Ætheldrethæ in palam ejiciunt, atque nutu regio numera-
tim singula discutientes sicut sequens declarat capitulum
describunt.

114.[2] *Post obitum Theodwini abbatis quæ inventa sunt de thesauro ecclesiæ.*

Hæc sunt quæ invenit Eudo dapifer et Willelmus de
Belfou et Angerus in ecclesia sanctæ Ætheldrethæ secundum breve abbatis sancti Edmundi. Rodulfo Taillebois, Picoto, Hardewino de Escalers, Eiraldo testibus. x^m.
et ix^m. calices cum patenis et iiii^{or}. sine patenis. xii. textus, et aptamina ii^m. textuum, x. et ix. magnas cruces et
viii. parvas, et ix. filacteria, viii. casulas una illarum brus-
data, alia alba cum aurifriso, item alia rubea, similiter alia
purpurea, similiter alia rubea cum aurifriso in antea et per
girum cum duobus floribus, alia purpurea sanguinea cum
aurifriso in antea et per girum cum pluribus floribus.
Alia rubea de qua abbas Tedwinus sumpsit aurifrisum
quod in antea erat, alia de qua sumpsit flores, alia pa-

A. D. 1079.
On the death
of Theodwin
the king's
officers are
sent to take
an inventory
of the plate,
vestments,
&c.

---

[1] Quo defuncto .... describunt, | [2] Cap. cxiv. in margine ; *G.*
desunt; *G.*

rata, VIII. albas, una est de serico cum aurifriso et cum amictu, VI. cum amictibus et aurifriso, una sine amictu, III. amictus cum aurifriso, III. dalmaticæ cum aurifriso et II. sine aurifriso, III. tunicas cum aurifriso et IIII. sine auro, XV. stolas cum manipulis cum auro, II. pendentia cum auro, XLIIII. albas cum totidem amictibus cum auro, XLIII. pallia pendentia, V. pallia cum auro et V. sine auro quæ super-ponuntur sanctis, VI. pallia altaris cum auro, cum V. vela-minibus, XXXIII. cappas, IIII. earum cum auro, aliæ sine auro, III. taisellos ad opus capparum, XIIII. casulas cum auro, XVIII. sine auro, VI. sacerdotalia vestimenta et VII. diaconalia, II. stolas cum argentifriso, et VI. manipulos cum argentifriso, IIII. tapeta, III. altaria cum argento, XIII. fe-retra cum argento et auro, III. turribula argentea, II. can-delabra argentea, III. calamos argenteos, XXX. cortinas, XX. dorsalia lanea, L. scamnalia, V. baculos pastorales, VII. ha-buit Rodbertus abbas de cruce, II. tapetas ad altaria, II. capitalia et IIII. arcones et VI. limbos cortinarum, II. capsas cum argento, unum manipulum brusdatum, hæc non erant in prædicto breve. Hoc est incrementum per testimonium ipsorum monachorum ex quo Godefridus suscepit abba-tiam in custodiam: II. calices argenteos cum patenis et unum aureum cum patena, V. cappas, II. cum aurifriso in antea et per girum, II. sine auro, I. cum taisello, II. taisellos, II. stolas cum manipulis cum auro, II. dalmaticas, I. tuni-cam, I. albam cum amictu et cum aurifriso.

115.[1] *De obitu abbatis Theodwini et quod Godefridum pro-curatorem pro se dereliquit.*

CUM vero jam dictus abbas Theodwinus, breviter sed valde utiliter in Ely, ut præfinivimus, vixisset, rebus huma-nis exuit. Godefridum monachum ejusdem loci, et sibi per cuncta fidelissimum, procuratorem pro se dereliquit. Hic[2]

---

[1] deest; *G.*

[2] Qui; *G.* Qui regis . . . con-tristavit; *G.* cap. CIV.

regis præcepto[1] et fratrum obtentu[2] ipsius[3] ecclesiæ VII.
fere annis fidelis procurator remansit, nichilominus quam si
abbas esset ejus inserviens utilitati. Et ipse circa discessus He is made
abbot of
sui terminum, quo ad Malmesberiensis ecclesiæ regimen Malmesbury.
A. D. 1086.
erat transferendus, non modicum ex pastoris absentia vex-
atam se doluit,[4] quæ lupis undique circumdatam se vidit,
tunc subscriptam libertatem Elyensi ecclesiæ ex industria
vendicavit, sed suo mox eam discessu contristavit.

116. *Sub quibus principibus res ecclesiæ juratæ sunt.*

ANNO ab incarnatione Domini millesimo octogesimo, A. D. 1080.
indictione undecima, epactæ XXVI. quarto nonas Apri- The rights
and liberties
of the church
lis facta est discussio libertatis abbatiæ Elyensis. Quæ are inquired
into and
regis Willelmi defensione quatuordecim annis neglecta legally de-
termined.
iniqua ministrorum ejus exactione suffocata, penitus ex-
tingui formidabat oppressa, Godefrido autem monacho res
sanctæ procurante, rex tandem respectu divinæ misericordiæ instinctus his intendere, principibus circumpositis
per Baiocensem episcopum præcepit hæc discutere, adu-
nato ad Keneteford[5] trium proximorum comitatuum examine. Cui disputationi multi sæpe interfuerunt, de quibus
aliquos subscripsimus qui finem dissensionis ratæ conclu-
sionis fide intulerunt. Quatuor abbates cum suis Franci-
genis et Anglis; Baldewinus Ædmundinensis, Wlfwoldus
Certesiensis, Ulfchetel[6] Crulandensis, Alfwoldus Hol-
mensis: legati regis, Ricardus filius comitis Gisleberti,
Heimo dapifer, Thiel de Heruin; vicecomites similiter
cum suis, Picot, Eustachius, Radulfus, Walterus. Pro
Rodgero et Rodberto vicecomites Harduuinus, Wido, Wi-
mer, Wihumer, Odo, Godricus, Norman, Colsuein, Godwinus. Ceterique plurimi milites probati Francigenæ et
Angli etiam de IIII[or]. comitatibus Æsex, Hereford, Hunt-

---

[1] concessu; *G.*
[2] et fratrum obtentu, desunt; *G.*
[3] ejusdem; *G.*   [4] doleret; *G.*
[5] Kenteford; *E.*
[6] Wlfketel was deposed and

Ingulfus elected prior, A.D. 1076.
Wlfketel was allowed to return to
Croyland: "absque omni etiam cura
et officio," and died there, A.D.1085.
—Hist. Ingulfi, Oxon, 1684, 79.

endune, Bedeford. Est autem libertatis hujus veneranda
quietatio ut sancta regina integerrime sua possedit ab initio
et regum Ædgari et Æthelredi et Ædwardi comprobatur privilegiis quod hæc sanctorum et maxime Æthelwoldi restaurata sunt studio, et ab omni sæcularium potestate copiose
redempta commercio, et maligñe renitentibus conscripta et
conclamata dampnationis imprecatio. Hanc[1] validissimam
discussionem et cautissimam institutionem ne qua posset
inquietare calumpnia provida et benevola se regis accinxit
industria, præceptis eam roborans, edictis confirmans, beneficiis augens, cartis muniens, quarum unam presenti negotio adjacentem rerum series exposcit subscribi.

117. *Carta regis de libertate loci ac dignitate.*

King Wil-
liam's char-
ter. WILLELMUS Anglorum rex omnibus fidelibus suis et
vicecomitibus in quorum vicecomitatibus abbatia de Ely
terras habet salutem.   Præcipio ut abbatia habeat omnes
consuetudines suas scilicet sacham et socham, toll et team,
et infanganetheof, hamsocna et grithbriche, fihtwite et ferd-
wite infra burgum et extra, et omnes alias forisfacturas
quæ emendabiles sunt in terra sua super suos homines. Has
in quam habeat sicut habuit die qua rex Edwardus fuit
vivus et mortuus et sicut mea jussione dirationatæ sunt
apud Ceneteford[2] per pluras scÿres ante meos barones, videlicet Gaufridum Constanciensem episcopum et Baldewin-
um abbatem et abbatem Æilsi et Wlwoldum[3] abbatem et
Ivonem Taillebois, et Petrum de Valloniis, et Picotum
vicecomitem et Tielum de Helvin et Hugonem de Hos-
deng et Gocelinum de Norwic et plures alios teste Rogero
Bigot.   Hæc Godefridi monachi acta temporibus, non
modicum firmamentum Eliensi ecclesiæ contulerunt. Qui
quo ordine ad Eliense regimen pertigerit breviter decla-
ravimus.

---

[1] Hanc validissimam .... subscribi; ex *E.* and *G.*

[2] Keneteford; *G.*
[3] Wlfwoldum; *G.*

118. *Quod rex Willelmus Godefridum ad Malmesberiam de Hely[1] transtulerit, illicque Simeonem pro eo instituit; qui contra morem et loci dignitatem et ipsius regis præceptum, nescientibus ecclesiæ filiis, benedictionem percepit ab episcopo Lincolliensi.*

TRANSLATO autem Godefrido ad abbatiam Malmesberiæ, Willelmi regis præcepto venerabilis prior Wintoniensis ecclesiæ Simeon frater Walchelini ejusdem ecclesiæ pontificis, Eliensi ecclesiæ abbas delegatur, cujus personam tunc temporis commendabant senectus venerabilis, vitæ munditia, mentis benignitas, elemosinarum frequentia, famamque suam quæ multorum aures attigerat bonitas magnitudine superare studebat. Nactus ergo locum officii præterita studia novis ampliavit operibus, novo scilicet ecclesiam Eliensem suscitans fundamento, reliquasque officinas toto annisu coædificans ut interiorem affectum exterior testaretur effectus; et cum rerum copia non vitium sed virtus abundaret, nec jam esset degeneris ocii sed spiritualis negotii materia, quicquid terrenæ substantiæ manus omnipotentis ei contulerat. Cumque vicinis et longius positis pium de se præstaret spectaculum et ad hoc specialiter sudaret ejus intentio ut regio et religio Elyensis[2] suis reflorerent temporibus, primis annis sui regiminis factus est[3] minus sollicitus de benedictione abbatis a qua tamen aliquandiu ob hoc maxime dilatus est, quod Remigius Lincolniensis episcopus ejus benedictionem suo juri contra jus deputaret. Ædwardo rege statuente et Victore papa confirmante, abbates Elienses sine subjectionis obedientia a quocumque mallent episcopo ordinandos. Qua libertate præcedentes abbates usque ad ejus usi sunt tempora quorum seriem hic subscribi, operis hujùs ratio videtur exigere. Sanctus igitur Dunstanus Dorwernensis et sanctus Æthelwoldus Wintoniensis episcopus qui data quadam terra sua et auro non modico prædictum a rege

(margin:) Godfrey having been removed to Malmesbury, Simeon, the brother of Walchelin bishop of Winchester, is made abbot.

(margin:) He begins to build a new church.

---

[1] Ely; *E.*   [2] Elyensi; *E.*   [3] deest; *E.*

Ædgaro emit cœnobium eodem rege jubente primum abbatem nomine Brithnodum benedixerunt. Quo defuncto, alium nomine Ælfsinum prædictus Æthelwoldus jubente rege Æthelredo in loco ejus constituit, et ipse benedixit. Eodem vero tempore quidam Ælwinus[1] monachus erat, qui adhuc usque virtutibus excrevit, quoad episcopum[2] de Theodford regendum, ab eodem Ætheldredo rege eligeretur, qui tamen in omni vita sua prædicto cœnobio amicus extitit, ubi[3] factum est ut duos ibi abbates benedixerit, Leofwinum et Leofricum, diversis succedentes temporibus. Et hoc Cnut rege præcipiente, post Leofricum Leofsinum Cnut rex abbatem dedit, quem apud Wlewic ab Ægelnotho Dorwernensi archiepiscopo sacrari præcepit. Quo defuncto, rex Ædwardus Wlfricum abbatem ibidem statuit quem apud Wintoniam sumpserat, ibique a Stigando bis Dorwernensis urbis archiepiscopo benedici fecit. Post cujus decessum antequam rex Willelmus Angliam debellasset Haraldus rex Thurstanum a Stigando in abbatem promoveri jussit. Cui consuetudini et libertati Remigius episcopus renitens, benedictionem abbatis Elyensis in Symeone studuit usurpare, gravesque simultates inter se et illum hac de causa excitavit. Cumque uterque suæ causæ diu inhæreret, talisque renisus utrobique pacem inquietaret, licet Willelmi regis litteræ præciperent veterem in abbatis ordinatione auctoritatem servari, Walchelini tamen episcopi fratris sui instantia coactus est Symeon a Remigio benedictionem accipere. Videns enim frater ejus nimia eum senectute gravari, timensque ne sine benedictione moreretur, diutina suasione vix tandem ei persuasit ad hoc præbere assensum, ut postposita majorum auctoritate et ecclesiæ suæ consuetudine, quoquo pacto Remigii[4] sacraretur. In qua tamen ordinatione hanc conditionem optinuit, ut episcopus hujus non definita discussione contra sequentem abbatem vindicaret, sed esset ceterorum post eum tam plena renitendi

---

[1] Ælfwinus ; E.
[2] episcopatum ; E.
[3] unde ; E.
[4] a Remigio ; E.

libertas ut unquam ante eum alicui liberior extitit. ´ Itaque monachi Elyenses abbatem suum audientes cum juris
sui violatione reverti, portas ei offirmant, ostia claudunt,
non ut patrem non ut fratrem, non salutem ut hospitem
suscipiunt sed ut hostem repellunt, fieretque plena ipsius
dejectio nisi mediante Walchelino fratre ejus episcopo,
fratrum constantia in ejus amorem se frangeret, ac pro sua
religione et loci emendatione et operum evidentia eum in
patrem susciperet. Susceptus igitur loco et fratribus
utiliter et honeste præfuit, loci et fratrum ædificio et
numero possessioni et religioni totum impendens exer-
citium. Jamque per incrementa virtutum eo usque cœlestis Domini nactus est gratiam ut eum sibi gratum divina
revelatione ostenderet.

119. *Quomodo post mortem comes Willelmus Warenniæ
sit dampnatus in anima.*

COMES vero de Warenne Willelmus, jam[1] quasdam villas
fratribus Elyensibus violenter detinuit, unde sæpe ab
abbate correptus, nec correctus, miserabili morte diem
clausit. Cumque valde procul ab insula Elyensi hoc fieret, *The abbot*
abbasque noctu in dormitorio cœlestia meditans quietus *hears the*
cries of the
jaceret, audivit subito animam comitis a dæmonicibus. por- *soul of the*
comes Wil-
tari;[2] distincta et cognoscibili voce clamare : "Domine *liam de*
Warenne.
miserere. Domine misere." Statimque in crastino capitulo, omnibus fratribus quid audisset, et quod comes ille
defunctus esset, narravit. Necdum certe alios nisi ru-
mores audierat ; sed post tertium aut quartum diem uxor
ejus centum solidos, pro anima ipsius, Elyensi mittens
ecclesiæ, ipsam fuisse mortis ejus horam mandavit, quam
abbas indicaverat. Centum vero solidos ejus nec abbas
nec aliquis fratrum dignatus aut ausus est suscipere, non
putantes tutum esse dampnati pecuniam possidere. Ceterum quas libertates abbatis, iste dignitates et possessiones
ecclesiæ suæ adquisierit, quas calumpnias et justa ratione
et regio favore cassaverit, quas potestates evicerit, quo-

---

[1] deest; *G.*   [2] dæmonibus portatam ; *G.*

tiens libertatem Elyensem publica disceptatione redeme-
rit, ex cartis regiis quas habet ecclesia potest facillime
comprehendi, quæ[1] adhuc in eadem continentur ecclesia.

120. *Carta regis de restituendis ecclesiæ possessionibus ab invasoribus suis.*

WILLELMUS rex Anglorum, Lanfranco archiepiscopo,
et Rogero comiti Moritonii, et Gauffrido Constantiensi
episcopo salutem.   Mando vobis et præcipio ut iterum faciatis congregari omnes scyras quæ interfuerunt placito
habito de terris ecclesiæ de Heli,[2] antequam mea con-
junx in Normanniam novissime veniret.   Cum quibus
etiam sint de baronibus meis qui competenter adesse po-
terunt, et prædicto placito interfuerunt, et qui terras
ejusdem ecclesiæ tenent.   Quibus in unum congregatis,
eligantur plures de illis Anglis qui sciunt quomodo terræ
jacebant præfatæ ecclesiæ die qua rex Edwardus obiit,
et quod inde dixerint ibidem jurando testentur.   Quo
facto restituantur ecclesiæ terræ quæ in dominio suo erant
die obitus Edwardi, exceptis his quas homines clamabant
me sibi dedisse.   Illas vero litteris mihi signate, quæ sint
et qui[3] eas tenent.   Qui autem tenent theinlandes quæ
proculdubio debeut teneri de ecclesia, faciant concordiam
cum abbate quam meliorem poterint, et si noluerunt[4]
terræ remaneant ad ecclesiam.   Hoc quoque de tenenti-
bus socam et sacam fiat.   Denique præcipite ut illi homines
faciant pontem de Heli,[5] qui meo præcepto et dispositione
hucusque illum soliti sunt facere.

121. *Item aliud præceptum de eodem.*

WILLELMUS rex Anglorum, Gosfrido episcopo, et Rodberto et[6] comiti Moritonio, salutem.   Facite simul venire

---

[1] quæ adhuc . . . . . ecclesia,
desunt ; *G.*
[2] Eli ; *E.* and *G.*

[3] quæ ; *G.*
[4] noluerint ; *E.* and *G.*
[5] Eli ; *E.* and *G.*   [6] deest ; *E.*

omnes illos qui terras tenent de dominico victu ecclesiæ
de Heli,[1] et volo ut ecclesia eas habeat sicut habebat die
qua Edwardus rex fuit vivus et mortuus, et si aliquis
dixerit quod inde de meo dono aliquid habeat, mandate
mihi magnitudinem terræ, et quomodo eam reclamat, et
ego secundum quod audiero, aut ei inde escambitionem
reddam, aut aliud faciam. Facite etiam ut abbas Symeon
habeat omnes consuetudines quæ ad abbatiam de[2] Heli[3]
pertinent, sicut eas habebat antecessor ejus tempore regis
Edwardi. Præterea facite ut abbas saisitus sit de illis
theinlandis quæ ad abbatiam pertinebant die quo rex Edwardus fuit mortuus, si illi qui eas habent secum con-
cordare noluerint,[4] et ad istud placitum summonete
Willelmum de Gaurenna, et Ricardum filium comitis
Gisleberti, et Hugonem de Monteforti, et Goffridum de
Mannavilla, et Radulfum de Belfo, et Herveum Bituri-
censem, et Hardewinum de Escalers, et alios quos abbas
vobis nominabit.

122. *Alia carta regis de restituendis ecclesiæ possessionibus.*

WILLELMUS rex Anglorum, Lanfranco archiepiscopo, et
Gosfrido Constantiensi episcopo, salutem. Facite abbatem de Heli resaisiri de istis terris quas isti tenent. Hugo
de Monteforti, unum manerium nomine Bercheham;[5]
Ricardus filius comitis Gisleberti, Brochesheve;[6] Picotus
vicecomes Epintonam;[7] Hugo de Bernervi III. hidas; Remigius ep̄s I. hidam; ep̄s Baiocensis II. hidas; Frodo frater abbatis I. manerium. Duo carpentarii I. hidam, et III.
virgatas, si ipse abbas poterit ostendere supradictas terras
esse de dominio suæ ecclesiæ, et si supradicti homines non
poterint ostendere ut eas terras habuissent de dono meo.

---

[1] Eli ; *E.*
[2] de Heli . . . ; desunt in *G.*
[3] Ely; *E.*
[4] illi . . . noluerint, in margine ;
E.

[5] Bercham ; *E.* and *G.*
[6] Brocheseved ; *E.* and *G.*
[7] Impintunam ; *E.* and *G.*

Facite etiam ut[1] abbas prædictus habeat sacam suam[2] et socam, et alias consuetudines sicut antecessor ejus habuit, die qua rex Edwardus fuit vivus et mortuus.

123.   *Carta regis de quinque hundredis de Suthfolc.*

WILLELMUS rex Anglorum, Lanfranco archiepiscopo, Goisfrido[3] Constantinensi episcopo, et Rodberto comiti de Moritonio, salutem.   Facite Simeonem abbatem habere socam et sacam suam prout suus antecessor habuit, tempore regis Edwardi videlicet de quinque hundrez de Suthfulch,[4] et ab omnibus viris qui terras tenent in illis hundrez, videte ne abbas prædictus quicquam injuste perdat et facite ut omnia sua cum magno honore teneat.

124.   *Prohibitum regis ne episcopus Lincolliensis aut secularis justitia consuetudines intra insulam requirat.*

WILLELMUS rex Anglorum, Lanfranco archiepiscopo et Goisfrido episcopo, et Rodberto comiti de Moritonio, salutem.   Defendite ne Remigius episcopus novas consuetudines requirat infra insulam de Heli.[5]   Nolo enim ut ibi habeat, nisi illud quod antecessor ejus habebat tempore regis Eadwardi, scilicet qua die ipse rex mortuus est, et si Remigius episcopus inde placitare voluerit, placitet inde sicut fecisset tempore regis Eadwardi, et placitum istud sit in vestra præsentia.   De custodia de Norwic[6] abbatem Symeonem quietum esse dimittite, sed ibi munitionem suam conduci faciat et custodiri.   Facite remanere placitum de terris quas calumpniantur Willelmus de Ou et Radulfus filius Gualeranni et Rodbertus Gernon si inde placitare noluerint, sicut inde placitassent tempore regis Eadwardi, et sicut in eodem tempore abbatia consuetudines suas habebat, volo ut eas omnino faciatis ha-

---

[1] quod ; *E.* and *G.*
[2] deest ; *E.* and *G.*
[3] Gosfrido ; *E.* and *G.*

[4] Suthfolc ; *E.* and *G.*
[5] Eli; *E.* and *G.*
[6] Norewic; *E.*

bere, sicut abbas per cartes suas et per testes suos eas
deplacitare poterit.

125. *Quod rex Willelmus præcepit abbatem de Heli ab
archiepiscopo benedici usu veteri ecclesiæ, et quod possessiones loci minores et majores describi jussit.*

WILLELMUS rex Anglorum, Lanfranco archiepiscopo,
salutem. Volo ut videas carthas[1] abbatis de Heli,[2] et si
dicent[3] quod abbas ejusdem loci debeat benedici ubicum-
que rex illius terræ præcipiet, mando ut eum ipsi bene-
dicas. Præterea fac ut illi faciant pontem de Heli,[4] sine
excusatione qui eum soliti sunt facere. Inquire per episcopum Constantiensem, et per episcopum Walchelinum,
et per cæteros, qui terras sanctæ Ætheldrithæ, scribi et
jurari fecerunt, quomodo juratæ fuerunt, et qui eas juraverunt, et qui jurationem audierunt, et quæ sunt terræ, et
quantæ, et quot, et quomodo vocatæ, et qui eas tenent.
His distincte notatis et scriptis, fac ut cito inde rei veritatem per brevem[5] tuum sciam et cum eo veniat legatus
abbatis.

126. *Præceptum regis quod consuetudines pristinæ de libertate ecclesiæ illibatæ serventur.*

WILLELMUS rex Anglorum, Lanfranco archiepiscopo,
et Goisfrido[6] Constanciarum episcopo atque Rodberto comiti, salutem. Mando vobis ut abbatem de Heli,[7] sine
dilatione habere faciatis benedictionem, et terras suas
atque omnes consuetudines ut vobis sæpe per breves meos[8]
mandavi. Et quicquid ipse per placitum de dominio adquisierit; nil cuiquam inde tribuat nisi mea licentia, et
sede placitorum ei facite rectum, defendentes ut nullus

[1] cartas; *E.* and *G.*
[2] Ely; *E.* and *G.*
[3] dicunt; *E.* and *G.*
[4] Ely; *E.* and *G.*
[5] breve; *E.* and *G.*
[6] Gosfiido; *E.* and *G.*
[7] Ely; *E.* and *G.*
[8] brevia mea; *E.* and *G.*

s 2

ejus incidat silvas, munitionemque[1] suam habeat in Norwic[2] et homines sui sint ibi cum opus fuerit omniaque sua
cum honore habeat teste Rogero de Ivreio.[3]

127. *Quod rex subtiliter investigare studuit quanta locus firmitate subnititur.*

WILLELMUS rex Anglorum, Lanfranco archiepiscopo,
et Goisfrido,[4] salutem. Volo ut consecratio abbatis de
Heli[5] quam Remigius episcopus requirit, remaneat donec
per litteras tuas cognoscam si Remigius monstravit, vel
monstrare poterit, quod antecessores sui abbates de Heli,[5]
consecrassent. Quod ad Christianitatem pertinet in illa
abbatia fiat, et consuetudines pro quibus Remigius vinum
requirit ipse habeat sicut[6] monstrare poterit antecessores
ejus habuisse tempore regis Eadwardi. Molendinum de
Grantebrugge quod Picotus fecit, destruatur si altera[7]
disturbat. De dominicis terris sanctæ Ætheldrithæ sit
abbas saisitus sicut alia vice præcepi, qui alteras[8] tenent
vel socam et[9] sacam, de abbate recognoscant et deserviant
aut eas dimittant.

128. *De quodam fratre qui mentem excesserat sed meritis sanctæ Ætheldrethæ sanato.*

AD hoc[10] fratres Christus Dominus operum suorum per
Sanctos suos totiens[11] operatur insignia, ut fides audientium ex auditu proficiat, et ardens affectus devota ora in
laudes divinas[12] resolvat. Unde nobis quorum vitam et
linguam suo Christus delegavit ministerio, præsenter[13] in-
cumbit aut facta ejus studio nostro in multorum transferre

---

[1] munitionem; *G.*
[2] Norwico; *E.* and *G.*
[3] Lureio; *E.* and *G.*
[4] Gosfrido; *E.* and *G.*
[5] Ely; *E.* and *G.*
[6] si; *E.* and *G.*
[7] alteram; *E.* and *G.*
[8] alteras terras; *E.* and *G.*
[9] vel; *E.* and *G.*
[10] hæc; *A. S.*
[11] toties; *A. S.*
[12] divinos; *A. S.*
[13] præsenti; *A. S.*

notitiam, aut nostram apud eum vehementer accusare scientiam.[1] Ut ergo nostram apud Deum commendemus memoriam, quid apud nos, qui in Elyensi versamur ecclesia, dignatus sit operari referamus. Præsidente siquidem nobis sanctæ recordationis abbate Symeone, cœtus noster et locus moribus et muris non parum profecerunt: erat enim, pro sequenti personarum mutatione et regiis angariis, locus graviter inquietatus; et si quid regularis districtionis pro sæculari violentiâ et rectoris absentiâ intepuerat, vir ille sanctus, pastoris nactus officium, devotâ solicitudine reformavit: invenitque apud nos gregem bonum pastor bonus, cujus vocem audire restituta sibi quiete properavit. Cumque in pastorem suum gregis humillimi respiraret affectus, et sacer ordo in suis refloreret cultoribus; tantæ alacritati non defuit manus Domini, sed lætissimis operariis mirandorum gestorum plausibus occurrit. Nam cum locus intus et extra duplici proficeret ædificio, jamque patris et filiorum intentio sub Marthæ et Mariæ desudaret officio; cœperunt mira fieri coram civibus cœli, quorum partem pater Symeon de Wintoniensi ecclesia adduxerat, partem apud Elyensem invenerat.

The high state of discipline under Abbot Symeon.

Videns itaque hostis antiquus fratrum concordiam in se conspirasse, et virtutum propugnacula quotidiè adversus eum succrescere, muros morum multiplici cœpit oppugnare versutiâ: nec facilè inveniens qua intraret, hanc tandem malitiam in Christi militiam exercuit, ut quemdam adolescentem Edwinum nomine, tacitâ primum cogitatione stantem ad completorium, coram abbate et reliquis ad exeundum de choro suaderet, antequam horæ illins officium compleretur. Quem statim cunctis stupentibus exeuntem crudeliter arripuit, totam illius mentem vertens in furorem, in tantum ut sequentem se magistrum suum Siteardum arreptâ tabulâ percussisset, nisi provida viri strenuitas majores ei vires objecisset. Erat autem unus ibi de Wintoniensibus monachis, Godricus nomine, vir

The wiles of Satan.

What happened to the young man Edwin at compline.

---

[1] segnitiam; *A. S.*

magnæ sanctitatis et pro sua veneratione monachis Elyensibus in exemplum religionis ab abbate adductus. Huic
Deus spirituales oculos frequenter aperuit, multisque re-
velationibus.eum illustrem effecerat, nec erat necesse ad
quælibet dicta ejus alium quærere testem, quam vitam
ejus; scientibus omnibus eum habere quasi bostem, linguam mendacem.

Hic igitur, ut postea retulit, vidit nigrum[1] quemdam
quasi puerum cucullam adolescentis manu fortiter tenen-
tem, et eum post se violenter trahentem : quem esse dam-
natum spiritum rei exitus comprobavit. Nec mora finita
synaxi, abbas et conventus exeuntes ad primum claustri
ingressum, vident juvenem dæmoniacum contra omnes
tumultuantem, sæva minantem, convitiis insultantem, et
inter brachia se constringentium ictibus pedum et morsibus dentium aliquos lædere conantem. Abbas autem
quosdam seniorum et saniorum nutu suo convocans,[2] noc-
turnum silentium brevi rupit colloquio : " Nescimus," in-
quiens, " quis ei melius subveniat, quam illa cujus servus
est domina : cui præsentatus, velocem, ut credimus, recu-
perabit sanitatem. Ite ergo, et sub districta eum ducentes
custodia, coram tumulo dominæ nostræ diligenter excu-

A night is
spent in
watching
before the
shrine of S.
Ætheldreda.
bate,[3] suffragium postulate." Fratres vero cum fratre,
tamquam ad matrem fugientes, nocte pæne tota sub ex-
pectatione divinæ misericordiæ vigilaverunt.

Porro juvenis, imo dæmon in juvene sacri corporis non
ferens præsentiam, majori horrore aliquamdiu se agebat,
nunc clamans, nunc tunicam dentibus scindens, nec parum
eos vexans, quorum diligentiâ a malignis actibus arceba-

Through the
merits of the
Saint, Edwin
falls asleep,
and recovers
his reason.
tur. Sicque versus diem[4] duxit noctem, donec meritis
sanctæ illius virginis parumper obdormiret, sensum reci-
peret, et post paululum suum per fœdos recessus vexa-
torem ejiceret. Nam post somnum juvenis ad se reversus
nuntiavit custodibus suis, se jam sanum sapere et de cætero
penitus convaluisse, excepto quod ventris resolutio intes-

---

[1] murem; *A. S.*
[2] sevocans; *A. S.*
[3] excubantes; *A. S.*
[4] Sicque vexatus idem; *A. S.*

tina torqueret, et secreto exitu indigeret. Ductus ergo
ad locum necessarium, tantam illico passus est effusionem,
ac si omnia viscera funderentur : et post ejectum furorem
mentis, tantus ejicitur fœtor ventris, ut per omnes proxi-
mas officinas vix esset aër tolerabilis, corrupto flatu per
omnes angulos se spargente, fumum ejus vix aliquo eva-
dente. Nec minor erat illa immunditia, quam ante fuerat
illa vesania ; sed par sibi[1] factus est uterque impetus,
alter in excessu mentis horribilis, alter in fluxu ventris
mirabilis : quasi nequissimus ille spiritus aut totus verteretur in stercus, aut ipsas latrinas secum ferret ejectus.

Liberatus autem servus Domini per manum dominæ,
talia sibi de se narrantibus, tamquam nescius quid egisset,
obstupuit ; docens exemplo sui, quanta sit sacri conventus reverentia : cujus præsentiam subdolus temptator
ad invadendum fratrem sit veritus ; extra quem ovem inveniens, sic evaserit[2] lupus. Hæc fratre illo vivente[3]
scripsissemus,[4] nisi tentandi eum occasio maligno insidia-
tori dari timeretur, putaretque sibi referri ad opprobrium,
quod referendum est ad cœleste præconium. Hunc[5] itaque finem narrationis hujus metitur series, ut apud sanas
memorias Sanctæ Etheldredæ potentia honoretur, et communis oratio devotissime frequentetur ; nullusque monachus in legitimis horis extra conventum evagetur ;
promptus enim ubique occurrit adversarius ; et si quam
ultra debitos limites errantem invenerit oviculam, violenter aggreditur, vehementer gaudens in dampnis ecclesiæ[6]
cujus ei est ita terribilis militia, ut castrorum acies ordinata.

129.[7] *Carta regis de Estoua.*

WILLELMUS rex Angliæ W... episcopo et S...
episcopo, et R... capellano et justiciaribus suis et Wal-

---

[1] deest; *A. S.*
[2] invaserit; *A. S.*
[3] jubente; *A. S.*
[4] non scripsissemus; *A. S.*

[5] Hinc; *A. S.*
[6] in dampnis ecclesiæ, desunt; *A. S.*
[7] In margine, *E.*; deest, *G.*

tero vicecomiti Glocestriæ et omnibus fidelibus suis francis
et anglicis salutem. Sciatis me concessisse Huco episcopo
terram illam quam Harscuidus Musardus sibi concessu
meo dedit, scilicet Estouam, et volo ut illam honorifice
teneat. Testibus W ... cancellario et Ur de Abetot.[1]
Apud insulam de Wyet.

130. *De duobus mutis.*

Huic miraculo successit aliud, quod auditum divina
munera benignis mentibus gratiose debet infundere, hoc
diverso modo, sed pari gloria celebratum. Duos a nativi-
tate mutos humana damnavit loquela: quorum alter Ulf
appellatur, alter Ailredus,[2] conceptus intellectus linguæ
non poterant officio demonstrare, obstrusam[3] habentes vocis
armoniam, suamque[4] rationabilitatem non in voeis efficacia, sed in sola possidentes natura. Quod etiam de talibus
definit dialectica, sola eis inerat aptitudo rationis, per
quam illa dicit quemlibet hominem aptum natum ad lo-
quendum, etiamsi numquam loquendi facultas ei affuerit.
Itaque ut aptitudini facultas accederet, uterque istorum,
diverso quidem tempore, sed pari mente ad corpus S.
Etheldredæ accesserunt, affectibus magis quam vocibus,
pro vocis munere supplicantes.

Nec defuit tantæ[5] devotioni sponsa Domini; sed ad laudem Christi et suam, Ulf plenam restituit facundiam;
Ailredo[6] autem humanam voluit eruditionem proficere;
et ut pueri syllabis ad plenam dictionem instruuntur, ita
homo ille verba humana paulatim edoctus, plenas deinde
expressit rationes. In ambobus igitur ostensum est,
quid sancta nostra valeret, et quid vellet, dum in altero

---

[1] The "Collectanea Topogra-
phica et Genealogica" contains
the "Pedigree of the Frecheville
and Musard Families, Lords of
Crich and Stavely in Derbyshire,"
and also notices of Urso de Abitot,
from Dugdale's MSS. additions to
his Baronage.

[2] Æilredus, *G.*; Ælredus, *A.S.*

[3] obstructam; *A.S.*

[4] scientiam ; *G.*

[5] sanctæ; *A.S.*

[6] Ælredo; *A.S.*

faceret[1] quod in utroque posset, in altero signaret quantum servos suos diligeret, quorum operam[2] ad complendum miraculum tamquam cooperatricem[3] eligeret. Posset enim summa levitate idem eodem modo utrique restituisse, nisi hanc potissimam consulendi viam alteri eorum delegasset: in quo et ipsum Dominum salvatorem secuta est, qui cæci oculos solo sermone curasse valens, mystica dispensatione maluit luto et sputo eos ad lucem reformare. Multa quoque alia in hunc modum se habent, quæ huic dominæ nostræ in hujus facti qualitate, in[4] potentiam, sed similem dispensationem attribuant.

131. *De Picoto vicecomite qui multa incommoda huic gessit ecclesiæ.*

NARRANTES laudes Domini, et virtutes ejus, et mirabilia quæ fecit in sanctam Etheldredam, nobismetipsis facti sumus miraculum, qui tantam materiam, rhetorica declamatione aut angelica voce dignissimam, insipida elocutióne audemus invadere: sed nos in hac re consolatur apostolorum simplicitas, qui fidem Christi et salutem mundi, contemptis oratoribus et philosophis, prædicare sunt instituti; quorum magisterio omnis disciplina subjicitur, ne in sapientia verbi evacuetur crux Christi. Unde magis hic res quam verba fidelis auditor attendat;[5] et sublime factum, quod simpliciter enarrabitur, tota mente et veneretur et revereatur. Et cum multa sint documenta, quæ ab[6] invadendis[7] temere sanctorum terris[8] quorumlibet potentium animos reprimere poterant: tunc[9] maxime in hujus[10] insperato et inaudito interitu, patenter discitur quam salubriter ab unoquoque sua cuique reddantur; et proprio contentus, ne transgrediatur terminos antiquos quos posuerunt patres sui.

The injuries done to the church by Picotus.

---

[1] faceret quod in utroque posset, in altero; desunt, *A. S.*
[2] opera; *A. S.*
[3] cooperante; *A. S.*
[4] non; *A. S.*
[5] intendat; *A. S.*

[6] deest; *A. S.* and *G.*
[7] invadentes; *A. S.*
[8] terras et; *A. S.*
[9] tamen; *A. S.* and *G.*
[10] Picoti vicecomitis; *A. S.*

Huic igitur Picoto, genere Normanno, animo Getulo, Cantebrigiæ comitatus forte obvenerat. Nactus est tandem leo famelicus, lupus oberrans, vulpis subdola, sus lutulenta, canis impudens, cibum quem diu optaverat; et tamquam totus commutatus[1] unum esset cadaver, totum sibi vendicat,[2] totum occupat; et tamquam totum in ventrem suum insatiabilis bellua transmissura, non admittit consortem in partem suam; non Deum, non angelum, non sanctorum quemlibet, non denique sanctissimam illam et nominatissimam Etheldredam, quæ terras plurimas seu villas, donatione et concessione anteriorum principum, in ipso comitatu eatenus possederat. Convenitur aliquotiens a nonnullis, dicentibus non expedire ei mutilare partem virginis, libertatem ejus minuere, mittere falcem suam in alienam messem; contentum esse debere proprio, memorem canis Æsopici[3] et vulgaris proverbii, ne dum totum sitit,[4] totum perdat. Quibus ille respondit: "Quæ est illa Etheldreda, de qua dicitis quod ego terras ejus occupaverim? Nescio Etheldredam, et terras non dimittam."

Audis hoc, Domine, et taces? usque quo, Deus, improperabit inimicus? Non nobis Domine, non nobis; sed inimicus improperavit tibi Domine, et homo insipiens incitavit nomen tuum. Respice in testamentum tuum, et ne obliviscaris voces inimicorum tuorum, qui dixerunt hæreditate possidere sanctuarium Dei: dixit enim in[5] corde suo, oblitus est Deus: avertit faciem suam, ne videat in finem. Audis hoc, Domine, et taces? Exsurge itaque, Domine, et contere brachium peccatoris et maligni: quæritur peccatum illius et non invenietur.[6] Audite insulæ, et attendite populi de longe, quid pro domina Elyensis insulæ fecerit sponsus ejus, Dominus universæ terræ. Quæritur, inquit, peccatum illius, et non invenietur.[6] A quo quæsitum? Ab eo quem nil latet. A quo inveniendus non est? A nullo prorsus homine cum hodie ignoretur,

---

[1] comitatus; *A. S.*
[2] vindicat; *A S.*
[3] deest; *A. S.*
[4] vult; *A. S.*
[5] deest; *A. S.*
[6] invenitur; *A. S.*

quo devenerit, cur diffugerit, vel qualiter interierit :[1] utrum vel cum Dathan et Abyron in infernum vivus descenderit, vel cum Nabugodonosor bestia factus in interitum totus abierit, vel alio quocumque modo dampnandus sine fine perierit. Sed[2] unum pro certo scimus, quod in finibus nostris amplius non apparuerit, sed in perpetuum totus disparuit; Ipsi gloria, qui dedit victoriam de inimico.

132. *De Gervasio qui hominibus sanctæ Ædeldrethæ valde infestabat et cruciabat.*

VIR autem ille in populo nequissimus, hæreditatem Domini delere arbitratus, tamquam pulvis quem projicit ventus a facie terræ, ut præteximus[3] de medio sublatus est. Solum illum imitabatur, qui cum toto suo nefando collegio de cœlo profectus[4] in tartarum corruit :[5] habuit namque sequaces perversæ exactionis ministros dolorum auctores, sed Deus dispersit superbos[6] mente cordis sui. Inter quos malitiâ repletus, boni nescius, Gervasius nomine, iræ artifex, inventor sceleris confudit fasque nefasque: cui dominus ejus jam dictus Picotus, tamquam cæteris fideliori, pro sua pravitate totius vice-comitatus negotia commiserat. Hic hominibus S. Etheldredæ valde infestus erat; et tamquam speciale bellum contra eam suscepisset, omnem ejus possessionem quacumque potuit gravedine impugnabat. Quisquis ergo, qualibet causa per eum gravatus, nomen sanctæ ut parcius ageret[7] ei proposuisset; hunc ligabat, hunc damnabat, hunc frequenter in causam vocabat, hunc crudeliter attractabat.

Abbas vero quotidianas hominum suorum ægre ferens querelas, præcepit conventui septem psalmos coram sanctæ virginis tumulo, ad impetrandam ab ea misericordiam

---

[1] evenerit; *A. S.*

[2] Sed ... disparuit, desunt; *E.* and *G.*

[3] prætexuimus; *A. S.*

[4] deest; *A. S.* and *G.*

[5] ruit; *A. S.* and *G.*

[6] perversæ .... superbos; desunt, *A. S.*

[7] urgeret; *A. S.*

decantare. Nec mora: abbas ipse vocatur in causam, et dies et locus faciendæ disceptationi constituitur. Fratribus itaque solicitis ad orationem, abbas suscipit profectionem. Jamque in itinere constitutus, audit rebellem causidicum miserabili morte vitam terminasse. Cujus rei series ita se habebat. Ut ea nocte, cujus die sequente abbas illuc erat venturus S. Etheldreda cum duabus sororibus suis, instar abbatissæ, cum virga pastorali ei adstaret, iratæ simillima, voceque terribili hoc eum modo increparet: " Tune es ille, qui homines meos, quorum patrona sum ego, me contempta totiens vexasti, nec adhuc ab ecclesiæ meæ inquietatione desistis? Habebis[1] igitur istud pro mercede, ut alii per te discant familiam Christi non vexare." Tulitque baculum quem gerebat, graviterque aculeum ejus loco cordis, tamquam eum perfossurus inseruit. Deinde sorores ejus S. Withburga, et S. Sexburga, qui[2] simul cum ipsa venerant, duris baculorum suorum stimulis eum pupugerunt.

Ille vero gemitu terribili et clamore horribili totam conturbavit circumjacentem familiam; omnibus audientibus dicens; " Domina miserere." Quo audito accurrunt famuli, causam doloris inquirunt: fit strepitus circa jacentem: et ille illis: "Nonne videtis," inquid, " S. Etheldredam abenutem, quomodo mihi transfixit pectus baculi sui aculeo, similia facientibus sanctis ejus sororibus? Et[3] ecce, iterum me fixura, revertitur; jamque moriar, cum denuo me fixerit."

Etheldreda, accompanied by her sisters, appears to Gervase, and punishes him with death. Et his dictis, expiravit. Quo ita consummato, itur abbati in[4] obviam, res narratur, abbas revertitur, et per totam patriam rumor dispergitur. Fit timor sanctæ per omnes vicinos, multoque tempore nullus procerum, judicum, ministrorum, et cujuscumque potestatis hominum quidquam audebat preripere[5] in Elyensem possessionem, sancta virgine res suas viriliter ubique protegente. In quo

---

[1] Habeas; *A. S.*
[2] qui .... venerant, in margine *E*, desunt; *A S.* and *G.*
[3] deest; *A. S.*
[4] deest; *A. S.*
[5] deest; *A. S.* and *E.*

patet, quam mirabilis sit Deus in sanctis suis, qui vivit et
regnat per omnia sæcula sæculorum. Amen.

133. *Quod Dominus Deus precibus sanctæ virginis Æthel-*
drethæ placatus, indignationem suam et iram de hoc loco
avertit.

MISERICORDIAS Domini in æternum cantare, verbis ad-
monemur propheticis. Unde ne ingrati beneficiorum Dei
probemur, eum laudare perpetuo et glorificare condecet,
qui mortificat et vivificat, humiliat et sublevat; et in hac
re, quam licet minus docte corripimus, indignationem ejus[1]
et gratiam, judicium et veritatem incessanter attollamus.
In prædicti etenim tempore Symeonis gestum esse quod
narramus, pia fidelium relatio commendat. Hic contume-
liose a monachis correptus, eo quod indebite benedictionem ab episcopo Lincolniensi, contra morem loci, ut supra
meminimus, susciperet; sed interim[2] dissimulatâ irâ, non
sopitâ, cum illic gregem pium et bonum, et in divinis
deditum studiis conperisset; nichil[3] egisse æstimans[4] nisi
officia loci externis aliunde adductis manciparet. Cumque
hoc rationabiliter nullatenus fieri valeret, apud regem obtinuit, ut ipsius auctoritate roboratus numero decem monachos de Wintonia adduxit[5] quibus, ut cogitavit, tam
exterius quam interius ministeria subegit. Unde incommoda huc usque ecclesia graviter perpessa, mœrens dolet
sicut ex sequentibus docetur.

Unus autem ex his, nomine Godricus, religione ac pietate præditus, velut stella inter nebulas effulgens, curam
ecclesiæ pro sua veneratione adeptus est; solusque per
omnia divinæ voluntati, non feritati sive dominationi, ut
mos est extraneorum, studens, solumque[6] quæ Christi sunt
sapiebat, vigiliis continue per noctes, psalmis ac medita-
tioni per dies, totus deservivit. Cujusdam vero noctis

Margin note: Ps. lxxxviii. 2.

Margin note: Etheldreda and her sisters revisit the monastery, and restore the sick to health.

---

[1] deest; *A. S.*
[2] sed interim, desunt; *A. S.*
[3] nichil se; *A. S.*
[4] æstimavit; *A. S.*
[5] adduceret; *A. S.*
[6] deest; *A. S.*

hora, post consuetas fratrum vigilias, inter ipsa cordis suspiria et crebra orationum devote precamina, cum senilia membra a debita carnis quiete longius protrahendo fatigaret, viribus defecit, ac potius sedendo quam jacendo dormivit, et ei sive in somnis talis ostensa est visio sive[1] in excessu mentis effectus, subito in cœlum se raptum esse conspicit. Revera quod narramus, tamquam ille frater qui viderat nunc superstes ediceret,[2] nulli fidelium fiat ambiguum. Vidit itaque vir[3] venerandus jucunda valde et digna memoriæ, omni plena gaudio; miserationes videlicet quas fecit Dominus et ostendit nobis. Sed solet evenire, ut multa quælibet et magna, apud homines quam[4] gravia sint, minus caute et non corrigenda æstimentur; ante interim judicis oculos quanta animadversionis subtilitate discutiantur, quod levia minime fuerunt, ut ex hac re colligitur, sed penitus displicuerunt, certis rerum indiciis etiam de cœlo aliquoties revelatur. Sed æquitas judicii[5] dum de nostra culpa provocatur ad ultionem, ejusdem bonitas judicis[6] districtionem severitatis, in mansuetudinem convertit lenitatis: quod sanctæ memoriæ papa Gregorius insinuat, dicens; severitatem legis,[7] in mansuetudinem commutavit misericordia Redemptoris. Nunc qualiter res sit audiamus.

Vir quoque[8] ille, in summo cœli solio, ante tribunal gloriæ et majestatis Dei, ut sibi putabatur[9] assistitur:[10] cui adstabat regina claritate siderea sed gemens et anxia pro suis famulis et filiis, tota precibus infusa, misericordiam tonantis suppliciter exorabat. Porro eminus quamdam conspicit personam, arcum habentem in manu cum sagitta extensum, missam à Domino versus ecclesiam ad percutiendum: sed motus prece suæ virginis dilectæ miserator Dominus, quem ad ulciscendum ante direxerat, nunc revo-

---

[1] deest; *A. S.*
[2] edixisset; *A. S.*
[3] deest; *A. S.*
[4] quasi; *A. S.*
[5] judicis; *A. S.*
[6] deest; *A. S.*
[7] regis; *A. S.*
[8] deest; *A. S.*
[9] videbatur; *A.S.*
[10] sistitur.

cari jussit. Statimque ex astantibus[1] revocatus, telum ab internicie deposuit. His visis vehementissime per soporem turbatus, evigilat;[2] ordinem[3] visionis pertractans, secum cum gemitu revolvit; ad disperdendum[4] non nisi ad Ely[5] quem cernebat intellexit esse transmissum:[6] super hoc quippe[7] cum lacrymis Deo supplicandum credidit, ut qui Niniven[8] misericorditer pepercit, et nunc[9] nobis veniam non deneget peccati. Eodem tempore plures de monasterio in mortis somnum rapiebantur, nonnulli graviter ingemiscebant;[10] pars multa fratrum jacebat languida in domo infirmorum, morti per corporis languorem jam proxima. Unde fit timor magnus in universis, cum collegam aut mortuum aut moribundum coram se aspicerent; ac, si quisquam eadem clade periclitaretur[11] conscientiam emundare et[12] alternâ confessione peccati rubiginem abstergere festinavit.

Et factum est dum sic expedite cuncti circa salutem vigilanter intenderent; sed[13] de more jam dictus frater cum luctu et lacrymis, pro fratrum salute,[14] pro loci munimine[15] apud Deum se prorsus afficeretur,[16] donec gratiam a Deo et B. Etheldredæ suffragium optinerent.[17] Et dum pervigil orando sequenti nocte indefessus assisteret, talia in somnis denuo perspicere[18] meruit. Adjecit itaque Dominus iterum sua ei revelare magnalia et vidit, et ecce circa majus altare, ubi corpora beatarum virginum delitescunt, attollens oculos, ibi tamquam hominum formas,[19] in specie muliebri, de tumulis earum surrexerunt, sanctimoniali indutæ habitu, bacula gestantes in manibus : quas profecto æstimavit sanctas esse dominas nostras, Etheldredam, Wyth-

---

[1] ex extantibus, desunt ; *A. S.*
[2] evigilabat; *A. S.*
[3] ordinemque; *A. S.*
[4] revolvit; et non nisi ad dispergendum hunc quem, &c.; *A. S.*
[5] ad Ely, desunt ; *A. S.* and *G.*
[5] nisi huc ; *G.*
[6] missum; *A. S.*
[7] quoque; *A. S.*
[8] Ninivæ; *A. S.*
[9] deest, *G.* and *A. S.*
[10] invalescebant; *A. S.* and *G.*
[11] premeretur ; *A. S.* and *G.*
[12] conscientiam emundare et, desunt; *A. S.* and *G.*
[13] ut ; *A. S.*
[14] salute, et ; *A. S.*
[15] juvamine; *A. S.*
[16] affligeret; *A. S.*
[17] obtineret ; *A. S.*
[18] aspicere; *A. S.*
[19] formæ; *A. S.*

burgam, Sexburgam, atque Ermenildam. Inde procedentes per chorum in claustrum, sic usque ad domus infirmorum devenerunt. Quas lento pede subsecutus, illic moram per tres vel quatuor horas agere concepit. Illa vero domina et advocatrix[1] nostra, post Deum et ipsius genitricem solamen et spes unica, sicut mater in filios pia semper gestans viscera, per gyrum in domo cujusque lectum adiit, caput manu ad cervical suavius[2] tetigit,[3] horâ clamydis sive[4] manicâ quidquid pulveris, aut squalloris[5] male depressit[6] tergendo abegit.

Quibus iter[7] per idem revertentibus obviam assistere, licet timidus, paravit : sed vultus ipsarum claritate turbatus, vix demum procedere ansus est ; et quænam essent, vel quid tunc[8] officinas girando,[9] cunctis in discrimine mortis laborantibus, ut edicant, suppliciter rogat. Quarum una, esterna satis visione cognita, præcedens alias, velut dissimulando ad eum appropinquavit,[10] hisque eum cœpit verbis alloqui : " Me[11] quam cernis Etheldreda, hujus loci hera sum, et[12] dicor[13] pro vestris apud Deum excessibus interventrix assidua, quam inter choros beatarum majestatem Dei exorare in transactæ noctis medio contemplari meruisti : et nunc ad domum infirmorum sum progressa, cum meis dilectis sororibus, in hac mortis clade simul eis ferre salutis subsidia." Quo dicto, a somno ipse dissiluit, ac visio cœlestis disparuit. Et ecce contigit ut omnes qui languerant[14] ex diversis infirmitatibus, repente convalescunt ;[15] et quorum languor extitit similis ad exitum, per Sanctæ Etheldredæ meritum cunctos simul sanitas revocaret ad vitam. Mane autem facto, abbas et vix pauci discrimen illud evadentes, diluculo surgentes ad invaletudinarium properant, ubi sorte funeris ægroti periclitabantur : sed

[1] advocata; *A. S.*
[2] suavissime; *A. S.*
[3] tetigit, et; *A. S.*
[4] suæ et; *A. S.*
[5] squalloris erat; *A. S.*
[6] male depressit, desunt ; *A. S.*
[7] deest; *A. S.* and *G.*
[8] tunc per; *A. S.*
[9] gyrarent; *A. S.*
[10] propinquavit ; *A. S.*
[11] ego ; *A. S.*
[12] sum et, desunt ; *G.*
[13] et dicor, desunt ; *A. S.*
[14] languebant; *A. S.*
[15] convalescerent; *A. S.*

nunc omnes, gratiâ Dei, per atrium deambulando glorificantes Deum, pro sua sospitate atque salute, perspexit:[1]
ac de quibus serò nulla fuit fiducia respirandi, jam prorsus
remedium absque diminutione virium melius quam prius
adhibetur. Tunc recordati sunt verbi quod dictum est ad
illos, de fratre qui visionem narraverat, mirantes super
omnibus quæ acciderant.

Adhuc contigit aliquid et huic[2] mirandum valde[3] miraculo. Abbas enim et fratres eventum rei, ad[4] munimentum[5]
castigationis, ut posteris innotesceret, describi summopere
cupierunt. Intererat tunc monachus quidam, Gocelinus
nomine, disertissimus; undique per Angliam vitas, miracula, et gesta sanctorum sanctarumque in historiis, in
prosis, dictando mutavit. Cum autem ille alius, per voluntatem Dei oculo cordis dilatato,[6] secreta penetravit
cœlestia; tunc iste, non sompno pigritiæ indulgens, eodem
momento et hora circa prosam Sanctæ[7] Ætheldredæ, cujus
initium est, "Christo Regi sit gloria," fortuitu[8] intendebat;
in qua etiam infertur versus, "Adstat à dextris regina, interventrix alta, hinc[9] dat terris miracula." Quod divina
inspirante voluntate, adhuc facti nescius, miraculum ita
componendo[10] figuraliter excepit; et dum produxit in pub-
lico, Deo gratias sanctæque Ætheldredæ cuncti dixerunt;
prosamque deinceps, ob memoriam venerationis illins, cantari[11] decreverunt. In hoc facto[12] tria memoranda conspi-
ciuntur; primo, ne Deus et Dominus noster, irritatus
aliquando malis nostris, punire cogatur: secundo, ut in
misericordia ejus sperantes non deficiamus, nec in prosperis nec in adversis. Tertio, ut glorificemus eum, qui ut
vult, cui[13] vult, et quantum vult, spirat. Ipsi gloria per
sæculorum sæcula. Amen.

[1] prospexit; A. S.
[2] hoc; A.S.
[3] deest; A. S.
[4] ob; G.
[5] monimentum; A. S.
[6] dilato; A. S.
[7] deest; A. S.
[8] fortuito; A. S.
[9] hæc; A. S.
[10] componendum; A. S.
[11] decantari; A. S.
[12] toto; A. S.
[13] et cui; A. S.

134. *Quod rex Willelmus iterum graviter ecclesiam vexavit, et de obitu ipsius, ubi sepultus jacet.*

William I. again oppresses the monastery.

NUNC[1] vero temporis Scotia tota, cum suis copiis bellatorum, adversus regem nostrum Willelmum rebellare, atque expugnare nitebatur; contra quos intrepidus cum navali et equestri occurrit exercitu, eosque sub celeritate exacturus in deditionem reddet, qui ipsis jam fortiores capite eorum deciso triumphaverat. Interim rex Scottorum Malcolmus ei occurrens, homo suus devenit, jusserat enim tam abbatibus quam episcopis totius Angliæ debita militiæ obsequia transmitti, constituitque ut ex tunc regibus Anglorum jure perpetuo in expeditione militum ex ipsis præsidia impendi, et nemo licet auctoritate plurimo subnixus huic edicto præsumat obsistere, quod Anglorum ecclesia decore libertatis fundatam contrivit ut inde (tanquam si possit eam extinguere) intollerabiliter vexare non cessat. Et dum talia Elyensi abbati innotuerunt, vehementissime doluit super diutissimam fatigationem domus suæ, quid esset agendum non absque dolore cum fratribus consilium iniit, ut in tanto necessitatis infortunio velud boni filii consolentur eum, et loci quietem intenta supplicatione apud pietatem sanctæ matris suæ Ætheldredæ tueantur, nec quod utilius præjudicaverint[2] palam edicere desistent. De quibus accepit in consilio regiam festinanter adire majestatem, ipsi cum quanta præditum libertate ab ipso[3] accepit[4] locum rememorari, auctoritate regum et apostolicorum æternæ quieti donatum, non debere nec expedire nunc intollerabilibus et novis exactionibus deprimere, sed super omne periculum offensam virginis almæ pertimescendum fore; cum non fuerit princeps aut rex (ex quo Dominus eam de corpore exemit) locum ejus dignitate vel rebus imminuens, qui probrosa morte non scito disperiit, quod etiam de suis satis com-

[1] Tunc ; *G.*
[2] indicaverunt ; *E.*
[3] ab ipso desunt ; *E.*
[4] acceperit ab illo ; *E.*

pertum habuit, sed propter Deum et animæ suæ salutem
aliorum potins correptus incommoditate tanti criminis
reatu constringi vitaret. Quod si maturius, præstare
non ut in translatione nunc novi regni locum jugo perpetuæ servitutis non deprimat, preces erga Dominum spon-
deret multiplices, insuper commodum pecuniæ prout ipse
petierit. At rex preces ejus et munera sprevit, male
statuta convelli non desinit, sed jugum adgravare intendens, præcepit illi ex nutu regio custodiam XL. militum
habere in insulam. Unde abbas tristis recedens conduxit
militis, clientes autem et ingenuos qui sibi adhærebant
plures præcinxit armis. Habuitque ex consuetudine,
secundum jussum regis, prætaxatum militiæ numerum
infra aulam ecclesiæ, victum cotidie de manu celerarii
capientem atque stipendia, quod intollerabiliter et supra
modum potuit vexare locum. Ex hoc enim abbas compulsus non ex industria aut favore divitum vel propinquorum affectu quasdam terras sanctæ Ædeldredæ invasoribus in feudum permisit tenere, sicuti Picoto vicecomiti,
Hardwino de Escalers, Rogero Bicot, Hereveio Biturico,
et aliis, sicut liber terrarum prodit, nullam vero penitus de
dominio ut in omni expeditione regi observarent[1] ecclesia
perpetim infatigata permaneret. Nec diu post hæc fuit
necessitas, qua rex Normanniam properaret. Deinde[2] in
Franciam cum exercitu veniens oppidum Mathantum et
omnes in eo ecclesias duasque reclusas[3] succendit, sed in
ipso reditu mox dolor viscerum apprehendit illum, diemque mortis imminere cognovit, qua et mortuus est. Præfuit autem genti Anglorum annis XX. et VI. mensibus,
sepultusque est Cadomi, cui successit filius ejus Willelmus.

*The king
quarters
some soldiers
in the isle.*

*William I.
dies 9th
Sept. 1087*

---

[1] observarent et ; *E.*
[2] deest ; *E.*

[3] reclusas igne ; *E.*

135. *Quod deficiente viribus Symeone abbate, veredarius ejus quidam invasit terram de Wicham et nonnulli alias ecclesiæ possessiones.*

A.D 1088.
William II.
comes to the
throne.

WILLELMO igitur cognomento Rufo post patrem in regnum suscepto, sed mox inde discordia ingens inter primates regni exoritur; pars quædam nobilium sed minima regi, pars altera fratri ejus Rodberto favebat, consilio præsertim episcoporum Gaufridi Constanciensis, Willelmi Dunholmensis, Odonis Baiocensis, qui[1] fratri suo Rodberto vivum tradere aut regno peremptum privare cupiebant. Cernens itaque rex grande sibi periculum imminere debitum servitium quod pater suus imposuerat ab ecclesiis violenter exigit, et regno in seditionem[2] commoto ecclesia undique Anglorum nunc iterum[3] innumeris aggravatur incommodis. Abbatiæ vero de Ely absque minoratione quater viginti milites, scilicet quadraginta ex eis quos pater illius in insulam ob custodiam indixerat teneri, iste nunc ex debito sibi compellit in expeditione parari. Hoc quippe abbas Symeon cognoscens super quam dici potest ingemuit. Deum invocans judicem pro hiis quæ sibi egerant. Jam enim senuerat cum vix in abbatia septem complesset annos, quæque incommoda circa locum pullulabant, et ipse ad sua tuenda viribus destitutus foras egredi non suffecerat. Tunc quidam perversi non Deum non homines verentes sanctæ Ætheldredæ possessiones invadere non timent, quæ auctoritate magni regis Willelmi bis antea fuerant juratæ, primo Thurstano[4] res ecclesiæ procurante, ac denno sub Simeone eodem rege præcipiente. Et quamvis[5] ipse confectus rerum suarum distractionem cotidie mœrens pateretur, ab incoatis[6] minime destitit, quippe fratrum officinas competenter ex-

---

[1] qui regem ; *E.*
[2] seditionem nunc iterum ; *E.*
[3] nunc iterum desunt ; *E.*
[4] c. 117. " Hæc Godefridi monachi acta temporibus non modi-

cum firmamentum Eliensi ecclesiæ contulerunt."

[5] quamvis senio ; *E.*

[6] incoatis operibus ; *E.*

plevit, nova nunc jaciens fundamenta ecclesiæ quæ post
plurima lustra impedientibus curis sed potius loci superi-
oribus curam segnius adhibentibus imperfecta remansit.
Sed extunc abbas magis sui impotens effectus cum labore
per domos baculo sustentatus deambulabat, citius in lectum decidit, nichil præter languorem in vita superstite per
VII. continuos annos intendere potuit. Iccirco quæ Dei
sunt tepescere interius ceperant, nec minus exteriora penitus convulsa perditum minabantur. Mancipia vero
abbatis, et cæteri in quibus confidebat, capite debilitato
recesserunt in locum suum, et. relictus est solus languens
atque tabescens, rarus extitit qui in finem cum illo perse-
veravit. Unus autem illorum extitit Willelmus ob inna-
tam sibi astutiam "Peregrinus" appellatus, quem antea de
imo extulit abbas ut causas villicorum de exterius ad
illum deportaret. Hic multiplici verborum astutia expertus quorundam necessitates fovere quorundam vero
præpedire nitebatur. Cernens[1] dominum suum oneri
esse cunctis atque despectui, similiter ipse beneficiorum immemor quodcumque de eo est parvipendit, et
quandam ruris partem in Wicham de jure ecclesiæ sibi
usurpavit, quam timoratus Domini Osmandus et filius
ejus Agamundus ad supradictum festinantes in Scotia
bellum, Deo et almæ virgini Ætheldredæ, pro eterna mercede donaverant, et ne quis illam extra manum et victum
monachorum distraeret abbas idem coram multitudine
plebis anatematizavit. Rapiunt et alii plurima quorum
posteri usque in hanc diem attestantur se tenere de dono
Symeonis abbatis, existimantes omne gaudium de ablatis
ecclesiæ sibi coacervare divitias. Tandem vero abbas
secum excogitat suorum retundere superbiam, eo quod illi
clamanti non responderunt, detestantes in senecta conspectum ejus, convocavit ad se judices regni ut quasi loco
suo res sanctæ protegerent adversum inimicos. Moxque
ingressi thesauros inquirunt, contumeliis multos afficiunt,
non seni non viduæ, pupillo vel egeno pro pecuniis par-

---

[1] cernens vero ; *E.*

cunt. Tunc procedens vir Belial Æilwinus cognomento
Retheresgut, id est venter pecudis, de occultis accusat
affines, et afflicta est insula contritione magna.   Prorupit
etiam adversum[1] fratres ejus ecclesiæ dolos parare, insuper
dominum Thurstanum præpositum cunctis, honestate laudabilem, mendaciis lacessivit, et in tantum Radulfum
Passeflambart concitavit adversus eum, ut rem communem
quam custodiebat exegeret, confringens arcam violenter
ecclesiæ, tulitque æs multum inde et vestes præclaras quas
ille amator veritatis congregaverat in ministerium altaris
et decorem templi Domini.   Ad hoc cor abbatis expavit,
nec male gesta valens emendare, quoniam, iniquus prædo
insolenter agens, tantum nunc junioris regis quantum
patris ejus (cujus extitit capellanus) favorem invocat, pro
libitu cuncta instituit vel destituit tamen monachorum
victui quæ hic inseruntur præberi censuit.

136. *Quod Ranulfus quidam jussu regis annonam monachis sed brevem constituit.*

HÆC igitur sunt quæ idem Ranulfus[2] et Symeon abbas
ex jussu regis Willelmi constituerunt, uno quoque anno
dari ad opus fratrum ad vestimenta eorum septuaginta
libras.   Ad coquinam eorum sexaginta libras, ad[3] sagi-
men ducentos porcos, et porcos qui in curia pascuntur, et
totum caseum et butirum excepto hoc quod est in firma
præpositorum, et unaquaque ebdomada septem treias
frumenti et decem treias braisis;[4] ad luminaria monasterii,
presentem ecclesiam cum sepultura villæ, et totum quicquid[5] ad sanctum Botulfum cum festivitate.   Et si
tantum fuerit de vino semper habebunt in lectionibus in
duodecim caritatem et in sabbato, sin autem medietatem
Medonis habebunt.[6]

---

[1] contra ; *E.*
[2] Randulfus ; *E.*
[3] et ad ; *E.*

[4] braisii ; *E.*
[5] quicquid pertinet ; *E.*
[6] deest ; *E.*

137. *Quomodo abbas Symeon exuit hominem.*

ANGUSTIIS itaque constrictus abbas cum ejulatu tandem
ad monachos vociferavit, se reum esse in Deum, et in eos
graviter deliquisse, et ne patrem præ senecta languentem
morti vicinum despiciant, misere efflagitat.[1] Nam col-
lectus[2] senio, postquam gravis affuit ætas heu frustra altem[3]
sæpe rogabat opem. Licet enim in multis proficiens,[4] virtutibus ac religione perspicuus, tamen in tribus nimium
excessisse cognoscitur ex simplicitate, ut credimus, non ex
industria. Primum de benedictione abbatis indebite ab
episcopo Lincolniensi suscepta, secundo quod extraneos
contra morem totius ecclesiæ addixit.[5] Qui tanquam ad-
vēnæ non permansuri de reliquiis, de ornamentis, in con-
cedendo prædia locum valde conliserunt. Tertium quod
veredarios regis in insula judicia exercere admisit. Neque
sic contristatus ingemuit ut de loco vel de officiis æternos
abigeret, sed usque ad ipsius obitum non jam externis sed
internis cuncta pro[6] velle disponunt. Jamque plenus dierum abbas Symeon centesimum ætatis transiens annum,
plenus virtutum, ad Dominum exercituum, ad exercitum
sanctorum, ad regnum cœlorum, de regno viciorum, de loco
peccatorum, de die malorum, die Sancti Edmundi mundus
de immundo mundo migravit, locumque sui officii sua et
aliorum abbatum viduatum presentia per septem annos
post obitum suum dereliquit et contristavit. Quem loco
veteris et sancti illins Symeonis servi Domini et bajuli
Christi, Christum Dominum spiritualibus ulnis amplexan-
tem suscipi non diffidimus, ut ei jungatur præmio cui
junctus est vocabulo, et unum desiderium unum consotiet
meritum. Uterque enim similiter cupiebat videre Christum,
uterque dissolvi et cum Christo esse, uterque clamare,
" Nunc dimittis in pace." Utrique ergo contigit quod op-

---

[1] efflagitavit ; *E.*
[2] confectus ; *E.*
[3] alterius ; *E.*
[4] officiens ; *E.*
[5] adduxit ; *E.*
[6] ad ; *E.*

tavit, utrique patuit quod pulsavit, uterque quod quæsivit
invenit, quod petivit accepit, ille in corpore semel sed sub
specie, ambo post corpus in re non[1] temporum mutatione
sed æternitate. Quorum animæ jam videntes bona Domini
in terra viventium, orent pro nobis adhuc viventibus in
terra morientium, obiit autem anno milesimo nonagesimo
tertio cum XIIII. annis rexisset ecclesiam.[2]

Simeon dies,
A.D. 1093.

138.[3] *Quæ dampna monachi extranei intulerunt Elyensi ecclesiæ.*

SET ipso de medio sublato, quæ mala contigerunt vel
quid sui comiserunt in loco, revelamus ut jugiter innotescat
in nationibus. Nimirum de abbatis obitu septem monachi
adhuc superstites ex suis quos illuc transvexerat, mœsti,
conturbati sunt, commoti sunt, tremor apprehendit eos.
Intenderant enim non illic tutum sibi commanendi fore
ulterius, vel ad modicum suam prævalere industrian, neque
ad nutum sui amodo cuncta vel consistere vel spectare.
Paraverunt jam Wintoniam celerius remeare; ceterum ne
immunes et vacui redeant, pudoris argui timebant. Inde sti-
mulo accensi invidiæ, simul et cupiditatis æstu infiammati,
demoliri omnia et perdere avidins temptant; ubi nullatenus profuerunt aliquam saltem vel in minimis; proponunt
ergo simulatoria verba, intentant callida argumenta, dolum
dolo accumulant, et quasi justiciæ operibus studeant. Jam
collocato in ecclesia abbatis corpore, ipsi et velle et ob-
nixius orare pro illo debere se asserunt, monacos autem
loci pro pastore et abbate exequiis adcumbentes nutibus
ac præcautis signis recedere ab ecclesia et ad cibum ire
compellunt. Opseratis mox interim hostiis, se introrsus
recondunt, ad bona quæque et optima ut amentes prosiliunt, sibi rapiunt et assumunt, videlicet indumenta

---

[1] in ; *E.*

[2] If Simeon died A.D. 1093,
after having been abbot for four-
teen years, he must have been appointed A.D. 1079, which is com-
pletely at vaiiance with the dates
assigned previously in chapters
112, 113, 115, and 118.

[3] deest ; *G.*

plurimum ornata, pannos sericos et cortinas valde pre-
ciosas et nobiles, qua nulla pretiosior circumquaque æsti-
mari aut inveniri potuit: paratura enim ipsius auro in-
tecta tota apparuit. Verumptamen et philacteria cum
sanctorum multorum reliquiis irreverenter de feretris
extractis, insuper caput beatissimi confessoris Domini
Botulphi simul et majora ipsius ossa, capsa violenter
effracta, penes se recondunt et detinent. Sicque sublatis
his, ac omnibus quæcumque rapere potuerunt, cum multo
argento et auro refectis sarcinis, parati recedere non
differunt. Et factum est. Quarto etenim die gaudenter ceu de prædæ magnitudine et cum victoria proflictis
hostibus, veloci cursu, ad Geldeforde prospere devenerunt. Illic hospitio susceptis ac diutius epulis et hebri-
etati vacantibus, accenso grandi igne in medio, flammis
subito erumpentibus domus tota succendebatur. Quod
illi convivæ cum aspicerent, fugerunt foras, nil ausilii
ferre valentes, domui perituræ sua introrsus omnia reliu-
quentes, Dei juditio in ultionem fraudis suæ penitus combusta sunt universa: nec secum Wintoniæ ex multa copia
spoliarum vel prorsus aliquid deferrent: quæ ut infideles
servi et inimici nequam Domino et beatissimæ virgini
Ætheldrethæ abstraxerant, sed igne cremantur et in cine-
res rediguntur. Cumque apud suos in monasterio, quod
gestum est in via, quidve temporis contigerit nuntiatum
et deprehensum esset, afflicti pariter nimium gementes
de facto reducuntur probris et correptionibus hujus rei
auctores ac nefandæ transgressionis excessus ferire adgressi sunt, et crudeli examinatione indebitæ presump-
tionis audaciam castigare nullatenus omiserunt. Hoc
verbum illic et aput veteres nostros vulgatum est usque in
hodiernum diem, et credibili assertione narraverunt nobis,
ut discant posteri semper fieri detrimentum bonorum in
administratione externorum.

139.[1] *Qualia Rannulfus invenit in thesauris sanctæ Etheldredæ.*

ET quomodo[2] possessiones sua industria ad jus sanctæ Æthedredæ pertinentes conscriptæ sunt et fidelium attestatione juramenti designatæ sicut non minus quæ in ornamentis thesaurorum reppererat annotare curavit, quod hic inter cætera scribendum æstimavimus.[2] Descriptio[3] autem rerum hujusmodi erat, viginti et VII. cruces parvæ et magnæ, et sex imagines, de tribus fuit aliquid argenti furatum; omnes vero cruces sunt auro et argento ornatæ et imagines similiter; XII. feretra auro et argento aptata sive magna seu parva, et octo inornata; XIIII. textus magni vel parvi auro et argento ornati; tria altaria auro et argento parata, duæ tabulæ altaris auro et argento paratæ; IIII[or]. frontales; II. magni et II. parvi auro et argento paratæ; duo turribula auro et argento parata; octo filacteria, tria parata et V. non parata; XX. et VI. calices, magni vel parvi, ex quibus est unus totus aureus, et unus argenteus, et alii auro et argento confecti, ex quibus carent IIII[or]. patenis; tres calami argentei auro parati; tres fialæ argenteæ quarum una est deaurata; tria turribula, unum est totum argenteum sine auro, aliud argenteum deauratum, tertium æreum deauratum, et omnes eorum catenæ sunt argenteæ; duo candelabra argentea auro parata, et IIII[or]. ærea auro parata; unus urceolus argenteus auro paratus, et pelvis una tota argentea; XX. infulæ, sed VI. auro et gemmis ornatæ, et tres bene paratæ sunt orfrisio, et aliæ paratæ sunt utcunque. Super has vero sunt XXIIII. casulæ absque ornamento; XLVI. cappæ, octo quarum bene sunt paratæ aurifriso et gemmis, cæteræ

---

[1] Chap. 139 *E.* corresponds very nearly with chap. 107 *G.* :—"Quod prædictus abbas Godefridus quæ in thesauris etiam repererat ecclesiæ describi fecit."

[2] et quomodo . . . . . æstimavimus. Desunt ; *E.*

[3] Descriptio autem rerum quas invenit Ranulfus in thesauris sanctœ Ætheldrethæ post Symeonem abbatem juxta estimationem totius conventus septuaginta duorum videlicet monacorum in quorum presentia hœc omnia ostensa sunt atque descripta, viginti, &c. ; Ely MS.

sunt utcunque paratæ de auri filo, de quibus sunt duæ per-
fectæ tempore Simeonis abbatis; C. et II. albæ et totidem
amictus, ex his duæ sunt bene limbatæ pallio, sursum et
subtus de auri filo, et novem aliæ paratæ subtus de pallio et
sursum de auri filo et XLIIII. paratæ circa collum de aurifrisio, cæteræ non sunt paratæ nec amictus; earum duo sunt
cinguli, unus totus de auri filo alter de pallio, cujus pendentia sunt bene ornata de aurifilo; XXXII. stolæ cum totidem manipulis, XXI. de his auro paratæ et IIII^{or}. paratæ argento, ceteræ sine utroque; VI. manipuli sunt sine stolis,
de quibus est unus bene paratus auro, aliique argento; XV.
dalmaticæ, V. aptatæ auri filo; IX. tunicæ, IIII. aptatæ auri
filo; XV. pallia altaris magna vel parva, de his sunt octo auro
parata, VII. sine ornamento; totæ XXIII. de quibus tres sunt
de palio aurifilo paratæ, et duæ de lino paratæ aurifilo, et
XVII. lineæ pallio paratæ; IIII. tapeta; XXXIII. dosseta lanea;
LI. bancheta; XLI. cortinæ;[1] I.tentorium; et VI. candelabra ferrea et ærea; I. gittorium; et VI. baculi qui portan-
tur in festivitatibus auro et argento ornati; et tria paria
pelvium ad servicium ecclesiæ; et CCC. libri XIII. minus, ex
his XIX. missales sunt et VIII. lectionales et II. benedictio-
nales XXII. psalteria et VII. breviarii et IX. antiphonarii et
XII. gradalia.

140.[2] *Quomodo abbatia donatur Ricardo monacho Beccensi.*

NONNULLIS[3] ea tempestate regiæ voluntati magis quam
justiciæ obedientibus ex quibus[4] supra memoratus Ranulfus contra jus ecclesiasticum et sui gradus ordinem, (presbiter enim erat,) ad censum primitus abbatias, dehinc
episcopatus, quorum patres a vita discesserant noviter,
accepit a rege, et inde singulis annis illi persolvit non

---

[1] xli cortinæ, desunt, E.
[2] This chapter is almost verbatim from Flor. Wig. ad ann. 1100.
London, 1592.
[3] Denique eadem tempestate

nonnullis regis · voluntati magis
quam justiciæ obedientibus Randulfus &c. . . Flor.

[4] ex quibus; desunt; G.

modicam summam pecuniæ, maxime ex abbatia de Ely quam plures annos tenuit.[1] Ipsius enim[2] astucia et calliditas tam vehemens extitit, et parvo tempore adeo excrevit, ut placitatorem ac totius regni exactorem rex illum constitueret. Qui tanta potestate adepta, ubique locorum per Angliam ditiores ac locupletiores quosdam, rerum terrarumque ablatione multavit, pauperiores etiam[3] gravi injustoque tributo incessanter oppressit, multisque modis et ante episcopatum et in episcópatu majores et minores

William II. was slain August 2, 1100.

communiter afflixit, et hoc usque ad regis ejusdem obitum. Nam eo die quo idem rex[4] periit occisus Dorubernensem archiepiscopatum, Wintoniensem et Searesberiensem præsulatus in sua manu tenuit. Regnavit[5] autem iste Willelmus Rufus XIII. annis minus XXXVIII. diebus, et[6] Wintoniæ in veteri monasterio in ecclesia Sancti Petri tunc tumulatus anno Domini milesimo centesimo, cui successit junior

Henry I. consecrated by Maurice, Bishop of London, 5th August, 1100.

frater suus Henricus, et mox nonis[7] Augusti die dominico in Westmonasterio a Mauritio Lundoniensi episcopo in regem est consecratus, sed a Thoma Eboracensi coronatur.[8] Qui consecrationis suæ die sanctam[9] Dei ecclesiam quæ fratris sui tempore vendita et ad firmam posita erat liberam fecit, ac omnes malas consuetudines et injustas exactiones quibus regnum Angliæ injuste opprimebatur abstulit, pacem firmam in toto regno suo posuit, et teneri præcepit. Leges[10] regis Ædwardi omnibus in commune reddidit cum illis emendationibus quibus pater suus illam emendavit: sed

The king gives the Abbey of Ely to Richard, a Norman monk.

forestas quas ille constituit et habuit, in manu sua retinuit. Deditque ipso die consecrationis suæ abbatiam sancti Ædmundi Rodberto, Hugonis Cestrensis comitis filio, et abbatiam Elyensem Ricardo, Ricardi filii Gileberti comitis filio.[11]

---

[1] maxime . . . tenuit; desunt, Flor. Wig.
[2] cujus astucia; Flor. Wig.
[3] autem; Flor. Wig.
[4] idem rex; desunt, Flor. Wig.
[5] Regnavit idem rex 13 annis, minus 38 diebus cui, &c. cætera desunt; Flor. Wig.

[6] et . . . centesimo; in margine, G.; desunt, E.
[7] nonas; Flor. Wig.
[8] sed . . coronatur; desunt, ib.
[9] sancti; Flor. Wig.
[10] Legem; ibid.
[11] Deditque . . filio; desunt, Flor. Wig.

141. *Quod abbas Ricardus ab episcopo Lincolniensi benedictionem accipere rennuit, et abbatiam studuit in episcopatum mutare.*

QUIA vero de domino Ricardo abbate Elyensi sua probitas rationem exposcit lineam generationis ejus attexentes, parente utroque egregio. Ricardo scilicet Gileberti comitis filio venerabilique Rohesia natum in fronte sermonis apponimus. Uterque vero parens de regia stirpe descendens Regi regum illustrem sobolem sub veste monachica in Beccensi monasterio dedicarunt. Qui statim adhuc puer susceptam vitam morum gratia commendabat, et virtutum gradibus miro affectu insistens, liberalem animum semper altiore proposito instituit, ut jam ætas illa tam senibus quam juvenibus et mirabilis esset et imitabilis. Sic ergo futuræ dignitatis insignia insigni conversatione auspicatus sub domestico exercitio XXX. annorum spatium emensus est, jamque publicam eatenus famam optinuerat ut de gradibus morum ascenderet ad gradus honorum, vocatur scilicet ad Elyensis regimen ecclesiæ, Deo illum destinante, Henrico rege promovente, clero et populo acclamante. Quem gradum nactus in omni laudabili studio spiritum duplicavit, vitam scientia, et scientiam vita grata illustrans vicissitudine, æqua lance propemodum in se ponderaret et theologum et philosophum. Quicquid vero reprobum aut inhonestum[1] sæcularis scientia continebat, hinc resecans, hinc reservans, morem antiquorum patrum æmulabatur. Sed quia liber proprius laudibus ejus prolixius inscribitur, cæteris occurrentibus occurrat calamus, jamque dicatur quod sequitur et credatur quod dicitur, quia tantis videlicet titulis hostilis invidia deesse non potuit. Primo enim eum aggreditur Lincolniensis episcopus Rodbertus, dicens sui juris esse, ut eum in abbatem benediceret, cui juri decessorem ejus Symeonem decessori suo

The family whence Abbot Richard was descended.

---

[1] honestum ; *E.*

Remigio causatus est obedisse. Ricardus vero violentam in Symeone indebitamque illius benedictionem fuisse protestans, jure suæ ecclesiæ, et plurima auctoritate, se ab illius benedictione defendit, timens ne maledictionem pro benedictione incurreret,[1] si contra jus suum se benedici pateretur, suspensa est itaque ista benedictio nec in abbate Elyensi, nec ab episcopo Lincolniensi, nec ab aliquo prorsus alio postea facienda. Et ut ad rei eventum alludamus, causamque notemus, locus in episcopatum convertendus quoddam fortasse suæ provectionis in suspensa benedictione gerebat auspicium, ne antiqua libertate donatus et nova donandus aliquam sui juris partem temeratam haberet. His igitur quasi per digressionem interpositis, a diverticulo repetatur fabula,[2] dicaturque paternus in eo fuisse affectus quo toti gregi magis serviebat quam imperabat, locum et numerum fratrum divitibus ornamentis et utilibus personis insigniens, seque cunctorum moribus mira benignitate conformans. Et si qua ut assolet a tanta generositate causis concurrentibus conciperetur severitas, velociter eam Christi humilitate temperabat nec patiebatur impetum animi sui sibi dominari, sed omnem illicitum fervorem potenti ratione frenabat. Jamque coronanda ejus constantia, crebra cœpit vexatione fatigari post episcopalem conflictum regali quoque eum ira infestante, et usque ad depositionem impellente sicut in loco congruo juxta seriem temporis referemus.

His opposition to the claims of the Bishop of Lincoln.

142. *Quomodo rex Henricus æmulorum instinctu Ricardum de abbatia expulit, et ipse Romam perrexit.*

Richard's differences with the king.

Ejus[3] quippe depositionem sola tantum iniquorum operata est invidia, quorum odium in se accendebat animi et generis ejus magnificentia, quod multiplex honore incederet, potestate præcelleret propinquorum frequentia et rerum copia violentam ab omnibus exigeret reverentiam, essetque illis timori quibus esse non poterat amori. De-

---

[1] incurrerent; *E.*   [2] Juvenal, Sat. xv. 72.   [3] Hujus; *E.*

nique cum regis adiret curiam singulariter post regem
timebatur, parentum undique grege vallatus, quorum familiam ex Ricardis et Gifardis constare tota Anglia et novit
et sensit. Ricardi enim et Gifardi, duæ scilicet ex pro-
pinquo venientes familiæ, virtutis fama et generis copia
illustres effecerant natales suos, et quocumque nobilium
conventus se ageret, illorum pompa terribili multitudine
ferebatur; nec jam tutum erat in eorum presentia quemlibet de magnatibus aut in hospiciis[1] accipiendis, aut in
causis tractandis eis resistere, quorum manibus crebræ
cædes fiebant in curia, regiamque majestatem frequenti
terrore concusserant. Unde et Ricardus abbas utpote
magna præditus facundia et genealogia regis odium inde
incurrerat, quod et nimis pompatice veniret ad curias, et
quod ipsum regem accusaretur contempnere, nolens ejus
eatenus obedire præceptis ut alii proceres obedire videbantur. Ipse vero rigore justiciæ magis quam tumore superbiæ quædam regis mandata non tenebat, discreta providentia "quæ Cæsaris sunt Cæsari, et quæ Dei Deo"
restituens. Sciebat quippe vir liberalis animi regem esse
hominem, nec amplius cæteris eum habere mortalibus,
nisi quod eis quadam[2] dignitate præferretur, ideoque nolebat ad omnem ejus nutum voluntatem inflectere, nec "ar-
undinem vento agitatam" imitari, sed ad omnem flatum
clipeum fidei objecit, non super arenam sed supra petram
fundatus, tanquam alter duplicis spiritus Heliseus.[3] Hinc
ergo regius in eum furor exarsit, et eum deponendi causam
accepit, quod suæ per omnia voluntati non cederet, quod
in sua generositate sic fideret, quod quendam mymum ejus
sibi conviciantem turpiter de domo sua ejiceret. Sicque
depositus, clero regi favente, zelo Dei cessante, timore
sæculi perurgente, cujus famam nemo posset digne infa-
mare, nemo vitam accusare vel personam reprobare, quare
opus ecclesiæ aliquandiu intermissum est non dimissum,
putabat siquidem rex progeniem ejus in ipsius depositione
infirmari, sed non minor eam gloria attollebat, cujus timor

---

[1] hospitibus; *E.*   [2] quandam; *E.*   [3] Elyseus; *E.*

plurimos·procerum ipsumque regem nonnunquam astrinx-
it. Depositus itaque non sine quodam sui provectu Ricardus se violentiam passum, factumque sibi præjudicium
exclamabat. Romam appellabat, jussusque reddere baculum, rege invito illum non reddidit, sed ad Elyensem ecclesiam per fratrum licentiam recessurus reposuit. Agebat
hoc[1] oculta Dei dispensatio ut et apud tantam sedem ejus
probitas innotesceret, et cum Romana auctoritate gloriosius remearet.

143. *Quod veniens Ricardus de Roma in locum suum resti-*
tuitur, et novum opus ecclesiæ a suo prædecessore incep-
tum ædificavit.

SICQUE abbas a rege prægravatus Romam pergit, et in
præsentia venerabilis papæ Paschalis qui Romanæ tunc
præsidebat ecclesiæ, causam suæ necessitatis exposuit.
A quo in gratiam susceptus, et in magna veneratione
habitus, impetrans quod petierat apostolicæ auctoritatis,
contra infestancium invidiam et maliciam privilegiis munitus, et in gratiam et benevolentiam regis receptus, Elyensi
monasterio cum magna et suscipientium et suscepti jocunditate est restitutus. Qui in suis necessitatibus beatam
Ædeldredam misericordissimam expertus, operis sui incepti minime est oblitus, sed ut ad perficiendum idem
opus studiosius insisteret, ut huic operi solum vacaret,
totum studium specialiter admovit, tamque decenti forma
et quantitate quantum potuit, quoad vixit ecclesiam a prædecessore suo inceptam ædificavit, ut si fama non invideat,
et merito et veritatis titulo utpote mendax veritatem non
detrahat in eodem regno cunctis ecclesiis vel antiquitus
constructis, vel nostro tempore renovatis, jure quodam
compositionis[2] et subtilis artificii privilegio, et gratia ab
intuentibus merito[3] videatur præferenda.

---

[1] deest ; *E.*   [2] compositis; *E.*   [3] deest; *G.*

144. *De secunda translatione corporis sacræ virginis quam idem abbas fecit.*

SUMMO igitur desiderio desiderans abbas Ricardus, et deliberans suo in tempore corpus sacratissimum sacratissimæ virginis, de veteri ecclesia in novam, de modica in majorem et pulchriorem transferre; memorans quia et Joseph patris sui corpus, ad majorem reverentiam, de Ægypto in terram Chanaam transtulerat; ne tam præclara lampas et lucerna sub modio lateret, sed quasi super candelabrum posita, sub præsentia testium et frequentia populorum, cunctis innotesceret et luceret; diem statuit, videlicet decimo sexto kal. Octobris, quo et prima ejus translatio, tamquam una cum nova celebretur. Vir itaque magni et liberalis animi, ad hanc solennitatem solenni et maxime pontificali auctoritate corroborandam, imprimis virum venerabilem et religiosissimum, Anselmum Cantuariensem metropolitanum, ea qua debuit et eum decuit reverentia invitavit; ut pro sui debito officii, adjunctis[1] sibi ex suis quos religiosiores arbitraretur quotquot vellet suffraganeis, suam ipse præsentiam dignaretur exhibere; invitatis etiam quampluribus pontificalis dignitatis et ordinis viris, et abbatibus, et religiosis monachis aliisque personis[2] ecclesiasticis, pontificibus summis, etsi non dignitate, tamen[3] meritis non immerito coæquandis, ne dicam præferendis. Invitati ab ipso fuerunt et regni proceres et optimates, ut ad tam jucundam festivitatem accederent, et cum gaudentibus et ipsi gauderent. Quibusdam autem vel privatis vel publicis negotiis vel necessitatibus occupatis, quidam a divina providentia destinati, et tali ac tantæ rei proficiendæ[4] idonei ac plurimum necessarii, devotissime confluxerunt. Inter quos vir laudabilis, Herbertus Norwicensis episcopus, Adelwinus Rameseiensis, Ricardus S. Albani abbas, Gunterus Thorniensis, Wydo

The account of the second translation of the body of Etheldreda.

---

[1] adjunctos ; *A. S.*
[2] deest ; *A. S.*
[3] deest ; *A. S.*
[4] perficiendæ ; *A. S.*

U

Persoriensis abbas, Nicolaus Lincolniensis archidiaconus, Gaufridus Wintoniensis thesaurarius, et alii innumeri magnæ honestatis et auctoritatis viri. Ordinate igitur ordinata processione, ad sanctæ ac reverendæ virginis Ætheldrethæ[1] tumulum reverenter accedunt, Pario de marmore candidissimum, uti decebat candorem virgineum. In hoc quondam angelicis obsequiis sibi præparato, et divina gratia quærentibus oblato, beatissima germana ejus regina Sexburga, post sexdecim annos sepulturæ, inventam[2] ipsius solidissimam glebam, toto corpore et vestibus lacteam et intemeratam, cum clamosa admiratione et laudisona in cœlum benedictione, recondidit: unde nunc id illi ad majorem gloriam accrescit,[3] quod nemo ipsius tumbam pandere, nemo inspicere præsumpsit. Aliquando enim, paganis irruentibus in hunc locum, pro plaga[4] foramen intulit unus, qui mox oculis et vita est privatus; postea presbyter temerarius quasi præses monasterii, in illud foramen fissam virgam impingens torquendo in rugam, partem vestis extraxit, majorique vesania abscidit, quam subito intus jacentis manus cum vigili indignatione ad se retraxit. Adhuc tentator affixam virgæ candelam immittere addidit, candela[5] decidens super[6] sacrum corpus tota exarsit, et nihil rerum læsit; præsumptor vero cum domo sua periit. Hæc quoque[7] in miraculis ejusdem[8] plenius digesta,[9] ad narrationem redeamus.

Tandem cum ingenti devotione sacrosanctum corpus virginis assumunt, ex vetere ecclesia exportantes de loco, quo eam transtulerat et collocaverat Sexburga beatissima; ubi et pater Ædelwoldus venerandus, postea destructam ecclesiam restaurans et renovans, eam certissime intentatam, irremotam, et inconspectam non sub terra delitescentem, sed desuper eminentem, sicut invenit,

---

[1] In margine ; *E.*
[2] inventum ; *A. S.*
[3] accessit ; *A. S.*
[4] pro plaga ; desunt ; *A. S.*
[5] candela autem ; *A. S.*

[6] supra ; *A. S.*
[7] quoque cum ; *A. S.*
[8] ejusdem virginis ; *A. S.*
[9] digesta sint ; *A. S.*

reliquit; unde nunc[1] et in ecclesiam cum laudibus et can-
ticis deferunt. Translata est itaque in novum templum
regia[2] domina[3] Ætheldreda, intentata et inconspecta; et
condigna psallentium[4] laude, post autenticum altare parato
thalamo collocata. Habito tandem, ut decebat, ad populum de tanta, et in tanta solemnitate sermone, et[5] venerabili
episcopo Herberto, viro eloquentissimo, de vita et obitu
et miraculis beatæ virginis, sacrique corporis admirabili
incorruptione, populum exhortante ad summæ jucundi-
tatis et lætitiæ indicium propter ea[6] quæ factæ sunt in
tabernaculis justorum; raro quempiam cerneres[7] tanta[8]
multitudine, qui gratia cœlesti perfusus, a lacrymis se vellet
aut valeret cohibere. Hoc vero solum de pluribus, quæ
in translatione contigerunt, sacratissimæ[9] virginis reginæ
Ætheldredæ, ad[10] æternam referimus[11] memoriam, quod
fidelium innumeri adhuc superstites, et patres nostri qui
viderunt et adfuerunt, narraverunt nobis, quorum relatio
et auctoritas vitæ et honestas morum nos instruxit, ut
de facto nemo diffidat. Tunc quippe renovantur antiqua
miracula, quæ contigisse leguntur in[12] inventione[13] beati
corporis Stephani martyris. Facta sunt enim tonitrua tem-
pestates, et fulgura talia, ut omnes pæne fenestræ ecclesiæ
horridis ictibus frangerentur, et crebri ignes in pavimen-
tum coram sanctis corporibus laberentur: eratque mirabile, ignem labi sine effectu naturæ suæ; suamque, inter
ligna et stramina cæterasque arentes materias, mutare
qualitatem, ut quidquid hujusmodi[14] in ecclesiam ceciderit[15]
innocuum extiteret. Hoc siquidem magnum miraculum,
sancta illa operante, sic contigit; ut juxta quorumdam
opinionem cœlesti terrore ostenderet, sibi displicere tam

---

[1] ex vetere . . . . . nunc, desunt,
E.; in margine, G; assumunt,
reverenter a veteri ecclesia, exportantes, &c., &c.
[2] sponsa; A. S.
[3] Domini; A. S.
[4] psallentii; A. S.
[5] et a; A. S.
[6] propter ea, desunt; E.

[7] raro . . . . . cerneres, desunt;
A.S. [8] nullus erat in tanta; A.S.
[9] ad sacratissimæ; A. S.
[10] deest, A. S.
[11] referemus; A. S.
[12] deest, A. S.
[13] interventione; A. S.
[14] ejusmodi; A. S.
[15] cecidit; A. S.

publice se[1] tractari;[2] et tamen in hac sua indignatione,[3] nullum læderet ut nullum lateret ad nutum ejus cœli signa famulari.

Rarus ergo fuit ibi, cujus cogitatio magnum aliquid ista non dictaret portendere,[4] quorum horrorem hinc timebat videre, hinc gaudebat evadere, Anselmus quoque archiepiscopus, longe in Cantia positus videns cœlum tanto fragore concuti; " Scio," inquit, " fratrem nostrum Ricardum, abbatem Elyensem, hodie sanctas suas transtulisse, et irreverenter tractasse; nec dubito hanc intemperiem dolendi auspicii esse signaculum." Nec eum fefellit sententia; quia rarus-eorum, qui tunc aderant et sanctam Withburgam[5] facie ad faciem adspexerant, integrum annum exierunt. Quapropter, fratres carissimi, a vobis, qui non momentanee sed continue tantæ virginis memoriam, in conspectu præsentiæ sacri corporis, juste et sancte recolitis; et orandum est et attentius exorandum, quatenus per vos suæ et nos et vos dignetur gratiæ roræ perfundere, qui populo sitienti aquam de petra, Moyse percutiente, in abundantia fecit emanare, cui sit laus, honor, et gloria per omnia sæculorum sæcula.

145. *Quomodo alias sanctas invenit et qualiter transtulerit.*

The translation of the relicts of the saints.

DECENTER itaque collocata, tanquam primiceria, Ætheldreda virgine contra majus altare; dux tanti gregis Ricardus cum senioribus communicavit[6] et ut eadem die jam secundo, qua prima[7] beatæ virginis Ætheldredæ facta fuerat, sancta Sexburga præsidente,[8] translatio; translatio etiam fieret omnium[9] sanctarum ibidem quiescentium. Aperientesque matris et filiæ sepulcra, quæ S. Æthelwoldus plumbo ex utraque parte signaverat, Sexburgæ scilicet reginæ sanctæ, atque laudabilis et celebris

---

[1] deest; *A. S.*
[2] contrectari; *A. S.*
[3] indignatione ut nullus lædere-tur ad nutum, &c.; *A. S.*
[4] protendere; *A. S.*

[5] Etheldredam; *A. S.*
[6] communicavit ecclesiæ ut,&c.; *A. S.*　　[7] primo; *A. S.*
[8] præcedente; *A. S.*
[9] deest; *A. S.*

Ermenildæ, tot præconiorum prærogativis. Quarum[1] gle-
bas, more condit͞ionis humanæ, reperiunt defluxisse, et
terræ genitrici sua persolvisse tributa. In sericis namque
et sindone[2] munda corpus B. Sexburgæ, seorsum ossa, et
seorsum pulverem et invenit et utramque partem[3] in[4] singulis scriniis ex ligno compactis, lapideo in monumento, ut
beatus reliquerat Æthelwoldus, qui ad[5] orientem versus
pedes S. Ætheldredæ solemniter reposuerunt; reliquias
vero sanctissimæ Ermenildæ, in nudo sepulcri pavimento,
absque velamine, invenit a B. Æthelwoldo sic repositas;
quas etiam colligens in mundissimo panno, pulverem[6] per
se involvens in pristino reposuit[7] mausoleo; et ad austrum,
in dextris S. Ætheldredæ, haud dissimili locavit diligentia; et utrumque plumbo iterum resignavit mausoleum.
Translatæ sunt autem sanctæ anno incarnati Verbi millesimo centesimo sexto, quo quondam B. Etheldreda
translata est die, cum decentissima scilicet ordinatione; ut
omnium una esset solemnitas quibus erat una fides, unus
Christus, et una caritas.

Ætheldreda[8] ducem rogat hic pia virgo jugalem.
Quo sponsam Christi sineret se jam vocitari,
Rex hic pontifici pro conjuge munera spondet,
Hanc, sibi conjugio poterit si jungere sacro.
Præsul Edeldredæ regis fert jussa beatæ ;
Hæc ait : " Ille mihi cedat Christo famulari."
Hoc regina ducem cum præsule poscit herilem :
Qui, licet invitus, consentit et his quoque mœstus.
Regis ut edictum percepit virgo cupitum,
Templum virgineis petit hoc comitata catervis.

[1] earum ; *A. S.*
[2] Invenientes itaque in sindone, &c. ; *A. S.*
[3] et .... partem, desunt ; *A. S.*
[4] utraque pariter in, &c. ; *A. S.*
[5] qui ad, desunt ; *A. S.*
[6] et pulverem ; *A. S.*
[7] posuit ; *A. S.*
[8] Qui in MS. sequuntur versus de S. Etheldreda, videntur fuisse subscripti picturis vitam ejus per partes repræsentantibus, ante inno-vationem ecclesiæ ; utpote nullam facientes mentionem secundæ trans-lationis : imo quia rythmici non sunt, auderem opinari, factos esse ante Danicas irruptiones, ac forte haud diu post primam translatio-nem ; *A. S.*

Hic regina Deo sacratur sponsa superno,
Contemnens vanas regni cum conjuge pompas.
Virgo beata venit populis comitantibus Elge,
Abbatissa gregi post hæc sacranda beato.
Alma sacris pollens meritis et honore perenni,
Ædeldreda decens hanc templi struxerat arcem.
Virginis intemerata caro jam visitur almæ,
Quater quaternos etsi tumulata per annos.
Miratur medicus sanatum in gutture vulnus.
Virginis ad templum fertur venerabile corpus,
Mauseolum sacri retinent hæc mœnia templi
Virginis intactæ, cui septem præfuit annis,
Glorificatque Deum plebs hæc miracula cernens.
Laus et honor Domino maneat per sæcula Christo.[1]

146. *Quod ante solempnitatem hujus translationis, propter opus dilatandum, sanctarum sepulchra Sexburgæ atque Ermenildæ, de loco pristino ut eas collocaverat beatus Ædelvoldus removit, similiter almæ Withburgæ tumbam dimovens, sed casu ministri imprudentes fregerunt.*

ANNIS vero quatuor ante translationem sanctarum virginum, celebrem de loco suo dimoverant beatæ Withburgæ virginis sepulturam et alibi in ecclesia collocaverant. Structura vero templi prodiens ulterius id necessario cogebat, nec citra subsistere aliquatenus poterat, et cum per descensus graduum distraheretur monumentum, imprudentesque ministri minus ad hoc essent idonei, confractus est lapis inferior quo quiescebat virgo egregia, cum maxima apparuit in tumulo fissura : sed credo quod hoc aliqua non egit inprovidentia sed ut virtus Domini merita sanctæ virginis ostenderet et fracturam in vase novo miraculo solidaret, præcellentem namque reginam beatam Ermenildam similiter amoverunt; materia procedentis ecclesiæ ad insigne negotium invitante.   In turre vero regina Etheldreda et celebris virgo ad altare proprium ab australi parte tumulata resplenduit, et gloriosa soror

---

[1] Translatæ sunt . . . . per sæcula Christo, desunt ; *E.* and *G.*

ejus Sexburga ab aquilone ibidem e regione sepulta sollenniter effulsit. Perseverant in statione sua hæ duæ misericordiæ cœlestis olivæ quæ ad accendendam mentium claritatem gratiosi liquoris infundunt pinguedinem, et a desidiosis cordibus exteriorem frequentius removent cæcitatem. Remanent inquam hæ duæ domus Dei columpnæ, duæ superni Regis margaritæ penitus inmotæ, usque ad tempus illud quod Deus præsciverat cum ad transferenda earum corpora suam fidelibus voluntatem inspirat.

147. *Quod abbas novum mausoleum paravit, sed minus aut plus quantitate formæ corporis Withburgæ habuit et quod palam sacrum corpus illius ostendit, et in sepulcro veteri divinitus sanato recondidit.*

PRÆFULGIDÆ autem Withburgæ, ad certissimam mensuram veteris sarcofagi, quod jamdudum fuerat fractum, memoratus rector Eligensis aulæ Ricardus paraverat novum; quatinus in novo reposita incorrupta virgo incorruptum haberet hospicium, sed superna providentia id consilii novo et insolito miraculo evacuavit. Nam ut nova tumba quæ sacrum corpus exciperet parata astitit, apposita prioris mensuræ virga, unius pedis quantitate brevior extitit. Quisquis iterare mensionem utriusque temptavit, non amplius invenit, semper nova a veteri prescripta brevitate defecit. Hærebant omnes stupore et extasi, videntes suum propositum a parato locello productioris corporis majestate arceri. Interea cum auferretur operculum hiantis fissurâ mausolei, majora omnes terruere miracula. Virginea quippe gleba quæ putabatur post tot sæcula jam olim consumpta, quamvis eam ab antiqua experientia clara defenderet fama, tota et membris et vestibus apparuit integra sicuti primitus erat imposita. Lignea etiam theca ferreis tantum clavis exesis, cum qua fuerat in Ely delata, servata est illæsa. Interea quidam putavere quod quasi immotus pulvis exhausti corporis tantum imaginem prætenderet integritatis, sed tactu patuit veritas perdurantis hactenus soliditatis. Nam

An account of the condition of the remains of Withburga.

quidam senior ex apostolico ovili Westmonasterii, War-
nerus nomine, ut inter plures convenerat mira fidei au-
datia accessit, virginea membra passim tangit, a vestigiis,
manibus et brachiis, flexibiles artus reverenter attollit,
exclamansque Dei miiabilia plures spectabilium personarum ad videndum attraxit.   Verumptamen tectum
nivalibus operimentis decorem, nullius irreverentia oculis
attigit.   Candet Domino rosatis genis facies spiraculo
vitæ inspirita, vernant sua integritate stantia ubera,
florent paradisiaca amœnitate innuba membra.   Venit vir
doctissimus præfatus Herbertus episcopus de Tedforda,
tremens inspexit, et gloriosum in sanctis suis Dominum
benedixit. Aliique plures honestatis conspicuæ præsentes
astitere quos supra meminimus. Hæc Dei mirabilia oculis
conspexere.   Sed his ignoscant auditorum fastidia quæ
in argumentum fideli retulimus testimonia.   Tandem vero
memorabilis episcopus Herebertus hæc tam mira tamque
nova gaudia condensissimo populo exponit, omnesque
in laudem Dei et gratiarum libamina accendit.   Immo
vero quæ absentibus videantur incredibilia, tanta hic de
rore cœli invaluit gratia, ut pene per omnes currerent
lacrimarum flumina.   Sed cum inter hæc tripudia anxia-
rentur omnes quid agerent, quia vetus tumba ex fractura
injuriosa videbatur ad dignitatem virginis, nova vero divinitus contracta desierat esse suffragabilis, tandem pia
adjutrix has fluctuationes demisit et quod a priori requie
mutari nollet glorioso miraculo comprobavit.   Nam illa
fissura quæ cultello aut calamo ultro penetrabilis erat, ita
subito resolidata est ad integrum ut nec ullum deinceps
fracturæ appareret ibi vestigium.   Hic etiam omnium
conclusa est questio, intellexere enim tam evidenti signo
quia virgo nollet transponi ab antiqui monumenti thoro.
Imposito ergo operculo et clauso diligenter sarcofago,
lætissimo cum jubilo transferunt eam ad beatam sororem
de veteri monasterio in novum, et componunt gratissime
contra orientem ad latus suum.   De[1] hujus quippe sacra-

---

[1] De hujus . . . ostensa est corpore ; desunt Act. Sanct. 17 Mart., p. 608.

tissimæ virginis Withburgæ integritate, taliter in cronicis
Anglicis recitatur, anno Domini septingentesimo nonagesimo octavo, corpus sanctæ Withburgæ sine corruptione
inventum est post annos fere quinquaginta quinque in
Dyrham. His septingentis nonaginta octo additis duobus
et ducentis completi sunt mille anni. Quos alii centum
et sex subsecuti faciunt insimul trecentos et quinquaginta, IIII^{or} annos a dormitione ipsius beatæ Withburgæ
usque ad hunc nostri temporis diem, quo incorrupto
ostensa est corpore. Similiter etiam ut dictum est beatam germanam Sexbergam et sacratissimam filiam ipsius
Ærmenildam dignas ad condignas amabiliter associant,
ubi et pariter et singulæ superna beneficia supplicantibus
prærogant.

148. *Quo anno ista translatio facta est, et quanto affectu
abbas Ricardus almam virginem Withburgam venerari
satagit.*

PULCHRO itaque misterio hæc quatuor luminaria Dominus accendens[1] nuptiali intulit ecclesiæ suæ quæ illus-
trent intrantes ex quadro mundi latere. Hæ et numero et
merito secuntur, illa superna quatuor animalia alata quæ
in quatuor partes terræ discreta, junctisque pennis caritatis alterius ad alterum Christi tonantes præconia, vita
angelica volant ad cœlestia. Hæ etiam æmulantes quatuor flumina de uno paradisi fonte Christo dirivata, vitam
unanimem irrigabant quadripartita evangeliorum doctrina,
et irrigare non desinunt sitienter quærentes divina remedia. Hæ sunt inquam quatuor evangeliorum pedissequæ,
quatuor virtutum alumnæ, quatuor quadrifidæ crucis
Domini timpanistriæ timpanizantes quaternis vocibus dia-
tesseron cœleste, quatuor miserescentes advenientibus
facies terræ et post evangelicas Marias aromatice Christi
ungentarie, cujus nomen unguentum effusum, cujus odor
super omnem suavitatem aromatum. Translatæ sunt

In what year the translation was made.

---

[1] ascendens; *E.*

x

autem hæ dominicæ quadrigæ anno incarnati verbigenæ
A. D. 1106. milesimo centesimo sexto, quo quondam beata Ætheldretha translata est die, condecentissima scilicet ordinatione,
ut omnium una esset sollempnitas quæ et facta est,
quibus erat una fides, unus spiritus, et una caritas.　Ab
illo igitur die cœpit dominus abbas sanctam Wihtbergam
pro sua integritate singulari devotione venerari, thecam-
que argenteam ei fecisset si diu vivere potuisset.　Aliæ
namque occupationes variis eum modis ab hoc opere re-
tardabant, et maxime quod episcoporum Lincolniensium
calumpnias, de mutando in episcopatum Eliensi cœnobio,
cassare nitebatur.　Ipse quidem primus hanc causam occulte penes regem agebat, cujus favorem consecutus, nun-
tios ad apostolicum eodem anno super hoc direxit negotio.
Denique in loca quibus hi[1] modo cernuntur quiescere
corpora sanctarum collocavit, tantamque deinceps gratiam
Ricardus ‘abbas a rege promeruit, -ut inter alios regni
proceres maximus ejus haberetur consiliarius.　Unde egit
cum eo, et ab episcopo Dunholmensi Randulfo Basse-
flamberd villam de Haddam quam violenter ecclesiæ per
clericos Lundoniæ abstulit justa diffinitione coram rege
abegit, ut subsequens carta regis probat.

149.　*Quod idem abbas Haddam dirationavit.*

HENRICUS rex Anglorum Mauricio Lundoniensi episcopo, et Hugoni de Bochelande vicecomiti de Hereford-
syra, et omnibus fidelibus suis tam clericis quam laicis
salutem.　Sciatis Ricardum abbatem de Ely diratiocinasse
adversus Rannulfum Dunholmensem episcopum manerium
de Haddam in curia mea apud Rumesi coram me et baronibus meis, ad dominium sancti Petri et beatæ virginis Dei
Ædeldredæ de[2] Ely, et fratrum monachorum ibidem Deo
famulantium.　Volo igitur et præcipio ut ipsa abbatia de
Ely teneat et habeat in dominio illud prædictum manerium de Haddam quiete et absque omni calumpnia amodo

---

[1] deest ; E.　　　　　[2] deest ; E.

et usque in sempiternum, testibus subscriptis Radulfo episcopo Lincolniæ, et Willelmo Giffardo episcopo Wintoniæ, et Johanne episcopo Baduæ, et Radulfo episcopo Cicestriæ, et alii plures quos enarrare longum est.

150. *Quomodo Ricardus abbas moriens vidit beatam Withburgam sibi assistere.*

VENERABILIS abbas Elyensis Ricardus decidit in lectum, jamque vocandus ad reddendam sui talenti rationem, cœtum fratrum ad se jussit convenire, vitæque viaticum post purissimam confessionem accipiens, cernit carissimam sibi virginem sanctissimam Wihtbergam prope assistere, in quam statim defixis oculis, circumstantes magno clamore alloquitur. " Cedite," inquit, " fratres cedite, ecce domina mea Wihtberga venit, ecce astat. Nunquid eam non videtis? Nunquid hic stare non aspicitis? O," inquit, " domina miserere mei." Atque post modicum ultimum emittens spiritum, locum viduavit, filios contristavit, corpusque mundo, et animam Deo commendans, totus igitur ille dies in fletibus et orationibus est exactus, et facto crastino, debito cum honore vir magnificus in monasterio est sepultus. Nuntii autem qui Romam adierant, audita Domini sui morte, negotium dimiserunt. Sed nos per singula nequaquam ire valentes textum secundi libri fine concludimus existimantes pauca de multis experientiæ futurorum fore conspicua. Et qui hæc legitis vel auditis, præcum vestrarum præbete solamina, ut dignetur nobis Dominus auxilium de cœlo ministrari, et jubeat tarditati sensus nostri fontem intelligentiæ aperiri, dans vires universorum imbecillitati.

The death of Abbot Richard.

Explicit liber secundus de historia Elyensis insulæ, constans de temporibus abbatum [1]et monachorum in Ely usque ad mutacionem abbaciæ in episcopatum.

[1] et monachorum . . . in episcopatum, desunt ; *G.*

FINIS VOLUMINIS PRIMI.

LONDON:
Printed by S. & J. BENTLEY, WILSON, and FLEY,
Bangor House, Shoe Lane.